"十三五"职业教育国家规划教材

国家文化产业资金支持媒体融合重大项目

U0648355

全国高职高专创新创业教育协作会
中国高职研究会商科分会创新创业工作委员会　联编

职业教育教学改革融合创新型教材·创新创业系列

Chuchuang Qiye
Jingying Yu Guanli

初创企业
经营与管理

理念领先　多元整合　职教特色　开放互动

杨敏　主编　　第二版

东北财经大学出版社
Dongbei University of Finance & Economics Press
大连

图书在版编目（CIP）数据

初创企业经营与管理 / 杨敏主编. —2版. —大连：东北财经大学
出版社，2022.2

（职业教育教学改革融合创新型教材·创新创业系列）
ISBN 978-7-5654-4459-3

Ⅰ. 初…　Ⅱ. 杨…　Ⅲ. 企业管理-职业教育-教材　Ⅳ. F272

中国版本图书馆 CIP 数据核字（2022）第 024495 号

东北财经大学出版社出版

（大连市黑石礁尖山街 217 号　邮政编码　116025）

网　　　址：http：// www.dufep.cn

读者信箱：dufep@dufe.edu.cn

大连图腾彩色印刷有限公司印刷　东北财经大学出版社发行

幅面尺寸：185mm×260mm　　字数：378千字　　印张：18.5

2022年2月第2版　　　　　　2022年2月第1次印刷

责任编辑：张旭凤　时　博　赵宏洋　责任校对：张晓鹏

封面设计：冀贵收　　版式设计：原　皓　　插图：三　席

定价：46.00元

教学支持　售后服务　联系电话：（0411）84710309

版权所有　侵权必究　举报电话：（0411）84710523

如有印装质量问题，请联系营销部：（0411）84710711

富媒体智能型教材出版说明

"财经高等职业教育富媒体智能型教材开发系统工程"入选国家新闻出版广电总局新闻出版改革发展项目库，并获得文化产业专项资金支持，是"国家文化产业资金支持媒体融合重大项目"。项目以"融通""融合""共建""共享"为特色，是东北财经大学出版社积极落实国家推动传统媒体与新媒体融合发展的重要举措之一。

"财济书院"智能教学互动平台是该工程项目建设成果之一。该平台通过系统、合理的架构设计，将教学资源与教学应用集成于一体，具有教学内容多元呈现、课堂教学实时交互、测试考评个性设置、用户学情高效分析等核心功能，是高校开展信息化教学的有力支撑和应用保障。

富媒体智能型教材是该工程项目建设成果之二。该类教材是我社供给侧结构性改革探索性策划的创新型产品，是一种新形态立体化教材。富媒体智能型教材秉持严谨的教学设计思想和先进的教材设计理念，为财经职业教育教与学、课程与教材的融通奠定了基础，较好地避免了传统教学模式和单一纸质教材容易出现的"两层皮"现象，有助于教学质量的提高和教学效果的提升。

从教材资源的呈现形式来说，富媒体智能型教材实现了传统纸质教材与数字技术的融合，通过二维码建立链接，将VR、微课、视频、动画、音频、图文和试题库等富媒体资源丰富呈现给用户；从教材内容的选取整合来说，其实现了职业教育与产业发展的融合，不仅注重专业教学内容与职业能力培养的有效对接，而且很好地解决了部分专业课程学与训、训与评的难题；从教材的教学使用过程来说，其实现了线下自主与线上互动的融合，学生可以在有网络支持的任何地方自主完成预习、巩固、复习等，教师可以在教学中灵活使用随堂点名、作业布置及批改、自测及组卷考试、成绩统计分析等平台辅助教学工具。

富媒体智能型教材设计新颖，一书一码，使用便捷。使用富媒体智能型教材的师生首先下载"财济书院"App或者进入"财济书院"（www.idufep.com）平台完成注册，然后登录"财济书院"输入教材封四学习卡中的激活码建立或找到班级和课程对应教材，就可以开启个性化教与学之旅。

"重塑教学空间，回归教学本源！""财济书院"平台不仅仅是出版社提供教学资源和服务的平台，更是出版社为作者和广大院校创设的一个自主选择和自主探究的教与学的空间，作者和广大院校师生既是这个空间的使用者和消费者，也是这个空间的创造者和建设者，在这里，出版社、作者、院校共建资源，共享回报，共创未来。

最后，感谢各位作者为支持项目建设所付出的辛劳和智慧，也欢迎广大院校在教学中积极使用富媒体智能型教材和"财济书院"平台，东北财经大学出版社愿意也必将陪伴广大职业教育工作者走向更加光明而美好的职教发展新阶段。

东北财经大学出版社

2015年5月，国务院印发《关于深化高等学校创新创业教育改革的实施意见》，要求高校要面向全体学生开发开设创业基础、就业创业指导等方面的必修课和选修课，纳入学分管理，建设依次递进、有机衔接、科学合理的创新创业教育专门课程群；要加快创新创业教育优质课程信息化建设，推出一批资源共享的慕课、视频公开课等在线开放课程；组织学科带头人、行业企业优秀人才，联合编写具有科学性、先进性、适用性的创新创业教育重点教材。2018年9月，国务院印发的《关于推动创新创业高质量发展打造"双创"升级版的意见》指出"'大众创业、万众创新'持续向更大范围、更高层次和更深程度推进，创新创业与经济社会发展深度融合"，高校要"把创新创业教育和实践课程纳入高校必修课体系"。

近几年，创业教育方面的教材积极面市，如雨后春笋般涌现，但是大多数教材在设计系统性、内容科学性、案例典型性、实践指导性、讲解趣味性、配套丰富性等教学的针对性和适用性方面仍然存在不足，有待提高。

同时，互联网技术的广泛应用也正在改变传统课堂的教学和学习方式，翻转式学习、混合式教学、慕课、SPOC、智慧课堂等已经深刻影响着教育领域，这些都对职业院校创新创业教育和教材建设提出了新的更高的要求。

"职业教育教学改革融合创新型教材·创新创业系列"作为国家文化产业资金支持媒体融合重大项目"财经高等职业教育富媒体智能型教材开发系统工程"的子项目，在总项目的整体支持下，得到了全国高职高专创新创业教育协作会和中国高职研究会商科分会创新创业工作委员会的大力支持。首批推出的《创新创业基础》《创新思维训练》《初创企业经营与管理》《初创企业财税》等四本教材，具有理念领先、多元整合、职教特色、开放互动等特点。

（1）理念领先。在国家"互联网+"和"大众创业、万众创新"的良好大背景下，符合职业院校学生个性特质和认知规律的富媒体教材和个性化学习解决方案是提高职业院校创业教育人才培养质量的关键。该系列教材以"播撒创业种子，点燃创业激情，培养创业人才，培育创业团队"为使命，充分依托现代教育技术手段，以教育信息化促进双创课堂教学改革，希冀有利于培养学生的自主学习能力、独立思考能力以及创新意识和精神，对促进我国职业院校创新创业教育教学和课程改革具有重要意义。

（2）**多元整合**。该系列教材立足全国高职高专创新创业教育协作会和中国高职研究会商科分会创新创业工作委员会，诚邀浙江商业职业技术学院、浙江机电职业技术学院、中国社会科学院大学、柳州职业技术学院、扬州工业职业技术学院等多所国内创新创业教育开办卓有成效的院校的优秀师资，借力东北财经大学出版社有限责任公司专门研发的在线教学云平台"财济书院"，探求服务院校"线上+线下""课内+课外""形成性评价+终结性评价""理论教学+实地操作""主讲+聘讲"等多种教学形式，实现多方资源的融合创新。

（3）**职教特色**。职业教育是国民教育体系和人力资源开发的重要组成部分，肩负着培养多样化人才、传承技术技能、促进就业创业的重要职责。职业院校的创新创业教育不同于本科院校，该系列教材定位于满足职业院校创新创业课程教学需要，以"提升学生的社会责任感、创新精神、创业意识和创业能力"为核心，以职业教育"工作过程导向"和"工作任务引领"为教材建设基础，体现"做中学"和"教、学、做"相融合的教学理念。教材中所设计的任务或项目由简单到复杂、由浅入深、循序渐进，使知识和技能螺旋式地融于任务中。

（4）**开放互动**。该系列富媒体教材力图通过校企联合协同建立面向校内和校外的创新创业课程教学平台，开放获取校内外创新创业学习资源，支持PC、平板电脑、智能手机多终端访问，支持任何人在任何地方、任何时刻获取所需信息的泛在学习方式。教材设计采用问题导向式教学法（Problem-Based Learning，PBL），将"创业素质养成""创业知识支撑""创业能力培养"一并纳入编写设计中，在内容布局上压缩了"理论"，扩充了"实务"，给"实训"教学环节以相对充分的空间。教材还设计了练习、测评、交互游戏、角色扮演等多种交互活动，寓教于乐，提升学生的学习兴趣和学习效果。

建设一套品质优良并富有创新性的教材，需要不断地精雕细琢、潜心打磨，我们真诚地希望，这套凝结着十余所高校几十位优秀教师心血的"职业教育教学改革融合创新型教材·创新创业系列"，能够成为适用于职业院校的、适应经济和社会发展需要的、有利于提高学生创新创业意识和能力的双创教材，为我国高校创新创业教育改革提供一个范式参考。

职业教育教学改革融合创新型教材·创新创业系列编委会

本教材主要面向准备创业的大学生、初次创业者，传授一家小微企业创办后应该从哪里入手开始经营与管理。企业的生存和发展主要受到外部环境和自身条件的影响。因此，企业经营要着眼于企业外部市场环境，管理要着眼于企业内部各种管理关系。经营的主要职能是运筹、开拓、创新和决策，管理的主要职能是计划、组织、指挥、协调和监督；经营直接与盈利相连，管理则保证盈利得以实现。考虑到初创企业麻雀虽小但五脏俱全，本教材主要针对小微企业在初级阶段重点需要解决的问题，从企业创建、运营管理、企业发展三个层面给予理论指导和实践演练，从而帮助创业者先保证企业能够生存下来，然后逐步发展壮大。

项目一"初创企业的经营基础"主要是让读者树立正确的创业观，运用健康的经营哲学投身创业；熟悉企业应该如何开展经营活动，掌握资源配置一般需要具备哪些要素；企业一般有哪些类型，如何选择合适的类型去创业。企业要想有效经营并成功获利，离不开商业模式的构建，通过学习常用的思维与方法来找到适合自己的商业模式。

项目二"初创企业的生产管理"主要让读者了解企业在经营过程中必须通过生产产品或提供服务来满足客户的需求，从而实现价值的交换，各取所需。供应链管理主要包括产品（服务）设计与开发、原材料采购、产品存储、销售、物流配送等环节。每个环节都离不开人、财、物的流动，环环相扣，形成一根链条，有效的管理才能保证产品功能的实现，保障服务品质，实现客户的满意。

项目三"初创企业的营销管理"主要是让读者掌握产品或服务的定价方法、基本的销售与推广方式，通过4P理论框架能够对经营的产品或服务定位、出售价格、经营场所、促销手段等进行全面的营销管理。在信息化时代、互联网等新经济环境下，营销策略也有了创新，通过学习可以掌握更加丰富的数字营销策略，从而在市场中更具有竞争力。

项目四"初创企业的人力资源管理"主要是让读者能够充分利用人力资源来开展各项工作，特别是人才的招聘引进是初创企业亟需解决的问题，而工作要求与岗位职责的设置是引进人才的基本前提。员工在工作岗位上要表现出色才能创造最大的价值，通过有激励的绩效管理手段让员工各尽其才，并与企业共发展是人力资源工作的重要目标。

项目五"初创企业资金管理与业绩评价"主要是让读者能够从创业者、经营者、管理者等角度去看待公司的经营与管理。从资金筹措、成本控制、费用管理等财务预算管理的角度，确立自己的经营目标，并且保证企业的资金流正常；通过财务数据、专项指标等去评估企业的经营业绩。

项目六"初创企业的经营发展"主要是让读者能够以长远的眼光看待企业的发展，"人无远虑，必有近忧"。创业有风险，而科学管理才能防范风险的发生和控制风险的危害性。要时刻对企业的生存环境进行分析与评价，并预测这些环境的发展趋势，设计好企业战略规划，这样才能保障企业可持续健康发展。

本次教材修订工作，在原有的工作基础上，又有了创新之举。一是响应时代需要不断更新充实理论知识，特别是对数字经济发展趋势、社会数字化转型背景、企业现代化管理思想、中国新经济环境、智能商业时代发展等方面有了更多关注。二是充分体现产教融合的职业教育特色，通过"校企双元"合作，得到不少优秀企业的大力支持，师生们通过深入企业调研，对第一、二、三产业和新兴产业有了更深刻的了解，取得大量一手数据，为案例编写和丰富数字资源提供了方便。三是编写团队进行结构性优化调整，联合高校与企业组成了跨专业、跨单位的专家队伍，专业领域涉及经济管理、数字技术、法律、人工智能、文化创意、哲学等，为教材的高质量编写赋能。四是将优质学术科研成果转化为教学资源。通过长期的研究积累，作者将理论探索与技术创新成果进行部分转化，在教材中真实呈现，体现知识产权的价值。五是创新设计实践环节，教材内容新增与更新了"课后思考"和"实训项目"，"课后思考"配以原创插图，在增加阅读乐趣的同时，帮助大学生进行思维拓展，落实课程思政的立德树人精神；"实训项目"则提供了真实的企业考察调研报告案例，为读者增加信息量和开拓视野。

感谢浙江机电职业技术学院数字商贸学院院长葛永明、副院长朱伯伦、东北财经大学出版社张旭凤编辑对本教材的悉心指教；感谢程勤华老师参编项目一、项目六，吕秋慧老师参编项目二，许尤佳老师参编项目三，段向云老师参编项目四，唐静老师参编项目五。

感谢杭州海康威视数字技术股份有限公司、杭州艺福堂茶业有限公司、四维生态科技（杭州）有限公司、浙江信网真科技股份有限公司、用友网络科技股份有限公司、新道科技股份有限公司、红星美凯龙家居集团股份有限公司、杭州千岛湖鸠潮农产品有限公司、杭州淳安县鸠坑万岁岭茶叶专业合作社、杭州千岛湖瑶记实业有限公司的大力支持。

杨　敏
于杭州富阳
2022年1月

目录

二维码资源目录

项目一　初创企业的经营基础

　　本项目主要让读者具备正确的经营理念，了解企业一般如何
开展经营活动，需要具备哪些条件，从哪些工作事项入手，企业
分为哪些类型，如何选择合适的类型去创业。企业要想有效经营
并成功获利，离不开商业模式的构建。企业可以通过学习常用的
思维与方法来找到适合自己的商业模式。

需要掌握的知识：主要包括企业经营哲学、企业经营的含义、企
业经营的要素构成、企业经营的过程、企业的主要分类、商业模
式的概念与形成方法。

需要具备的技能：能够结合实际情况选择合适的企业类型，具备
基本的企业经营意识，能对资源进行运筹规划，能找到符合企业
自身条件的商业模式。

需要具备的素质：主要包括对事物的调查能力、对问题的分析和
判断能力、对社会的观察能力，基本的创业意识与创业精神，一
定的创新思维，对市场机会的发现能力。

任务一 企业是怎样开展经营活动的？

工作任务|

大学生创业一般可以从以下四方面入手：一是自己擅长的，如专业技能；二是自己喜欢的，如兴趣爱好；三是自己熟悉的，如家庭背景的支撑；四是满足就近的客户需求，如开一家特色餐饮店。不论从哪方面入手，都需要具备创业的条件，懂得经营，这样才能让企业生存下去。这里，我们以经营一家小吃店为例，探讨以下四个问题：

1. 案例中的餐饮店主要经营什么业务？
2. 这家店的经营活动主要包括哪些要素？
3. 这家店的日常经营过程是怎样的？
4. 你创办的企业将开展哪些经营活动？

请结合以下案例，完成上面的任务：

【案例1-1】IT男为啥辞职去卖肉夹馍？

2014年4月7日，一篇《我为什么要辞职去卖肉夹馍》的文章在微信朋友圈里疯传。该文讲述了一个IT男从名校毕业后在北京著名的互联网公司做"码农"，后因感觉工作枯燥，也因吃不上家乡正宗的肉夹馍，最终选择辞职创业开"西少爷"肉夹馍店（如图1-1所示）的故事。

图1-1 "西少爷"门店

也许是故事中的细节引起了诸多"北漂"的共鸣，也许是因为好奇有着互联网公司经历的人怎么去做了低端餐饮，也许是单纯被文章中的肉夹馍所诱惑，很多人都追问：西少爷是谁？他的肉夹馍怎么样？

在五道口清华科技园旁边，有着木制墙面、醒目红色招牌、不足10平方米的"西少爷"肉夹馍店已经正式开业。透过透明的玻璃窗可以直接看到操作台，除了崭新而专业的烘焙机器外，还有不停忙碌的4个年轻人，伴随着他们的是刚刚营业的兴奋与忐忑。

仅在4月7日开业第一天的上午，迅速卖光的肉夹馍就让小伙伴们惊呆了。孟兵说："传统的店一天卖五六百个肉夹馍，生意就非常好了，我们开业前一天准备了1 200个，本来是一天的量，一开始担心卖不完，可是没想到中午11点就卖完了，中午又加工了3个小时，以为能支撑两天，结果到下午5点又卖光了。"

其实，"西少爷"不是一个人，而是一群人，孟兵只是"西少爷"肉夹馍店的店主。这个由奇点兄弟控股的中餐连锁品牌，由数十名热爱西安美食的互联网、金融等领域的从业者发起，因为创办者和产品都与西安有关，所以起名"西少爷"。

"吃货"们的不满意就是可以创新的点

《我为什么要辞职去卖肉夹馍》文中的信息都是真实的，只不过是这一群人经历和感受的整合。比如孟兵，毕业于西安交通大学自动化专业，曾先后供职于腾讯和百度，是一名地地道道的"码农"；文中"女朋友因为没有房而分手""在五道口成为'宇宙中心'的那天却为了省钱被迫搬到昌平租房"，是团队内某个人的真实经历。

更能让他们走到一起的，是对原有生活相似的感受。这包括每天写上百万行代码也感受不到的成就感；父母在家乡把孩子当成骄傲，孩子却在北京每天和100万人挤地铁13号线的落差感。

不仅如此，孟兵毕业后一直离家在外工作，虽然是IT企业的高级工程师，有着不菲的收入，但作为一名土生土长的西北人，远离家乡的美食，让"吃货"孟兵的痛点一次又一次被触碰。这就是互联网思维中的"痛点"思维，即生活当中的不满意有可能就是一个可以创新的点。"在深圳、上海、北京，都没有吃到过让我满意的肉夹馍，那我就决定自己做。"孟兵说。

所以，他们决定辞去那份看上去光鲜且收入还不错的工作，为了能在北京吃到正宗的肉夹馍，开一家自己当老板的店。店址，一定要选在让人又爱又恨的"宇宙中心"五道口，他们要带着肉夹馍重新定义"宇宙中心"。

虽然离开了互联网公司，但曾经的从业经历还是带给了他们相似的做事方法。孟兵说，我们互联网人有一个特点，就是相信只要把产品做好，不论投入多少、成本多少，最终都会得到回报，所以我们就坚持4个字——产品第一。

团队所做的，就是对用户体验的把握与对极致的追求。"很多行业追求的是用户满意度，但我们追求的是'用户尖叫度'，就是产品一定要超过大家的预期。"甚至，他们现在做很多东西都是不惜成本的，如纸袋用的都是进口材料，比一般塑料袋的成本高10倍。因为他们认为很多人都会选择外带肉夹馍，肉夹馍重要的是外皮酥脆的口感，而防油和透气通常是相互矛盾的两个问题，进口材料的袋子防油而且透气。

孟兵说："我反复对团队说，我们要抛弃'穷人思维'，不要怕花钱。其实直觉上的很多东西都是错的，比如大部分人觉得买纸巾、买袋子便宜个一两毛钱，都差不多，但我们就买最好的，不惜一切代价搞好产品。"基于这种理念，在烤馍或下刀切馍时，有瑕疵或者被切坏的馍就会被淘汰，因为"绝不能把打折的产品卖给顾客"。

正式营业之前，孟兵和他的小伙伴们用掉了2 500千克面粉和1 000千克肉料进行"产品研发"。在配料方面，他们拿出工科生在实验室里的"看家本领"，将油、盐、酱、醋当成各种化学试验品，配料的用量精确到毫克，并且总结出一套公式对肉夹馍的质量进行精确控制。图1-2是"西少爷"一款肉夹馍产品。

图1-2　"西少爷"一款肉夹馍产品

团队十分注重推广，希望与用户群离得近一点。不单是那篇极有"亮点"的文章，在开业优惠时，除了常规的免费赠送之外，还有"向互联网人致敬"，凡是持网易、搜狐、谷歌、百度、腾讯、阿里工卡的顾客都可获得一份免单，把文章分享到微信朋友圈获得一个点"赞"也可获得一份免单，并鼓励用户到大众点评网上评价。

然而，他们渐渐发现，仅靠互联网思维是不能做好餐饮的。团队在开始做这个行业的时候就发现琐碎的问题非常多，每天晚上都要开会，都会做调整。孟兵说，开业第一天肉夹馍就脱销了两次，为了保证良好的用户体验，孟兵和他的小伙伴们改变了供货流程，增加了人力，但第二天还是脱销了。"但这也算是一个进步，比第一天的供货量提高了不少。"孟兵说。

与互联网行业不同，餐饮行业的硬成本要高出很多，原料、厂房租金、物流、仓储等都需要不小的开支，这些开支目前还都是靠着孟兵他们自己的积蓄。对于将来的发展，孟兵说他们会去融资，现在已经着手去做了，就目前来看，店里的现金流还是相当充沛的。

谈起创业和之前生活的不同，孟兵感慨道："那个是参与感，这个是成就感。"成就感对他很重要，当自己做出一个好的东西时会非常开心。在互联网公司时，自己只是把握产品一个小的部分，创业则可以把握产品的整个大方向。图1-3是"西少爷"门店顾客排队情景。

图1-3　"西少爷"门店顾客排队情景

《中国青年报》记者在随机调查时发现，在开业的前几天内，大部分人都是抱着支持曾经的IT同行创业或尝鲜的心态去购买肉夹馍的，有不少人为肉夹馍的味道和员工的敬业态度点赞。热情逝去之后，"西少爷"能走多久依然值得关注。

资料来源　林溪. IT男带着肉夹馍杀回五道口：为啥辞职去卖肉夹馍？[N]. 中国青年报，2014-04-14.

任务分析

开办一家肉夹馍店，对创业大学生来说，可能既不是专业擅长的，也没有天然优势，更不算是兴趣爱好，却是因为生活中遇到的痛点给了他们一种新的思考，也许是年轻，让他们敢于尝试，勇于挑战。但是，会吃不等于会做，会买不等于会卖。跟着"西少爷"一起去开店，这才是我们要学习的知识和经验。

第一步，分析肉夹馍店是如何做生意的，他们的主营业务是什么。也就是说，他们提供什么产品，产品有什么功能或特点？他们的顾客是什么类型的，在哪里？如何将肉夹馍卖给顾客？开店的最终目的是什么？（观察生活中容易接触到的商

创视说1-1
肉夹馍的背景

店，了解其生意是怎么开展的。）

第二步，开办这家肉夹馍店，他们具备了哪些条件？动用了哪些资源？谁来加工肉夹馍？肉夹馍的价格如何？从哪里采购原材料？需要多少创业资金？思考一切与肉夹馍店有关的问题，在营业之前、营业当中要做哪些准备工作？把他们列举出来，记在本子上。（虽然没有去创业，但通过消费体验与观察可以了解创业的基本条件与要求。）

第三步，肉夹馍从无到有，从加工到销售，要经历哪些过程？把每一个过程的细节都列举出来，记在本子上。（创业是一个动态的过程，但又有重复性的劳动，要归纳其规律。）

第四步，学习后面的知识点，对上面列举出来的事项分门别类地进行归纳，最后给出关于上述问题的完整答案。（理论从实践中来，又用于指导实践，有总结才有提高。）

相关知识

1.企业经营的含义

企业经营是指企业以市场为对象，以商品生产和商品交换为手段，为了实现企业的目标，使企业的投资、生产、销售等经济活动与企业的外部环境保持动态均衡的一系列有组织的活动。它是商品经济的产物，是随着商品经济的发展、市场作用的增强和市场竞争的加剧而不断地发展起来的。企业生产商品并非最终目的，其最终目的是获取更多的利润，满足社会需要。要达到此目的，就必须先进行生产，然后销售其产品，实现产品的价值和使用价值，补偿劳动耗费，以顺利地进行再生产活动。在市场经济条件下，企业在进行生产商品的活动前，需要购买各种生产资料和用品；商品生产出来之后，还要进行销售。这些活动都要通过市场来进行，企业为了获得购买与销售的有利条件，取得较好的经济效益，必须了解市场供求的现状、价格水平及发展变化趋势，以选定市场的范围和对象，选择生产方向、商品品种、生产方式、销售方式、定价原则和售后服务等，这些发生在流通领域和消费领域的活动，均属于经营活动。

2.企业经营哲学

企业经营活动是现代人类最基本的社会活动，这种在改造客观世界的同时也在改造主观世界的企业生产经营活动，须臾不能离开人们经营决策的理性思考。企业生产价值链的每一个环节都充盈着人们的哲学智慧和观念创新，并且只有用哲学独有的宽广视野和深邃目光，才能揭示企业运行的本质。

经营哲学也称企业哲学，是一个企业特有的从事生产经营和管理活动的方法论原则。它是指导企业行为的基础。一个企业在激烈的市场竞争环境中，面临着各种矛盾和多种选择，这就要求企业有一种科学的方法论来指导，有一套逻辑思维的程序来决定自己的行为，这就是经营哲学。例如，日本松下公司"讲求经济效益，重视生存的意志，事事谋求生存和发展"，这就是它的战略决策哲学。

日本著名企业家稻盛和夫提出"经营者要有出众的哲学"，经营者的哲学和公司的业绩是并行的关系：想要拓展经营，首先必须要"提高经营者自身的心性"。这里所说的"哲学"，是人的思维方式，或者可以说是人生观。经营者无论是谁，都应该抱有"想要自己的公司变成这样""人生应该这样度过"的想法和人生观。稻盛和夫在刚创办京瓷公司时，曾抱有恐惧心理：如果不拼命地工作，公司经营不会顺利。因为恐惧，他拼命地工作。后来他仍深信不管遭遇怎样的不景气，身陷怎样严峻的环境，付出比别人加倍的努力是经营者的最低条件。

在全球新冠肺炎疫情背景下，很多原本比较成功的企业遭遇巨大冲击，有些甚至面临破产危机，但与此同时，也有更多中小企业在危机中发现了商机。例如，"叮咚买菜"作为优质生鲜新零售的代表，为用户提供手机下单、0元起送、最快29分钟送达的便利购物体验，就像用户身边的共享大冰箱——品类全面、即需即达、活鱼活虾也能送到家。不断提供生鲜多样化产品的"叮咚买菜"以用户需求为导向，在2021年取得了相当不俗的成绩。尤其是"叮咚买菜"大力上线和推广的预制菜，因其操作简单、种类丰富，品质和口感都极有保证，得到了广大用户的一致追捧。"叮咚买菜"发布的《2021年度消费趋势报告》显示：2021年，"叮咚买菜"预制菜全线产品销量（单位：份）同比去年增长300%，包含预制菜的订单在整体订单的渗透率已经超过40%。

"叮咚买菜"创立于2017年5月，是什么让"叮咚买菜"获得这样快速的成长呢，这离不开它的经营哲学，公司的使命是"让美好的食材像自来水一样，触手可得，普惠万众"，公司的愿景是成为全球最大、最值得信任的食材食品运营和销售商，而公司经营的价值观是"绝不把不好的菜卖给用户""同目标、共进退、打胜仗""以奋斗者为本"。

3.企业经营的要素

企业经营的要素是指构成企业经营有机整体的各个组成部分。它是企业开展经营活动的基本条件和手段。

若从企业的功能来考察企业，它是将投入转换为产出的经济组织。企业经营的要素与企业功能的关系可用图1-4表示。

企业经营的要素主要内容有：

（1）人力资源

这是企业经营的人力要素。影响企业经营效益最关键的因素就是人的素质，经营过程中的市场调查预测、经营决策、资金运用、技术设备使用和商品买卖等活动，都要依靠劳动者来完成。因此，企业要使其经营活动正常有序地开展，一方面要保证有一支数量相当的员工队伍；另一方面要采取有效措施，加强智力投资，不断提高员工的素质，充分调动全体员工的经营积极性。

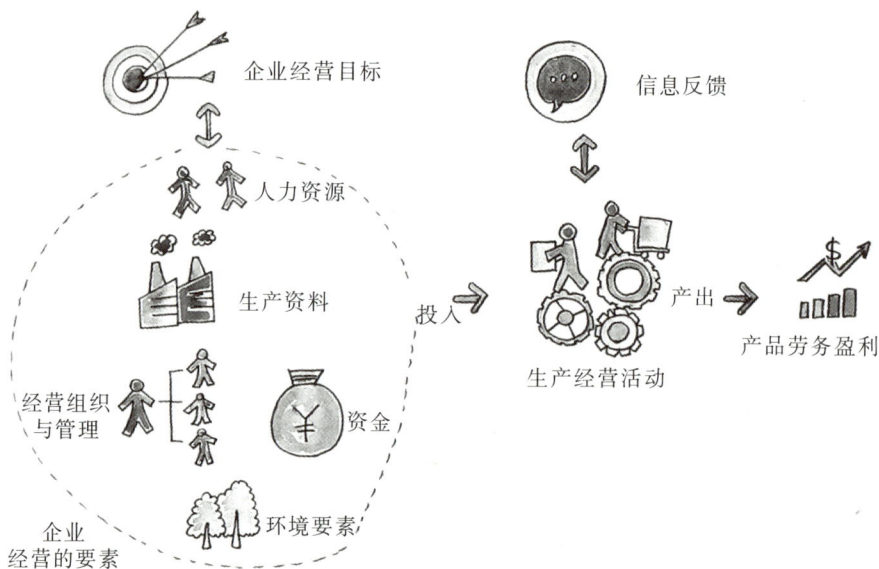

图1-4　企业经营的要素与企业功能的关系图

（2）生产资料

这是企业经营的物力要素。企业在经营活动中所需的建筑物、机械、工具和原材料等，均属于生产资料。生产资料作为生产经营的物质手段和条件，是企业经营不可缺少的物力要素。企业不仅要拥有与经营规模相适应的一定数量的生产资料，而且要不断改善建筑物、机械等技术设备的现状，逐步实现现代化，使之发挥更大的作用。

（3）资金

这是企业经营的财力要素。企业所拥有的固定资金和流动资金都属于企业的财力资源，在商品经济时代，资金是企业经营不可缺少的要素。企业购买生产资料需要资金，支付员工薪金需要资金，进行商品买卖需要资金，没有必要的资金，企业的经营活动就无法开展。因此，资金数量的多少决定了企业经营的规模，企业必须拥有足够的资金，才能保证经营的顺利进行。

（4）经营组织与管理

这是企业经营的组织要素。企业是由若干劳动者集合而成的组织体，经营组织与管理就是通过有组织的团体活动，对企业的人、财、物等要素进行优化组合或配合，以便达到有效经营的目的。当今企业经营的特征，是以组织体的活动或以有组织的活动为基础的。只有通过严密的组织和有效管理，企业的经营活动才能正常开展和顺利进行，所以，经营组织与管理也是企业经营的基本要素之一。

（5）环境要素

这是企业经营的外部要素，主要包括国民经济发展状况、党和国家的方针政策及法规、企业的地理位置和市场。其中，最重要的是市场，这是因为在市场经济时代，企业是商品生产经营者，市场是商品生产经营者的生存空间和天然活动场所，是企业经营的最基本要素。若没有市场，那么企业生产就无任何意义，更谈不上有效经营。从企业投入来看，如果没有供给市场，企业就得不到各种生产要素，生产经营活动根本无法进行；从企业产出来看，若无快速而大量购买商品的需求市场，企业也就无法生存和发展。

4.企业经营过程

企业经营过程是指企业为实现经营目标而使各要素有机结合所产生的经济活动的运行过程。企业经营不是独立存在、静止不动的，而是由若干相互连接、相互制约的环节所构成的动态连续过程，如图1-5所示。

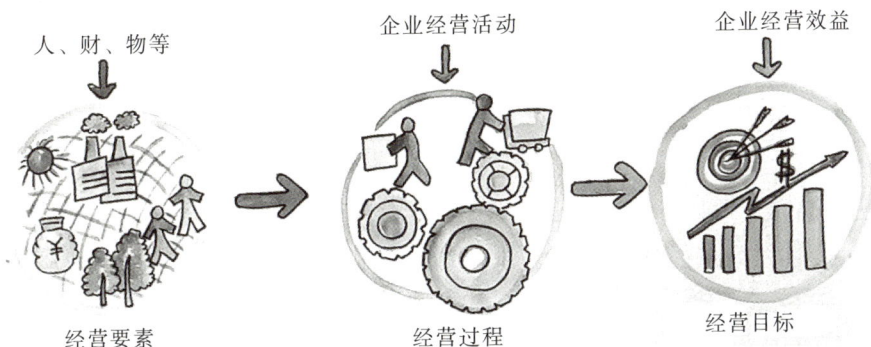

图1-5　企业经营过程示意图

不同类型、不同行业的企业经营过程也有一定的区别，这里主要介绍工业企业和商品流通企业的经营过程。

（1）工业企业的经营过程

工业企业的经营过程有广义和狭义之分。广义的经营过程是从市场调查开始到商品最终销售出去为止，包括生产过程在内的全过程，即如图1-6所示单线箭头指向的过程。

（2）商品流通企业的经营过程

由于商品流通企业不存在生产环节，所以，商品流通企业的经营过程与工业企业狭义的经营过程相似，只是在个别环节上略有差别，即如图1-6所示双线箭头指向的过程。

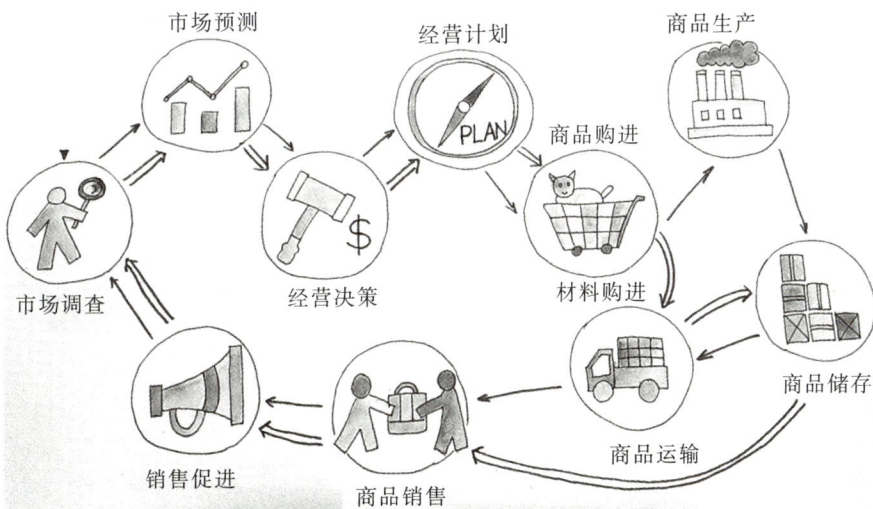

图1-6　工业（流通）企业经营过程示意图

任务实施

请将案例中涉及的事项分析与整理后，填写到表1-1中。

表1-1   企业如何开展经营活动的分析表

任务内容	1.案例中的餐饮店的主要经营理念是什么？开展什么业务？
店址：	
产品名称：	
产品性质或功能：	
消费对象：	
经营理念：	
任务内容	**2.这家店的经营活动主要包括哪些要素？**
人力资源：	
生产资料：	
资金：	
经营组织与管理：	
环境要素：	
任务内容	**3.这家店的日常经营过程是怎样的？**
资金筹措：	
人员配置：	
物资采购：	
生产技术：	
市场营销：	
收入支出：	
现场服务：	
后勤工作：	
结合对相关知识的学习，画出这家店经营过程的示意图：	

任务内容	4.你创办的企业将开展哪些经营活动？
主营业务：	
主要经营活动内容：	

课后思考

我对自己的认识有多少？

有人说，人生是建筑历史的一块砖瓦，是与风浪搏斗的一支桨，是耕耘大自然的一头牛，是帮助别人攀登的一道梯。你愿意你的人生是什么呢？其实人生就是一个圆，有的人走了一辈子也没有走出命运画出的圆圈，他就是不知道，圆上的每一个点都有一条腾飞的切线。

从27岁创业以来到现在，日本企业家稻盛和夫每天都非常认真地生活着。在他的努力下，日本京瓷公司员工由28人发展到现在的全世界员工人数达7万人左右。他曾在78岁高龄接受日本航空的会长一职，零薪资地全身心投入日本航空的重建工作中，在他的领导下，日本航空起死回生，仅仅一年他就让破产重建的日本航空大幅度扭亏为盈。

是什么使稻盛和夫取得了这样的成就？那就是人生价值观。所谓价值观，应该是人们心中基本价值的信念、信仰、理想等思想观念的总和。价值观是人们心目中用以评估事物之轻重、权衡得失弃取的天平和尺子。作为经营掌舵者的稻盛和夫，实际上从创业时就抱有很大不安：自己是经营的料吗？只是因为碰巧，他以技术为基础建立了公司，并不得不来经营公司。当时他脑子里只有一个念头，"无论如何，都不能让这家公司垮掉；无论如何都要使企业取得成功"。

稻盛和夫先生说，以"利他之心"经营企业，是超越行业、超越国界的"真理"。一般认为，决定企业盛衰的是眼睛看得见的、有形的要素，如资金能力、技术能力以及经营者制定的企业战略等。但是他认为，这些因素固然重要，然而比这些更重要的是眼睛看不见的、无形的因素，就是员工的意识，以及作为这种意识的集合体的组织的风气，或者说企业的文化。

胡适先生曾说："生命本身不过是一件生物学的事实，有什么意义可说？生一个人与一只猫、一只狗有什么分别？人生的意义不在于何以有生，而在于自己怎样生活。你若情愿把这六尺之躯葬送在白昼做梦之上，那就是你这一生的意义。你若发愤振作起来，决心去寻求生命的意义，去创造自己的生命的意义，那么你活一日便有一日的意义，做一事便添一事的意义，生命无穷，生命的意义也无穷了。总之，生命本没有意义，你要能给它什么意义，它就有什么意义。"胡适先生所倡导的"赋予生命以意义"当是我们应持有的积极的人生态度。

还有很多我们知道的创业成功人士，他们不仅创业成功了，更重要的是他们的人生也很成功。在学习如何创业之前，请先告诉自己，你要怎样度过一生。

图1-7所绘创业者和你对创业者的认知一样吗？

图1-7　创业者

任务二　企业主要有哪些类型？

工作任务

创业者要开始创业，一般都会面临工商注册登记的程序，而这时必须要选择一种创业主体类型。无论是个人投资创业，还是多人合作创业，在出资方面的约定和以后决策权的分配，都是需要提前考虑的问题。这里，我们继续以"西少爷"肉夹馍店为例，探讨以下四个问题：

1.个人可以独立开公司创业吗？

2.一般有哪些创业主体类型？

3."西少爷"肉夹馍店在经营过程中遇到了什么问题？以后类似问题如何避免？

4.你创业会选择哪种类型？

请结合以下案例，完成上面的任务。

【案例1-2】"西少爷"肉夹馍为何散伙？

"西少爷"肉夹馍本来有可能成为一家前途无量的明星创业公司，却在刚刚走上正轨不久，创始团队各奔东西。深究其中的细微之处，不由得给创业公司敲响了"警钟"！

借助于一篇名为《我为什么要辞职去卖肉夹馍》的网络帖子在微信朋友圈里被大量转发而走红，加上创始人西安交通大学的身份出来卖肉夹馍，被媒体大量报道之后，"西少爷"肉夹馍店吸引了众多食客慕名而来。在开张100天后，就创下了日销售肉夹馍2 000个、一天进账万元的销售业绩……

隐患：初始股权分配不合理

孟兵、宋鑫、罗高景3人在2012年年底举办的西安交通大学北京校友会上相识。当时已在投资机构工作3年的宋鑫，有了出来创业的想法，于是通过校友的关系认识了既有技术又有能力的孟兵和罗高景。3人一拍即合，2014年4月，成立了名为"奇点兄弟"的科技公司。由于孟兵承担了主要的产品研发工作，因此孟兵、宋鑫、罗高景3人的股权分别为40%、30%、30%。

这个团队并不是稳定架构。孟兵和宋鑫都属于个性强势的人，区别在于，孟兵会表露出来，所以会在爆发争吵时，指责宋鑫"产品有什么问题，都怪你销售做得不好"；宋鑫看上去并没有那么强的攻击性，但在骨子里却是个固执己见的人。

融资：内部矛盾激化

"西少爷"开业当天中午，就卖出了1 200个肉夹馍。火爆的销售业绩加上"互联网思维"的外衣，孟兵以创业明星的姿态登上了各类媒体讲述创业故事。"西少爷"开业不到一周，便有投资机构找上来，并给出了4 000万元的估值。孟兵、宋鑫、罗高景和袁泽陆（后加入团队中）4个人认为这时候需要引入投资来扩大业务，但就在引入投资、协商股权架构的过程中，孟宋之间的矛盾被彻底激发。

5月初，4人开始与投资人商讨有关投资的细节。据袁泽陆介绍，当时孟兵提到为了公司之后在海外的发展，希望组建VIE结构，他的投票权是其他创始人的3倍。由于孟兵的口气比较随意，其他3个人都没有太在意。但不久，在孟兵转发给他们拟好的正式合同里，增加了组建VIE结构、增加孟兵投票权这两项。

宋鑫的说法略有差异。宋鑫表示，在与投资人共同协商时，孟兵并没有提出3倍投票权，直至看到那封邮件他才知道孟兵给自己增加了投票权。宋鑫担忧的是，孟兵的投票权超过了50%，那么自己将处于被动的地位，可能会因为孟兵的决定而出局。袁泽陆也感到不满，感觉自己的权力被削减了。

按照孟兵的解释，当时之所以会提出3倍投票权，是因为在经营决策过程中需要有一个人能够保证话语权，以便于公司的管理和决策。但宋鑫称，当时孟兵给他的说法是，自己没有安全感，暗示担心被夺权。

　　为何没有另外3个合伙人的明确同意，在合同中增加该条款？孟兵没有向媒体直接回应，而是称"以袁泽陆的回答为准"。袁泽陆是这样说的："可能当时投资人向他提了这样一个建议，依照我对孟兵的了解，他跟我们这么提一下，我们以为他随口一说就没有表示反对，而他可能以为我们默认了。"

　　随后在5月中旬，袁泽陆、罗高景做了让步，表示2.5倍投票权可以接受。袁泽陆希望孟兵、宋鑫双方都各让一步，所以提出了2.5倍投票权。

　　孟兵妥协了，说没问题。但宋鑫没有同意。

爆发：难以回购的股权

　　整个5月，引入投资的事情一直僵持着。在这种情况下，5月底6月初，宋鑫回西安学习豆花的制作。这成为他后来出局的导火索。

　　"原本计划三五天就能回来的宋鑫，却花了整整11天时间待在西安，关键是最终也没能搞定小豆花配方。""西少爷"的官方声明如此写道。过长时间的学习再度导致了另外3人的不满，他们决定将宋鑫除名。袁泽陆称："学豆花这事只是一个导火索，关键是我们的经营理念出现了分歧，宋鑫阻碍了公司的发展进程，在那种情况下，不能够再继续合作下去了。"不久，宋鑫被要求离开"西少爷"。宋鑫是这样描述当时的情景的："他们三个一大早就出去了，在下午的时候给我发了条微信，说股东决议我必须离开，当时我都懵了。晚上我又收到一条短信，说房子是公司的，我必须搬出去。"

　　整个股东会议的通知，都是由微信完成的，之所以没有面对面进行沟通和决议，袁泽陆给出的理由是担心孟兵和宋鑫两个人当面打起来。

　　之后，4个人在"西少爷"五道口店附近的咖啡馆坐下来谈了几次，但都不欢而散。孟兵、袁泽陆、罗高景3人给出的方案是，27万元加2%的股份，买回宋鑫手中30%的股份。"这27万元是宋鑫之前在公司工资的4倍，4倍的投资回报应该也可以。"但宋鑫要1 000万元，理由是当时"西少爷"的估值有4 000万元，他可以分得四分之一。

　　由于一直没有谈拢，宋鑫仍然有"奇点兄弟"近30%的股份。7月，宋鑫另起炉灶，开了名为"新西少"的肉夹馍店。

草率的众筹导致无法拿回本钱

　　宋鑫发公开信提出，公司初创时曾在2013年年底和2014年5月份发起过两次众筹，共筹得85万元，但"西少爷"一直没有公开财报，分红等事宜也并未跟进。之后，一位众筹人的老婆生孩子急需用钱，本金却都拿不回来。

　　对此，"西少爷"方面的回应是，按照《中华人民共和国公司法》的规定，股东是没有办法这样随便退出的，需要经过协议。鉴于特殊情况，"西少爷"同意退还本钱，但宋鑫方面迟迟没有给出转账凭证。

　　双方各执一词，真相很难还原。

　　"没有一家公司不出现合伙人问题的，除非只有一个人。如何处理好合伙人的退出、权益分配等问题，是我们必须要经历的。我希望所有的创始人不要再犯我曾经犯过的错误。"当"西少爷"创始人孟兵对着镜头说出这句话的时候，有着一股云淡风轻的从容。

　　资料来源　佚名. 西少爷肉夹馍散伙，给创业公司敲响的一记"警钟"［EB/OL］.［2015-09-25］. http://www.sohu.com/a/33403434_129567.有改动.

任务分析

　　当公司发展壮大后，创业之初的模糊约定很容易产生股权和利益纠纷，导致合伙人散伙。像"西少爷"肉夹馍这样，创业之初的好友变为陌路人，并不是我们创业的初衷。那么，究竟怎样做才能避免发生这样不愉快的事情呢？这正是我们要从"西少爷"身上吸取的教训。

创视说1-2
"新西少爷"
的磨难

　　第一步，既然离开"西少爷"后宋鑫还要自己创业，为何当初不是一个人，而要叫上孟兵等人？究竟是独自创业好，还是合伙创业好？（创业有成功有失败，失败的经验和成功的经验一样宝贵。）

　　第二步，创业组织有哪些类型？如何选择适合自己的创业组织类型？目前社会上选择最多的是什么类型？（每一次创业都是一条新的道路，但也是有规则的。）

　　第三步，如果多人合作开公司，在创业初期，创始人股权比例的分配是否需要明确？要如何明确才好？（小公司和大公司一样，都要遵循规则和约定。）

　　第四步，如果在创业过程中，创始人之间出现意见分歧怎么办？意见无法最终统一怎么办？投资人是否可以中途退出创业团队？要怎样处理才能让各方利益不受损失或减少损失？（创业有风险，还有很多不测因素，要提前防范。）

　　根据上述分析，写出你的观点。

相关知识

5.个体工商户

　　有经营能力的城镇人员、农村村民以及国家政策允许的其他人员，可以申请从事个体工商业经营，依法核准登记后成为个体工商户。个体工商户依据《个体工商户条例》成立和规范运行，其经营范围为：在国家法律和政策允许的范围内，经营工业、手工业、建筑业、交通运输业、商业、饮食业、服务业、修理业及其他行业。个体工商户既可以是个人经营，也可以是家庭经营，但两者承担民事责任的方式不同。个人经营的，以个人全部财产承担民事责任；家庭经营的，以家庭全部财产承担民事责任；无法区分的，以家庭财产承担民事责任。

　　个体工商户最大的优势在于其设立门槛较低，对注册资本没有要求。与公司等

其他企业组织形式相比，其注册程序相对简单，有些经营行业不需要有营业场所和机构。但其劣势也较明显：首先，个体工商户在正常的税收外，要收取一定的管理费；其次，个体工商户一般来说更适合低收入阶层（如城市待业青年、社会闲散人员、刑满释放人员等）解决就业问题，其市场主要集中在服装、食品等传统服务业领域；最后，在民事责任承担上，个体工商户具有一定的风险，必须以个人全部财产或家庭全部财产承担民事责任；无法区分的，以家庭财产承担民事责任。

从大学生创业的角度出发，随着近几年有限责任公司等准入门槛的逐步降低，个体工商户并不是最佳的选择。

6. 个人独资企业

个人独资企业，是指依照《中华人民共和国个人独资企业法》在中国境内设立，由一个自然人投资，财产为投资人个人所有，投资人以其个人财产对企业债务承担无限责任的经营实体。设立个人独资企业应当具备下列条件：

①投资人为一个自然人；
②有合法的企业名称；
③有投资人申报的出资；
④有固定的生产经营场所和必要的生产经营条件；
⑤有必要的从业人员。

个人独资企业，纯属创业者单枪匹马闯江湖，其优势在于：首先，申办程序简单。设立、转让及关闭企业等，一般仅需在市场监管部门登记，手续非常简单。其次，个人独资企业在经营管理上具有较大的自由度和灵活性。在销售量、利润等方面，创业者都具有绝对的控制权和保密性。最后，在纳税上具有较大的优势。创业者开办个人独资企业，不需要按公司形式纳税，只需要缴纳个人所得税，避免了双重纳税。个人独资企业的劣势在于关于投资人以其个人财产对企业债务承担无限责任的规定，当企业资产不足以清偿企业债务时，法律规定个人投资人不是以投资企业的财产为责任底线，而是要用投资人个人的其他财产来清偿。一旦经营失败，创业者有可能倾家荡产。

就高职学生创业而言，如果是服务业或零售业，可以选择个人独资企业作为创业企业类型。因为相对而言，服务业或零售业的风险较小，一旦企业经营失败，创业者所承担的债务不会太高。

7. 合伙企业

合伙企业，是指自然人、法人和其他组织依照《中华人民共和国合伙企业法》在中国境内设立的普通合伙企业和有限合伙企业。普通合伙企业由普通合伙人组成，合伙人对合伙企业的债务承担无限连带责任。有限合伙企业由普通合伙人和有限合伙人组成，普通合伙人对合伙企业的债务承担无限连带责任，有限合伙人以其认缴的出资额为限对合伙企业的债务承担责任。国有独资公司、国有企业、上市公司以及公益性的事业单位、社会团体不得成为普通合伙人。设立普通合伙企业，应当具备下列条件：

①有两个以上合伙人，合伙人为自然人的，应当具备完全民事行为能力；

②有书面合伙协议；

③有合伙人认缴或者实际缴付的出资；

④有合伙企业的名称和生产经营场所；

⑤法律、行政法规规定的其他条件。

此外，合伙企业名称中应当标明"普通合伙"字样。

有限合伙企业由2个以上50个以下合伙人设立，至少应当有一个普通合伙人。其合伙企业名称中应当标明"有限合伙"字样。

由上述可知，对于合伙企业，较关键的是合伙协议。《中华人民共和国合伙企业法》对两种类型的合伙企业的合伙协议内容都有明确规定，普通合伙企业合伙协议应该载明：

①合伙企业的名称和主要经营场所的地点；

②合伙目的和合伙经营范围；

③合伙人的姓名或者名称、住所；

④合伙人的出资方式、数额和缴付期限；

⑤利润分配、亏损分担方式；

⑥合伙事务的执行；

⑦入伙与退伙；

⑧争议解决办法；

⑨合伙企业的解散与清算；

⑩违约责任。

有限合伙企业的合伙协议除载明上述普通合伙协议需要载明的内容外，还需载明：A.普通合伙人和有限合伙人的姓名或者名称、住所；B.执行事务合伙人应具备的条件和选择程序；C.执行事务合伙人的权限与违约处理办法；D.执行事务合伙人的除名条件和更换程序；E.有限合伙人入伙、退伙的条件、程序以及相关责任；F.有限合伙人和普通合伙人相互转变的程序等。

合伙企业的优势在于：首先，在创业资金投入上具有灵活性。创业者既可以货币出资，也可以知识产权、土地使用权或其他实物出资，甚至可以劳务出资。其次，多个合伙人使得企业在资金、诚信度等方面更具有优势，多人资金和思想的联合是其优势所在。合伙企业的劣势在于：合伙人要承担无限连带责任，其家庭财产不能独立出去，存在风险；合伙人要转让自己的财产份额时，具有诸多限制，如产权转让必须经过所有合伙人的同意等，使得创业者不能自由进退；多个合伙人使得资金和思想的联合具有优势的同时，也存在出现更多分歧的可能性，当合伙人之间意见不统一、不能互相信任的时候，企业的经营必然会受到影响。

就职业院校学生创业而言，普通合伙企业对创业各方来说相对更公平，也更具有可行性。合伙企业适合广告服务、咨询服务、设计师事务所、会计师事务所、律师事务所、零售商业等领域的创业者。

8.有限责任公司

依照《中华人民共和国公司法》，公司是指在中国境内设立的有限责任公司和股份有限公司。公司是企业法人，有独立的法人财产，享有法人财产权。公司以其全部财产对公司的债务承担责任。其中，有限责任公司的股东以其认缴的出资额为限对公司的债务承担责任；股份有限公司的股东以其认购的股份为限对公司的债务承担责任。设立有限责任公司，应当具备下列条件：

①股东符合法定人数；

②有符合公司章程规定的全体股东认缴的出资额；

③股东共同制定公司章程；

④有公司名称，建立符合有限责任公司要求的组织机构；

⑤有公司住所。

有限责任公司依据股东人数，可以分为普通有限责任公司和一人有限责任公司，这部分所述的有限责任公司指普通有限责任公司。有限责任公司的股东人数应当在2人以上50人以下。有限责任公司的注册资本为在公司登记机关登记的全体股东认缴的出资额。法律、行政法规以及国务院决定对有限责任公司注册资本实缴、注册资本最低限额另有规定的，从其规定。股东可以用货币出资，也可以用实物、知识产权、土地使用权等可以用货币估价并可以依法转让的非货币财产作价出资。但是，法律、行政法规规定不得作为出资的财产除外。对作为出资的非货币财产应当核实财产，评估作价，不得高估或者低估作价。法律、行政法规对评估作价有规定的，从其规定。

有限责任公司的优势在于以出资人的出资额为限承担公司的经营风险，即假设公司的注册资本是5万元，某个创业者的出资额是2万元，最后这个创业者需要承担的是2万元的风险。与以个人所有财产承担风险相比，这种承担方式有利于创业风险的分散。有限责任公司的劣势在于双重纳税，即公司要上缴公司所得税，创业者个体作为股东还要上缴个人所得税或投资所得税。此外，创业者如果想把公司做强做大，有限责任公司是不能公开发行股票的，在资金筹集和规模扩大方面存在限制。有限责任公司设立申请的时候，必须提供公司住所。公司住所必须是商业用房，不能是民用住房。随着"双创"战略的实施，现在我国各地对有限责任公司的注册要求已逐步放宽，具体以当地工商部门的制度为准。

9.股份有限公司

设立股份有限公司，应当有2人以上、200人以下的发起人。其中，半数以上的发起人需在中国境内有住所。股份有限公司的设立，可以采取发起设立或募集设立的方式。发起设立，是指由发起人认购公司应发行的全部股份而设立公司；募集设立，是指由发起人认购公司应发行股份的一部分，其余股份向社会公开募集或者向特定对象募集而设立公司。设立股份有限公司，应当具备下列条件：

①发起人符合法定人数；

②有符合公司章程规定的全体发起人认购的股本总额或者募集的实收股本总额；

③股份发行、筹办事项符合法律规定；

④发起人制定公司章程，采用募集方式设立的经创立大会通过；

⑤有公司名称，建立符合股份有限公司要求的组织机构；

⑥有公司住所。

股份有限公司采取发起设立方式设立的，注册资本为在公司登记机关登记的全体发起人认购的股本总额。在发起人认购的股份缴足前，不得向他人募集股份。股份有限公司采取募集方式设立的，注册资本为在公司登记机关登记的实收股本总额。法律、行政法规以及国务院决定对股份有限公司注册资本实缴、注册资本最低限额另有规定的，从其规定。

对职业院校的学生而言，受各方面资源的限制，在创业初期选择股份有限公司作为创业公司的组织类型不是较好的选择。如果创业进行到一定阶段，经营比较成功，确实需要向社会募集资金，则可以向市场监督管理行政部门申请变更为股份有限公司。

除上述创业类型外，农民专业合作社属于较为特别的法人组织，是一种经济组织形式。农民专业合作社是指在农村家庭承包经营基础上，农产品的生产经营者或者农业生产经营服务的提供者、利用者，自愿联合、民主管理的互助性经济组织。农民专业合作社与企业是不同的市场主体类型。农民专业合作社在从事生产经营活动时，为了实现全体成员的共同利益，需要对外承担一定义务，这些义务需要全体成员共同承担，以保证农民专业合作社及时履行义务和顺利实现成员的利益。农民专业合作社以其成员为主要服务对象，提供农业生产资料的购买，农产品的销售、加工、运输、贮藏以及与农业生产经营有关的技术、信息等服务。其拥有一定的组织架构，成员享有一定权利，同时负一定责任。

例如，1997年，杭州淳安县鸠坑乡来了一位"女老板"章成花。高中毕业后就在茶厂工作的她，学过包装，做过加工，干过销售和财务，最后选择在鸠坑乡创业，收购和加工茶叶。2007年，章成花创立鸠坑万岁岭茶叶专业合作社，茶农按要求经营好茶园，鸠坑万岁岭茶叶专业合作社统一收购鲜叶，实现了"采茶不制茶，制茶不采茶"，促进了"茶叶增效，茶农增收"。秋冬季，是大部分茶企的"淡季"，但在鸠坑万岁岭茶叶专业合作社，月产眉茶80吨，每天外销茶叶2 500千克，收入节节高。由于是加工外销茶，销量比较大，而留在乡里的基本都是老年人，为了提升高效能，他们可以用机器采茶，一天能采200千克左右，多的时候有300千克左右，这样就大大提升了茶农们的经济收入。

创视说1-3
万岁岭合作社

任务实施

请将案例中涉及的事项分析与整理后，填写到表1-2中。

表1-2　　　　　　　　　　　企业选择组织类型分析表

任务内容	1.个人可以独立开公司创业吗？宋鑫第一次创业为何没有选择个人全资开公司？
个体工商户的优势：	个体工商户的劣势：
个人独资企业的优势：	个人独资企业的劣势：
宋鑫第一次创业没有选择个人全资开公司的原因：	
任务内容	2.一般有哪些创业组织类型？分别有什么特点？适合哪些情况？"西少爷"肉夹馍选择了哪一种类型？
个体工商户的特点：	适合情况：
个人独资企业的特点：	适合情况：
合伙企业的特点：	适合情况：
有限责任公司的特点：	适合情况：
股份有限公司的特点：	适合情况：
"西少爷"肉夹馍选择的类型：	

续表

任务内容	3. "西少爷"肉夹馍店经营过程中遇到了什么问题？以后类似问题如何避免？
任务内容	4. 你创业会选择哪种类型？

课后思考

谁是我欣赏的成功者？

人生是短暂的，要让生活有意义，必须确立自己的人生目标。在获取和总结前人成功经验的过程中，找到自己努力的方向，不失为一种积极而有效的选择。

每个人都想成为一个成功者，然而成功是要付出勤劳和汗水的。我们不妨了解一下成功者身上有哪些共性？成功人士在看到某种现象或者某些问题时，通常会比其他人多一些问号，多想一想为什么或如何解决。成功者往往会有更多的创新思路，更多的创新和激励手段，并坚决鼓励员工通过合法劳动获取合法收入，鼓励员工跟随企业一起成长致富。

吃得苦中苦，方能成为人上人，不经历风雨如何见彩虹，成功人士必定经历过超越常人想象的艰苦创业的历程。成功人士往往还有比其他人更加敏锐的洞察力，能够及时发现身边瞬间即逝的机会，并且，当机会一旦出现的时候就可以千方百计地牢牢把握，决不让机会从自己的眼皮底下溜走。

但凡成功者必定会有卓越的组织和指挥能力，这些能力有的是天生的，更多的是后天通过自己的学习和努力培养出来的，而只有具备卓越领导才华的人才可以驾轻就熟。我们往往有这样一种体会，那就是书到用时方恨少。而成功人士不但有比常人更强烈的学习欲望，而且学习的东西能够不断丰富和更新自己的知识库，储备充足的知识以备创业使用。求贤若渴和广揽人才也是所有成功者的根本特点，人才是事业成功并使其持续而稳定发展的基本保障，而成功者的专长就是能够给不同的人才确定适合的身价，并给予他们施展才华的合适舞台。

因此，成功者身上往往有许多值得我们学习的方面，图1-8所打的比方有一定启发性。找到自己最欣赏、崇敬的企业家，关注他成长的历程、个人的素质、创业的条件等因素，一方面可以让我们学习他的创业精神，树立创业目标；另一方面可以对我们寻求创业机会、创造创业条件起到启蒙作用。所以，找到一位或多位成功创业者成为我们学习的偶像，可以指引我们走向创业之路，在逆境中激励我们勇往直前，这是非常有必要的。

图1-8　成功者身上有哪些要素

任务三　怎样发现商业模式？

工作任务

大学生创业初期，必然要思考一些重要问题：我创什么业？赚什么钱？怎么赚？要回答这些问题就要从两个方面入手：一是怎样找到适合自己的创业模式，二是怎样为初创企业找到正确的商业模式。相比其他人，大学生在人生阅历、工作经验、资金筹措、人力资源、社会资源等诸多方面都存在一定的不足，因此，根据自身特点与条件去思考创业模式和商业模式才是最切合实际的。这里，我们以物流服务业为背景，探讨以下四个问题：

1. 大学生创业起步适合从哪入手？
2. 大学生创业模式有哪些类型可供选择？
3. 目前现代物流服务业主要有哪些商业模式？
4. 你的创业项目的商业模式是怎样的？

请结合以下案例，完成上面的任务。

【案例1-3】元气森林　红海扬帆正当时

跨界创业立山头

虽然"游戏大佬转行做消费品"是唐彬森如今最知名的标签,但元气森林已经是他至少第5个能叫上名号来的创业项目。

大四那年,唐彬森参加了一个国际程序开发大赛,夺冠后的25万奖金成为他创业的第一桶金。虽然从小对生意场耳濡目染,但他早期的项目心理测试网站和电子商务软件如今复盘来看,也并未包含太多的商业洞察,更像是少年意气的"情怀"与"理想"之作。

研究生毕业后,唐彬森的团队开始背负生存压力,以外包身份花两周时间开发的游戏,却带来了过去3年都没有的收益。这件事也彻底改变了唐彬森此后的人生轨迹,不要用战术上的勤奋掩盖战略上的懒惰,要往竞争激烈的红海大赛道当中去,也成为他的第一信条。

过去十年中国的互联网连续创业者瞄准过社交、电商、生活服务和各类硬件,有的仍然在张一鸣口中的"旧战场"打转。而唐彬森直接踏入了一个最古老的行业,用迥异的方法一鸣惊人。

2020年年末的元气森林正如日中天。新冠肺炎疫情来袭的这一年,元气森林超额完成了唐彬森制定的目标——营收25个亿,虽然这已经是上一年8亿收入的3倍,实际营收却达28亿元之多。截至2021年4月,成立5年的元气森林估值已达60亿美元(约合人民币390亿元),与国内茶饮三巨头农夫山泉、康师傅和统一做对比,元气森林的估值分别是它们市值的约10%、60%和110%。

一年之计在水头

6年前,唐彬森研究美国富豪榜,发现前100家公司里消费品是最稳的,于是他判断,"中国未来最成功的人,要么卖水,要么卖药"。谈及为什么要做饮料,他常举的例子是谷歌做大容量邮箱:当市场上的邮箱都不支持大附件,做一个大附件就是送分题。中国还没有他认为的健康饮料,因此元气就有机会。送分题做对了能拿大分,但不代表容易做。

饮料行业有句老话,"一年之计在水头",指的是饮料行业每年一度的开篇布局至关重要——采购原料、开动生产、激活渠道、抢占终端。"水"就是饮料,"水头"即夏天的旺季开始前面向经销商的订货分销会。通常来说,过完春节备战才开始,但瓶装奶茶的销售旺季是冬天。

元气森林乳茶自2020年3月上市以来,销量一路走高。行业内有丰富瓶装奶茶生产经验的企业无非就是统一、康师傅两家。乳茶一开始由统一旗下的工厂代工,但之后光靠统一代工不够,这才找到了康师傅的一家关联生产企业。但因为竞争关系,代工运转不畅的情况很快发生。最开始,唐彬森还会拎着两瓶观云白酒,去代工厂拜访沟通,然而元气森林就像一个青春发育期的少年,几个月不见,胃口又大一点。

产能一旦不足，影响的不仅仅是销量和消费者认知，元气森林的整个设计、生产流程都被打乱。理想情况下，元气会汇总市场数据，动态调整产能，减少库存压力，加快测试新品的效率。但由于没有自己的工厂，这都是空谈。生产出问题的不只是乳茶。元气森林生产负责人曾提出，"盖子可能会出大问题"。碳酸饮料的瓶盖特殊，对抓力要求更高。新采购一台生产碳酸饮料瓶盖的设备需投资1 400万元，企业不会轻易下注。2021年5月，瓶盖供应商称设备坏了，产线开不起来。

盖子断货，等于气泡水要全线停产。同一时间，瓶坯厂的产能也出了问题。今年这样的情况断断续续，加起来气泡水一共停产了半个月。还有一次，外星人电解质水谈好了电视剧植入合作，但特别版的包装工厂来不及生产，最后是团队员工手动贴了700多瓶饮料的包装。

投资工厂需要钱、决心、时间。2020年年底的会上提出瓶盖问题以后，元气森林已经下了很大决心要自己生产瓶盖。但是，"没有说5月份之前一定要把盖子产出来。5月份连设备都没有买。"一系列事故推动元气森林加速自建工厂（如图1-9所示），完善供应链。

图1-9 元气森林的天津西青工厂

通胀中找到拐点

2021年，柴米油盐涨价，爱马仕包脱销，中国"全球规模最大、最具成长性的"中等收入群体工资涨价的速度收到了明确的警报。一瓶5元的气泡水、6.5元的运动饮料、10元的瓶装奶茶，在5年之前还没什么人敢做，今天已经挤满便利店的冰柜。

回看元气森林创业的这5年，一家参与人们日常消费的创业公司之所以能崛起，押中的是大趋势。元气森林更本质的驱动力，来自看见一批愿意花更多钱买更好产品的消费者，并认真思考他们需要什么。

　　王工第一次接触到元气森林团队的时候，觉得"他们和其他饮料公司不一样"，不是因为对产品有热情、年轻有活力这些表面的东西，而是因为他们是唯一一家毫不犹豫决定尝试赤藓糖醇的饮料公司。

　　王工是赤藓糖醇的研发人员。每次他给客户办宣讲会，赤藓糖醇都是产品组合里那款最贵、口感最好但无人问津的产品。到了2016年，赤藓糖醇的原料企业保龄宝发现大公司对这款代糖兴趣不大，于是开始重点向新的创业公司推广。

　　彼时，虽然元气森林还只是唐彬森创投的一个项目，但是初期就已透露出财大气粗。在砸了几千万元、连续两拨团队失败后，唐彬森的助理路皎找到唐彬森，说自己想试试。"我太心疼他的钱了，花了大几千万，什么都没做出来。他就说，你就做你自己想喝的、愿意买的、觉得好的就可以了。"唐彬森对合伙人有一个要求，得"有爱有生活"，尤其是产品经理。这基本上也是元气森林的消费者画像：有爱，愿意花钱。

　　早期的团队办公室就在唐彬森的母校北京航空航天大学门口。游戏公司没有做实验的条件，3名研发人员便在对面的锦秋家园租了一套三居室，改成简易的实验室。

　　2016年8月的一天，王工从山东出发，连夜前往北京，随身带着一包极像白砂糖的样品颗粒，就是从实验室里拿的赤藓糖醇。三居室的客厅里摆满了瓶瓶罐罐，原料则堆在一旁的小卧室。在那里，他见到了前一晚微信聊了一夜的研发人员。对方也不多话，立刻泡了乌龙茶，加上一点糖，"口感还不错"。

　　2017年3月，燃茶正式上市，用了两年时间做到了无糖茶品类第二，仅次于2011年上市的东方树叶。唐彬森给了燃茶团队额外的期权奖励，因为"没有它就没有这家公司"。

　　给燃茶定价的时候，唐彬森有过犹豫。6块钱会不会太大胆了？早期请专业饮料人士做项目的时候，元气森林得到过不少定价建议："可乐大约是3.5元，你们只能卖4元，渠道、终端各拿30%抽成，成本大约是0.5元。"

　　事实上，一直到气泡水上市半年的2018年年末，无糖还不是一个明确的方向，元气森林气泡水的研发团队说，当时到了年底，团队要制订第二年的计划，琢磨了很久，最后才确定了"无糖新主张"的定位。唐彬森当时在内部说，他也没想到气泡水能卖得那么好。今天，中国几乎每一个一二线城市的便利店都摆放着各式各样的无糖气泡水，但是在2018年，无糖气泡水基本只有零度可乐，而零度可乐永远是经典红瓶可乐的附属品牌。

　　本质上，元气森林成功靠的是敢于卖得更贵。贵才能用口感更好的代糖原料；贵才能分更多钱给便利店、商超等线下零售渠道，让渠道愿意接受一款新品牌。

　　乳茶是元气森林第二次跨越行业对价格段的控制。而乳茶上市时的突发状况，深刻凸显了市场对价格的理解已经出现分歧。

2020年的"三八"妇女节，乳茶的线上首发选在了李佳琦直播间，6瓶乳茶卖50元；线下则选在了奶茶店最多的广东——第二件1元，平均每瓶只要5.5元。尽管新冠肺炎疫情让大部分奶茶店都关了门，便利店还是没什么信心能卖得动约10块钱的瓶装奶茶。

当被问及"为什么你从5年前开始就认为，大家真的愿意花可口可乐近2倍的价格买你的饮料？"唐彬森的回答是："这是通货膨胀，是必然规律。通货膨胀是第一性原理。人类社会花在自己身上的钱是越来越多，单价是越来越贵的，但是要靠新的产品来推动。"

唐彬森举起一瓶面前的外星人电解质水："这个6.5元。"一罐红牛售价在5元至5.5元之间。在2020年年末，元气森林全线饮料基本都是同类（非进口）饮料里最贵的。

元气森林渠道扩张的思路也是严格按GDP水平筛选：先把中国Top30的城市拉出来，基于它周边再去做Top50的列表，然后逐步下沉。唐彬森说："我们今年上半年没有货，基本没做下沉市场。但其实我们认为，元气森林在县城的主干道上是完全卖得动的。"元气森林第一个印证了人们愿意买单，市场也奖励先行者。但如今，巨头纷纷下场，推出的新品没有几款低于5元。

战略性扬帆出海

2021年，主打"0糖"概念的元气森林在海外网站和电商平台成为了"网红品牌"，吸引了不少海外消费者关注和点赞。元气森林还蹭了把"名人效应"，声称连73岁的名模、马斯克的母亲梅耶·马斯克也在家里摆上了元气森林饮料产品。

元气森林早在2019年就启动海外战略，首先进军的就是作为碳酸饮料发源地的北美市场。为了推动产品顺利出海，元气森林在2020年下半年开始组建独立的海外事业部。2020年12月，原今日头条企业发展高级副总裁正式加盟元气森林，出任该公司海外业务的负责人。

2021年5月中旬，元气森林在美国市场首次推出多款口味的铝罐气泡水产品。同年11月，元气森林正式入驻美国沃尔玛线上商城。元气森林已将美国、欧洲和东南亚作为"当前重要的开拓市场"，从策略上聚焦"已有产品出海"和"捕捉海外从0到1的新市场机会"。而在渠道拓展方面，元气森林则会专注新兴渠道和直接面向消费者的DTC渠道。

目前，元气森林在海外市场销售的产品除了气泡水之外，还包括在中国市场热销的燃茶、外星人电解质水等饮料产品。据了解，元气森林还针对气泡水、乳茶、燃茶等核心单品进行了国际化改版，推出了面向海外主流消费者的铝罐气泡水和海外定制包装的奶茶以及燃茶。此外，公司还针对不同市场打造全新的单品，如在东南亚市场推出的冰爽柠檬茶和小包装黑糖奶茶。有数据显示，在天猫海外平台上，元气森林2021年第一季度"出海"成交额同比增长69%。

事实上，和其他国产饮料品牌策略有所不同的是，元气森林在品牌创始不久后就开始着手布局海外市场，由此可见，后者也是该品牌相当看重的业务板块。除了产品"出海"之外，在元气森林的产能布局版图上，拓展海外自有产能也是重要的一环。

资料来源　蓝鲨有货. 元气森林，一年长大［EB/OL］.［2021-12-16］. https：//ishare. ifeng.com/c/s/v002Z46-_ICPJu04p5U3oPuUHxKhuSexsvWWtbSE7EdZYf3U__.

任务分析

企业不管处于何种行业，其商业模式的发展必然遵循由低级的自然资源掠夺性开采利用和低级的人工劳务输出，逐步转向规模经济、科技密集型、金融密集型、人才密集型、知识经济型，从输出自然资源逐步转向输出工业产品、知识产权、高科技人才等。在此，我们将通过分析代表性企业的经营情况，并根据它们各自满足用户需求的不同方式来探讨企业商业模式开发问题。

第一步，你是否经常喝饮料？请你将平时经常选购的饮料品类记下来。请统计出你一个月在饮料上的消费金额的平均值是多少，最近一年总消费金额是多少，每天平均数量是多少，不同类型的消费数量是多少，对这些饮料你有什么意见。（对这些问题的回答能告诉我们这个市场的需求情况。）

第二步，你生活中接触到的饮料品牌主要有哪些？写出三个以上企业的名称，并简要说明它们的产品质量和行业地位。（创业之前，不妨先调查了解已有的创业项目的运营情况。）

第三步，根据上述案例资料，运用相关知识，以一家饮料生产企业为对象，将其商业模式写下来，并列出这种商业模式的优劣势。

第四步，分析目前我国饮料行业面临的问题有哪些，还有什么需求没有被满足。列举出10个以上问题，写在本子上。选择其中的三个问题，写出你的解决办法。（对这些问题的回答能告诉我们这个市场的新需求机会。）

第五步，结合你在第一步中列出的几个问题与对策，如果你想在饮料行业中创业，你有什么创业点子？写出你的商业模式。（发现问题，解决问题，就是找到商业模式的基本来源。）

第六步，如果你将选择创业，哪一种创业模式是你的首选？为什么？（从实际出发才能提高创业的可能性。）

创视说 1-4
颠覆式创新

相关知识

10.智能商业时代

人工智能时代是人类历史上最伟大的时代，是人类的社会生产力从原始社会、农业社会、工业社会的量变到人工智能的质变时代。在《人工智能时代》一书中，智能时代领军人、硅谷连续创业者杰瑞·卡普兰指出，"智能时代的到来，给人类社会带来了两大灾难性冲击：持续性失业与不断加剧的贫富差距"。

最早揭示人工智能时代与工业革命时代具有本质差异的是著名的未来学者阿尔文·托夫勒。1980年，阿尔文·托夫勒推出了《第三次浪潮》一书，该书将人类现代文明史划分为三个浪潮时代。阿尔文·托夫勒在书中写道："到目前为止，人类经历了两次重大的变化浪潮，每一次都抹杀了早期的文化和文明，以前人不能想象的生活方式取而代之。第一次浪潮——农业革命——经历了几千年才结束。第二次浪潮——工业文明的崛起——只有300年的寿命。今天的历史速度更快，很可能第三次浪潮将横扫历史，在几十年内结束。"他十分明确地将"今天的历史"与工业革命时期相分割。26年之后，他在2006年出版的《财富的革命》一书中，将"今天的历史"定义为"知识经济"时代，即一个知识创造财富的时代。

不管怎样划分时代，不可否认的是，"知识创造财富"贯穿于人类的全部历史进程中。在原始社会，人类在知识基础上打造工具、使用工具，开创了"人+工具"的社会生产力的基本结构。其后，一直延续到农业社会、工业社会以及人工智能社会。只是人工智能社会之前的生产力结构是"（人+知识）+工具"，即劳动者在知识基础上驾驭工具；人工智能的社会生产力结构变成了"人+（知识+工具）"，即人类将知识成果转移到智能化工具中，劳动者傻瓜化地使用智能化工具，出现了知识从"人"到"工具"的根本性转移。这就是人工智能时代知识创造财富的本质与知识革命的核心所在。

有人说，科技进步产生了智能商业。那么，什么是智能商业时代的开启？其实今天从智能手机、智能家电到智能电动汽车，我们的身边充斥了大大小小、五花八门的智能产品。但是智能产品出现本身并不代表着我们的商业范式发生了变化。企业仍然按照以往的逻辑进行产品的研发、生产与销售，只是产品目录中多了一些具有智能交互功能的"智能产品"罢了。智能商业时代究竟有哪些特点？

第一，从商业逻辑上来看，过去像冰箱、电视这些终端只是物理设备终端，而智能商业时代，所有的终端都变成了数据收集的触点，背后是端、网、云的一体。物理终端不再是静态的，而是可以不断迭代的。比如，你的电冰箱通过背后的数据算法为你推荐商品，而且随着数据越来越多，它的推荐越来越精准。

第二，从产品逻辑来看，产品变成了产品+数据+内容+服务。在过去，很多行业的变化是价值在价值链之间的转移变化。在智能商业时代，价值不仅仅在价值链之间转移，而且可以用数据、内容和服务创造出新的价值。

第三，市场在发生根本性的变化。在工业时代和互联网时代，经常讲定位的概念，要瞄准哪个细分市场。但在智能商业时代，市场的细分不再重要。因为未来市场会细分到每一个人。"精"和"准"会成为下一个商业时代的主旋律。"精"指的是市场可以精确细分到每个人；"准"是整个服务过程的准确和准时。市场从大众市场变成了人人市场。

第四，过去是企业为客户创造价值，而智能时代是用户跟企业共同创造价值。因为至关重要的数据，都是用户个体产生和创造的。企业跟客户的关系，也从一次性的交易行为，变成了永远链接，因为客户是永远在线的。

11.大学生创业模式

大学生创业模式是大学生在特定区域、特定环境中形成的，在创业动机、创业方式、产业进入、资金筹集、组织形式、创新力度和政府支持等方面具有相似性、典型性的创业行为，是对各种创业因素的配置方式。大学生创业模式是不可穷尽的，随着创业实践的发展，会不断出现新的创业模式。大学生创业方向研究的是创业"做什么"，大学生创业模式则是研究创业"如何做"的问题。

我国大学生创业起步较晚，创业的环境还不成熟，总结十多年的大学生创业实践，可以看出我国大学生创业主要有六种基本模式。

（1）积累演进模式

这种创业模式是指大学生为了实现就业的同时积累资本和经验，由个人或几个人组成创业团队白手起家，完全独立地创业，属于典型的个人创业。创业行业主要集中在商业零售、餐饮、化妆品、服装、图书批发、家具、眼镜、乐器的经营上。这种创业模式所需要的资金，创业者可以通过自己前期的兼职积攒、向亲朋好友借债或在政策范围内以小额贷款的形式筹集。在管理上主要是采取自我雇佣的业主组织形式，产权关系上以个人独资或合伙投资经营为主，在经营取得成功、发展到一定规模的时候，就成立具有法人地位的股份制小型公司。

积累演进模式的优点是：投资比较少，筹集资金比较容易；创业所需的专业知识不是很强，管理比较简单；不确定性程度低，可以稳打稳扎，步步为营，成功率较高。其缺陷是：所在行业的发展相对比较成熟，市场趋于饱和，竞争比较激烈，如果创新性不足，有时难以创造高额的市场价值。因此，运用这种模式创业，需要做好周密的区域市场调查和行业分析；制定长远的发展规划并合理设计个人职业生涯，在资源积累到一定程度时，及时扩大经营规模或转行，以求进一步发展。

（2）连锁复制模式

这种创业模式是指大学生以加盟直营、区域代理或购买特许经营权的方式来销售某种商品或服务的创业活动。加盟的行业主要是商业零售、饮食、化妆品、服装等技术含量不高而用工较多的行业。资金筹集上一般是个人独资或几个人合伙出资，组织管理上实行按总店或中心的统一模式自我雇佣、自我管理，并且能分享经营诀窍和获得资源支持、专业指导、配套服务。

连锁复制模式的优点是：在经营管理上有现成的模式可供直接采用；可以利用特许企业的品牌效应降低经营风险，享受规模经济利益，被称为"站在巨人肩膀上的创业"。其缺陷是：加盟者与中心店往往由于协议条款不完善或执行不便而产生纠纷；既有的经营模式也会限制经营者的自主性和创造性，在常规经营条件下很难有高额回报；所在行业的知识含量不高，劳动用工比较多。因此，运用这种模式创业特别强调加盟合同的签订，必要的时候要向专业人士咨询，以求合同条款尽可能完善；同时，还要有一种"不安于现状"的精神，在既有的经营模式上敢于改进和创新。

（3）分化拓展模式

这种创业模式是指大学生首先加入某高新技术企业或商品流通企业，成为该企业的骨干员工，然后利用企业内部创业的机会来实现自己创业理想的行为。有些大学生发挥自己的专业特长，能迅速成长为公司骨干，如果此时公司恰好准备变更或重塑其主营方向，往往由公司投资委托骨干员工来负责新业务或新项目。骨干员工在资本、经验、人力资源发展到适当程度并判断有更好的商机出现时就可脱离原公司，以个人积累的资金为主体，来创建新的法人企业。创业者可在参照原公司经营管理模式的基础上根据自己的偏好做进一步改进。

分化拓展模式的优点是：创业者在准备创业时就拥有较充足的资金、技术、人力资源和人脉关系，创业的基础条件较好；可以依托原公司的客户关系网扩大业务，创业的风险较小，成功的概率较高。其缺陷是：容易与原公司在业务竞争上产生纠纷，受到原公司势力的打压。因而运用这种模式创业的创业者必须摆正自己的位置，不能贪图利益而背信弃义，时机不成熟不要轻易"出手"；在创业过程中要与原公司及相关客户做充分的沟通、交流，以合作共赢的姿态来对待原公司和客户。

（4）技术风险模式

这种创业模式是指大学生利用自己拥有的专长或技术发明通过"知本雇佣资本"的方式创建企业。创业的大学生通常拥有某一专长或技术特长，或成功研制出一种新产品、一项新工艺，但要创建企业需要高额资本，而学生往往由于缺乏信用保证难以通过信用机制从外部筹措大量资金，于是大学生就以技术、专利、其他智力成果作资产估价，吸引有眼光的公司提供风险投资基金来创建企业。这种创业模式主要集中于电子信息、生物技术、高科技农业等技术含量高的行业或知识密集型行业。经营形式上采取股份法人公司制，管理上强调企业家精神和团队精神。

技术风险模式的优点是：创业具有很强的创造性，可以创造巨大的市场价值，甚至可以创造一个新的市场；可以充分发挥大学生的专业特长和知识才能；企业成长迅速。其缺陷是：不确定性程度高，风险大，难以获得高额的投资基金；创办的企业多为股份制，企业发展快，产权多元化，加上缺乏管理经验和组织能力、法律知识不足，难以处理好经理人与董事、股东之间的关系，内部纠纷不断，堡垒容易从内部攻破；忽视企业文化建设；投资周期过长等。因此，采用这种模式进行创业首先要对技术专利做严格的评估和市场预测，并取得法律保护，以降低风险；不要单枪匹马闯天下，要组建良好的团队共同努力，特别要注意培养团队合作精神。

（5）模拟孵化模式

这种创业模式是大学生受各种创业大赛的驱动和高校创业园区创业环境的熏陶、资助、催化而进行的创业活动。近年来，许多高校举办了各种各样的创业大赛，大学生在创业大赛中熟悉了创业程序，储备了创业知识，积累了创业经验，接触和了解了社会，是对创业的模拟实验；同时，高校纷纷建立科技园区或创业园区，园区中的科技创业基金中心或大学生创业投资公司会对经过严格评估的优秀参赛项目进行股权形式的投资，建立股份制公司，并且定期对投资项目进行评估，实行优胜劣汰，对项目进行创业催化。这种创业模式集中于高科技行业，很多是研究生的导师承担的各级政府课题基金项目的成果。

模拟孵化模式的优点是：具有创新性；创业者可以获得政策支持和创业园区的各项帮助，包括专家培训和指导，享受免费提供的办公场所，获得公共文秘、财会、人事、咨询、辅导、评估和项目管理服务，以及办理证照、落实优惠政策、推荐申报、市场营销服务等；凭借专业技术创业，使理论联系实际，加速知识向生产力转换；信息来源好，流通快。其缺陷是：很多创业计划书由于受到知识、经验的限制，存在对目标市场和竞争对手缺乏了解和分析、数据经不起推敲的问题，最终只是"纸上谈兵"。因此，采用这种模式进行创业必须认真撰写和严格审查创业计划书，保证计划书的完善、科学、务实。

（6）概念创新模式

这种创业模式刚刚兴起，是大学生根据自己的新颖构想、创意、点子、想法进行的创业活动。概念创新集中于网络、艺术、装饰、教育培训、家政服务等新兴行业，创业者的设想往往标新立异，在行业或领域是一大创举，能迅速抢占市场先机。创业的资金需求量不是很大，创业者一般向亲朋好友借款，或在政策范围内小额贷款，特别有创造性、能吸引商家眼球的还能引来大公司股权形式的资金注入，组织管理上个人独资、合伙、股份公司均可。

概念创新模式的优点是：创业成本低，本身缺乏创业资源的创业者也可以通过独特的创意获得各种资源；创新性强，是典型的开创性价值创造型创业，成功后的收益大。其缺陷是：创业者必须有足够新颖的创意来洞察商业机会，创业难度大；面对的是有待开发的新市场，风险大。因此运用这种模式进行创业的创业者要能够正确客观地评价自己，看自己是否真正具有独特的个性和强烈的创业欲望；同时，要认识到创意不完全等同于创业，在拥有创意的基础上，还要认真分析资金、人才、管理、市场等因素，不可头脑发热、贸然行事。

12.商业模式创新

商业模式，是指一个完整的产品、服务和信息流体系，包括每一个参与者及其起到的作用，以及每一个参与者的潜在利益、相应的收益来源和方式。在分析商业模式的过程中，主要关注企业在市场中与用户、供应商、其他合作方的关系，尤其是彼此间的物流、信息流和资金流。

简单来说，商业模式是企业创造价值、传递价值、获取价值的方式，它不仅包含了整个企业的盈利模式，还包含了对产品如何进行成本控制。

商业模式画布是《商业模式新生代》的作者亚历山大·奥斯特瓦德提出的，他将一个完整的商业模式以结构化的方式划分出四个视角、九个模块（如图 1-10 所示），从而更直观地去描述公司的商业模式。

创视说 1-5
共享单车的
商业模式

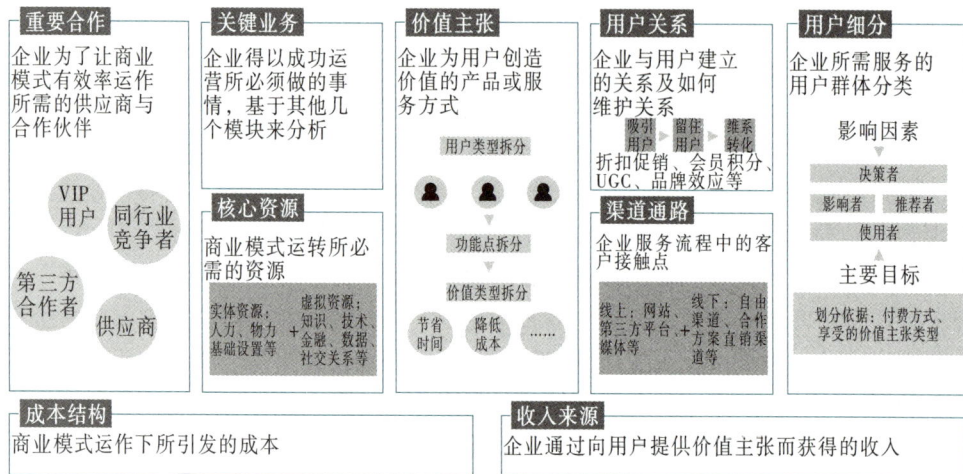

重要合作	关键业务	价值主张	用户关系	用户细分
企业为了让商业模式有效率运作所需的供应商与合作伙伴	企业得以成功运营所必须做的事情，基于其他几个模块来分析	企业为用户创造价值的产品或服务方式	企业与用户建立的关系及如何维护关系	企业所需服务的用户群体分类

图 1-10　商业模式画布

商业模式画布的四个视角：

①我们为哪类人群提供产品或服务？（Who）

②我们具体提供什么产品或服务？（What）

③我们要怎么提供产品或服务？（How）

④我们要怎么通过这些产品或服务赚钱？（Money）

商业模式画布的九个模块：

（1）用户细分

所谓用户细分，就是在整体市场中寻找有特定偏好、特定需求的用户，我们为这群用户生产特定的产品来满足他们。这里其实涉及企业市场管理的一个重要理论——STP（Segmentation，Targeting and Positioning）理论，它包含了三个环节：市场细分、目标市场选择和企业自身定位。

（2）价值主张

企业所提供的产品或服务的出发点是什么？我们针对细分用户创造了什么样的价值产品或服务？能为他们解决什么问题？

（3）关键业务

此处指企业为用户提供产品或服务的关键商业活动，如研发、生产、推广等。

（4）核心资源

此处需要明确的是公司的核心竞争力是什么，如核心技术、销售网络、产业"大咖"等。

（5）重要合作

此处指企业整套商业运作中处于企业外部的合作方企业，如供应商、咨询方等。

（6）用户关系

我们要同细分市场中的用户建立何种关系？是伙伴关系、销售关系还是粉丝关系等？

（7）渠道通路

此处指产品销售路径与推广方式，我们主要用这一环节来确定企业要如何找到目标用户，并将产品/服务如何送达用户手中，最常见的就是通过广告的形式进行产品宣传，让用户熟知产品。

（8）成本结构

此处指企业为该目标用户群体提供产品/服务时产生的固定成本与变动成本之和。

（9）收入来源

这里主要描述公司要用何种方式进行盈利，产品（服务）要如何定价。

实现企业经营商业模式创新，有三个关键点：一是企业如何进行生产管理；二是企业如何通过技术创新提升竞争力；三是面对新经济形态，企业如何把握机会，找准收益来源。

企业在成立之初，根据战略规划已经确定了主营业务方向。有些企业有一定的研发能力、生产技术，可以加工出产品销售给客户；而有些企业则通过提供各类服务，满足客户需求，从而达成交易。按业务结构来分，每个企业都可以归入特定的行业。所谓行业，是指从事国民经济中同性质的生产或其他经济社会活动的经营单位和个体等构成的组织结构体系，如银行业、教育培训业、计算机业、旅游业、运输业等。这些都是找到商业模式的重要来源。

一般而言，企业所面对的商业环境受五大驱动力的影响而变化：人口结构、消费习惯、技术发展、资源与环境的约束及政府影响。当商业环境发生变化时，在客户、产品（服务）、资源及能力四个要素中，每一个都有可能成为推动商业模式创新的主导要素，一旦其中一个要素发生了变化，其他要素即应该进行相应的调整与之匹配。因而，从创新的来源看，企业商业模式的创新通常有四种类型：基于客户的商业模式创新、基于产品和服务的商业模式创新、基于关键资源的商业模式创新和基于关键能力的商业模式创新。

要对商业模式进行创新可以从两个方面入手：一是推动客户价值的两个要素——客户和产品（服务）；二是带来企业价值的两个要素——关键资源和核心能力。

（1）创造和迎合新的客户机遇

客户要素可以进一步拆分为目标客户群的规模及其需求。商业环境的变化经常带来基于客户的商业模式创新。比如，消费需求的变化就常带来新的市场机遇。如果能在一种新的消费需求出现的早期就发现它，并搭配其他各要素来满足消费需求，就可以创建新的商业模式。

10多年前，中国三四线城市居民的可支配收入增加，形成了一个对品牌运动服（鞋）的巨大消费市场。然而，由于其收入能力有限，无法购买价格相对较高的国际品牌，这就为国内品牌运动服（鞋）制造商提供了绝佳的市场机遇。部分本土制造商（许多在福建晋江地区）就基于这样的市场机遇，放弃了海外市场，转攻国内市场。他们一方面通过在央视做广告，在三四线城市树立品牌形象来拉动市场；另一方面通过代理商制度快速建设分销渠道。结果是这些制造商在过去10年中实现了每年40%以上的增速，并且盈利能力颇为可观。而大批主攻出口市场的企业则在遭遇经济危机后遇到了需求下滑，陷入了难以为继的困境。

在上述案例中，企业以瞄准新的客户群体（即三四线城市消费群体）为出发点，通过构建相应的关键资源（即三四线城市消费者能够接受的品牌）以及开拓相应的核心能力（即三四线城市的分销能力）来打造一种可持续盈利的商业模式。在提供客户价值的同时，企业自身也创造了价值。

杭州千岛湖鸠潮农产品有限公司（以下简称"鸠潮公司"）是一家生产小青柑系列红茶的企业。萎凋、揉捻、发酵、烘焙、复焙……经过十几道工序的加工，新鲜嫩绿的茶叶在工人们的手中完成了蜕变，全发酵的红茶挑拣放置一旁，工人根据不同的客户定制需求，配比制作定制款红茶。与一般红茶不同，鸠潮公司生产的是近年来在市场上深受消费者青睐的"网红"红茶，小青柑红茶、橘子花红茶等近10种定制款红茶，融合了千岛湖本地采摘的金桔片、橘子花、柑橘等，按照一定比例加工制作而成。

千岛湖山好水好，柑橘产量也较多，但由于落花落果严重，农户收益不是特别高。鸠潮公司通过积极研发茶饮新产品，鼓励当地村民在保证柑橘产量的情况下，合理、科学疏花疏果，公司统一收购，形成茶叶深加工的产业链模式。从滞留树上无人问津到采摘统一收购，再到搬上电商走红网络，千岛湖茶叶与优质农产品的创新有机结合，促就了"1+1>2"的良好效果，为果农和茶农开辟了新的增收渠道。

（2）应对产品和服务的价值变化

对于产品和服务要素，需要考虑其价值和价格。商业环境的变化可能会带来既有产品和服务价值的变化，从而对旧的商业模式形成冲击，推动新的商业模式出现。比如，传统平面媒体的基本商业模式是通过创造媒体内容吸引读者，同时利用对特定读者群的聚集，向需要投放广告的企业收取广告费。从本质上看，在许多传统的平面媒体的商业模式中，特定读者群的聚集其实使得媒体企业将产品（服务）卖给广告投放者，其价值往往大过发行收入。换言之，传统媒体的主要客户是广告

投放者，其提供的服务则聚焦于广告投放企业所关注的特定读者群。然而，终端阅读机的出现和完善颠覆了传统平面媒体的商业模式，越来越多的读者通过终端阅读机进行阅读。当传统纸质媒体失去了与读者群的联系后，传统媒体企业也就失去了其主要的广告客户和生存的基础。

因此，商业环境变化（这里指技术变化）会带来现有产品和服务价值的变化，从而颠覆企业传统上所提供的客户价值，导致企业丧失生存的基础。持续关注产品和服务价值，是保障商业模式可持续盈利的关键。

（3）构建获取关键资源的模式链条

关键资源是具有垄断性、排他性的资产，可以进一步分为有形资产和无形资产。一个企业一旦获得该项资源，竞争对手就无法获取或者需要付出很高的代价才能获取。在资源和环境约束日益加剧的背景下，基于关键资源的商业模式创新尤为重要。例如，在中国的煤炭行业中，神华是一家独特的集采煤、发电、运输、港口经营于一体的公司。该公司在煤炭行业长期高盈利的能力来自对中国稀缺的优质煤资源以及铁路运输资源的控制，尤其是自行建设铁路运输煤炭，中国神华得以打破铁路行业的垄断经营，将产自内地的煤快速高效地运抵秦皇岛码头下水。

中国自 2005 年成为世界最大的芯片市场后，规模一直在稳步增长，中国芯片市场 16 年一直稳居世界第一，但大陆产值仅占总量的 5.9%。国务院发布的相关数据显示，2019 年我国芯片自给率仅为 30%，高端芯片严重依赖进口，芯片进口额为 3 040 亿美元，远超排名第二的原油进口额，在 2025 年我国芯片自给率要达到 70%。随着中美贸易战的加剧，美国对华为芯片实施的制裁和打压，不仅仅是华为亟须解决"卡脖子"的问题，更充分地突显了高端芯片制造是我国非常迫切需要突破的关口。全球高端芯片的 EUV（极紫外线）光刻机目前只有荷兰的阿斯麦（ASML）能够生产，阿斯麦从 1997 年至今一直被美国从资本和技术两方面循序渐进地进行渗透，美国已经逐步掌握了阿斯麦的 EUV 光刻机的产能和发展方向，这也是我国无法买到 EUV 光刻机的原因。我国从芯片设计、芯片制造、芯片应用其实已经形成了一条完整的产业链，唯一的不足就是高端芯片由于受 EUV 光刻机限制而没有办法制造，只有先造 EUV 光刻机才能破局。因此，关键技术缺失可以影响整个产业链资源的获取。

（4）持续优化内生性的关键能力

关键能力来源于企业对商业活动的独特组织和安排。它既可以体现在创新方面（如技术研发和工艺创新），也可以体现在经营方式方面（如营销、渠道管理、供应链管理等）。技术的改变通常会给关键能力带来提升并产生全新的商业模式。比如，戴尔电脑的直销模式就是通过信息化手段的支持构建了全球供应链管理能力才实现的。其中，供应商库存管理、全球供需平衡、需求管理三个关键模块都是通过流程优化和系统支持，构成了全球供应链管理的脊梁。这样的供应链能力使得戴尔在全球个人电脑这一竞争领域内卓尔不凡。

构建核心能力是比获取关键资源更为复杂的工作。因为核心能力的构建涉及对企业活动进行组织优化和持续提升。这项工作的复杂性体现在其涉及的不是单个人、单个活动的一次性优化，而是多个人（甚至多个部门和多个组织）、一系列活动的持续优化。这需要企业具有组织内学习能力，换言之，企业需要成为一个学习型组织。然而，正是因为核心能力的构建是一项非常复杂的工作，一旦形成，就会成为竞争者一项无法复制的竞争优势。

中国家电零售企业中有两个巨头：国美电器和苏宁电器。在企业发展方式上，两者采取了截然不同的途径。前者在过去几年中一直保持不间断地快速扩张，通过规模扩张获取销量优势，并以销量优势进一步挤压供应商的利润。而后者则在过去几年中放缓扩张的步伐，把重心放在企业物流网络和后台服务系统的建设上。国美通过规模扩张为一部分客户（消费者）提供了价值；对于另一部分客户即产品制造商，国美则在提供价值（分销）的同时，通过其对客户资源的优势挤压产品制造商的合理利润，导致其与产品制造商之间的矛盾不断激化，部分产品制造商转而自建渠道。同时，国美的扩张是简单的规模扩张，在物流网络和后台服务体系上的落后使其无法形成更高的单店效率，在提供客户价值的同时没有通过核心能力的构建积累企业价值。因而，尽管在过去几年中国美气势逼人，但今天看，国美的发展疑问重重；而苏宁已经形成了初步的核心能力，其发展又迈上了一个新的台阶。

对初创企业来讲，互联网是一个极具市场前景的行业领域，那些增长迅速的企业，都是因为踩准了互联网节奏，把握住了时代脉搏。因此，加强对商业模式创新的认知，分析已有的成功商业模式，可以启发创业者，有利于初创企业的可持续发展。

任务实施

请将案例中涉及的事项分析与整理后，填写到表1-3中。

表1-3　　　　　　企业商业模式分析表

任务内容	1.大学生创业起步适合从哪入手？
我的饮料消费体验：	
消费的饮料品牌：	
月均消费额：	
年消费额：	
年消费次数：	
体验意见：	
创业项目启示：	

消费过的饮料企业1：	产品质量和行业地位：
消费过的饮料企业2：	产品质量和行业地位：
消费过的饮料企业3：	产品质量和行业地位：
消费过的饮料企业4：	产品质量和行业地位：

任务内容	2.目前国内饮料企业主要有哪些商业模式？

选择一家你关注公司的商业模式：

提供的产品与服务：

技术创新之处：

收益来源：

目前饮料行业存在的问题（越具体越好）
1.
2.
3.
4.
5.
6.
7.
8.
9.
10.

针对一些问题的对策： 1. 2. 3.	
任务内容	3.大学生创业模式有哪些类型可供选择？写出你的创业项目的商业模式。

你的创业项目的商业模式： 提供的产品与服务： 技术创新之处： 收益来源：	

课后思考

我怎样规划我的人生？

　　在规划人生之前，先谈一个名词，它叫"梦想"。什么是梦想呢？梦是一种欲望，想是一种行动，梦想就是梦与想的结晶。梦想就像一颗种子，在不经意间深深埋在一个人的心里。然后，有了合适的水土环境，就会发芽，什么也阻挡不了它破土而出。这才叫梦想。它或崇高，或卑微；或符合客观实际，或流于幻想。无论梦是什么，先有梦才能想。梦想不是可有可无的点缀品，而是一个人生命的动力。结果有时候或许并不重要，即使梦想未达终点，当你回忆经历种种，想必也一定无憾，而且受益良多。

　　这里有一段真实的故事，下面是一位大学生的心声。

　　"以前，我的梦想是从事与艺术有关的工作，如唱歌、跳舞、画画等，可是高考时因父母的反对，最后我妥协了，没有报考艺校。我心里想，等到毕业后，等哪天我能自己决定人生的时候，一定要再接触这方面工作。然而大一、大二，一年又一年就这样晃过去了，我越来越觉得自己很失败，回头看前两年，原本的梦想好像已经开始模糊，向前看却又好像没有什么目标和梦想……于是，我又陷入了新的心理低谷。现在不管做什么，都觉得我离过去的梦想越来越远。看到身边有的人选了和专业不对口的工作，也不管是否有什么兴趣，只是当作每日任务一样做，我就觉得很无趣。其实我也想努力，可是很多事情不是想想就可以的，现在的我不知道应该怎么做，怎样才能走出低谷并重新振作起来！"

　　现在的你，是否也有着同样的感受呢？没有明确的梦想，没有对未来的规划，就像上面这位大学生一样，遇到问题或变化，就陷入迷茫，失去奋斗的动力。图1-11能否带给你一点启发呢？

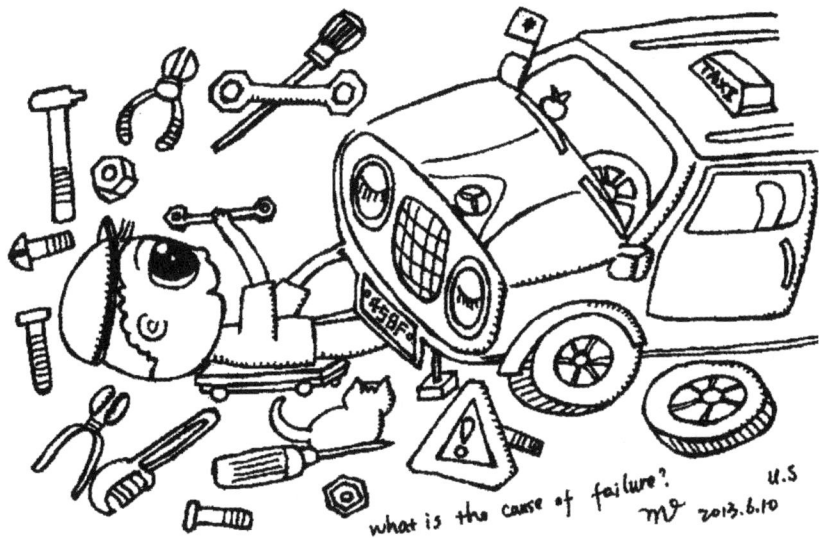

图 1-11　失败的关键

项目练习

一、综合自测

　　1.以下属于企业组织形式的有（　　）。

A.个人工作室　　　　　　B.个体工商户　　　　　　C.合伙企业

D.股份有限公司　　　　　E.一人有限责任公司

　　2.工业型企业经营流程中没有的环节是（　　）。

A.经营计划　　　　　　　B.经营决策　　　　　　　C.商品储存

随堂测1

D.商品购进　　　　　　　　E.销售促进

3.下列属于企业经营要素的有（　　　）。

A.企业经营目标　　　　　B.资金　　　　　　　　　　C.环境

D.组织与管理　　　　　　E.人力资源

4.有限责任公司应具备的条件包括（　　　）。

A.股东出资达到法定资本最低限额

B.投资人为自然人

C.股东共同制定公司章程

D.有公司名称，建立符合有限责任公司要求的组织机构

E.有公司住所

5.以下不属于积累演进创业模式优点的有（　　　）。

A.在经营管理上有现成的模式可供直接采用

B.可以稳打稳扎，步步为营

C.不确定性程度低

D.成功率较高

E.管理比较简单

F.创业的基础条件较好

6.以下属于概念创新模式优点的有（　　　）。

A.成功后的收益大　　　　　　　　B.筹集资金比较容易

C.享受规模经济利益　　　　　　　D.创新性强

E.成功的概率较高

7.要找准商业模式，应从（　　　）方面入手。

A.面对新经济形态找准收益来源

B.有效进行生产管理

C.通过技术创新提升竞争力

D.掌握关键资源和核心能力

E.应对产品和服务的价值变化

8.企业经营机制应起到的作用有（　　　）。

A.制约企业经营要素与经营环境　　B.激励企业行为

C.提高员工政治思想觉悟水平　　　D.不受市场约束

E.企业内部监督

9.合伙企业合伙协议应包括的内容有（　　　）。

A.合伙企业名称　　　　　B.合伙人住所　　　　　　　C.出资方式

D.企业经营场所　　　　　E.企业经营期限

10.下列关于股份有限公司的说法正确的有（　　　）。

A.有合法的企业名称

B.有公司住所

C.股东共同制定公司章程

D.采取发起设立或募集设立的方式

E.有书面合伙协议

二、实训项目

请以小组团队为单位，就近选择一个较大规模的家居或建材商城，进行课外实地调研，了解商城的经营模式、主要竞争策略及客户反响等情况，运用理论模型分析并撰写调研报告。参考案例如下：

"刨以至创"价值链创新模式——以红星美凯龙为例

自从改革开放以来，宜家、百安居等国外家居企业相继进入我国的家居市场，消费者开始慢慢接受这些品牌的家居产品和服务，这使我国传统的家居行业发生了翻天覆地的革新。如今"80后""90后"已逐步成为家居消费市场的主力军，随着消费意识的不断加强，年轻消费者不仅仅满足于物质生活需求，还对品质生活需求日益旺盛。尽管京东、淘宝等网络商家此起彼伏，商家纷纷关停实体店，转变成为电商，但国内家居销售模式依然以实体店为主力军，像红星美凯龙、居然之家为代表的实体店仍然占据家居销售市场的绝大部分份额。中国家居企业总数已达5万余家，总产值居世界第一。

红星美凯龙家居集团股份有限公司（以下简称"红星美凯龙"）起步于江苏常州，经过20多年的发展，截至2020年12月31日，红星美凯龙经营了92家自营商场，273家委管商场，并通过战略合作经营11家家居商场。此外，公司以特许经营方式授权开业66个特许经营家居建材项目，共包括476家家居建材店/产业街。2015年，红星美凯龙在中国香港上市。该集团致力于追求在中国家居业的美学发展，曾在米兰国际家具展亮相，将艺术导入生活，激发消费者对生活的艺术热情，取得了良好的效果。下面将从价值链角度对该企业战略成本管理的应用情况进行分析。

价值链分析法是战略成本管理的典型方法，理论上有两层含义：一是成本管理要有利于企业价值链的构建和优化。因此要从核心企业与相关企业之间的价值关系着眼，不仅要考虑核心企业自身的利益，还应兼顾价值链上下游相关企业的利益。对家居行业来说，基于价值链的成本管理系统可以看成一个全方位、多层次的控制体系。家居企业的成本控制不仅局限于企业自身的内部价值链，还要从价值链联盟的视角考察其他企业的成本行为，要综合考虑相关经济体价值链（如图1-12所示）及其与企业内部价值链之间的联系。

1.严格控制且明确的客户定位

从价值链源头入手，商品供应是企业内部价值链的开端，在这个环节，产品的选择是管理的关键点。红星美凯龙抓住了这个关键所在，在充分而广泛的调研的基础上，严格控制入驻企业的入驻条件。

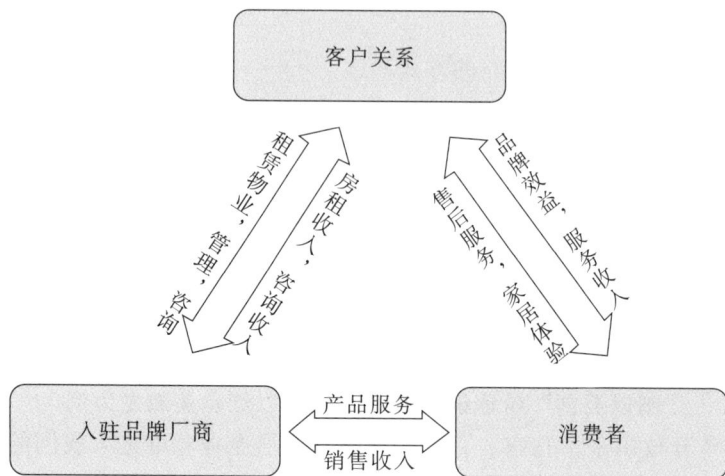

图 1-12　红星美凯龙相关经济体价值链分析图

（1）明确的入驻客户定位

主要依据的是入驻条件和产品定位条件，特别是入驻条件是否有倾向性。红星美凯龙的定位是借鉴欧美国家购物商场（Shopping Mall）的模式搭建一个商场平台，引入工厂、地区经销商来做"现场直销"，家居都是国内外一线产品，多以中档为主。红星美凯龙为入驻的品牌商提供"统一的营销、统一的售后服务、统一的培训"等服务，并通过租金来盈利。这种孵化器模式的成型，使得红星美凯龙与家居品牌商之间关系发生了变化，区别于供销关系的厂商合作模型。

（2）有形服务与无形服务相结合

红星美凯龙目前主要扮演的是平台的角色，有别于国美和百安居的连锁超市模式，由品牌厂商自己进行销售，这对于营收规模偏小的品牌厂商来说，无疑是比较有吸引力的。厂商入驻之后，红星美凯龙会帮助他们找设计师，帮助设计展位、展厅。这样的协同合作，提升了品牌厂商与红星美凯龙之间的黏性，通过与品牌厂商之间签订协议、利益捆绑而彼此形成攻守联盟。

（3）后向价值链延伸

红星美凯龙抓住了产品销售这个利润回报环节，同时将客户服务融入销售环节中。红星美凯龙了解到，消费者的购物心理，商场的品位、档次，以及情景化布展、体验式购物环境是未来发展的必然趋势。所以，他们认为，家居体验馆的出现能使终端销售模式更加丰富多彩，这并不影响传统的终端销售，而是企业的一个更丰富的销售渠道和更深入的销售模式。

（4）多收入流模式

红星美凯龙采用纯租赁的形式，收入囊括店铺租赁、促销金、营销、公共物业管理等费用，拥有自有产权的自建物业，并且自主施工设计及招商开业，这一"车间化作业模式"使得房地产物业不断升值。红星美凯龙以零售为始，以资本运作为终，放大了经营实体的财富。红星美凯龙的现金流来源主要分成三部分：一是综合服务收入，以房租和物业收入为主；二是投资收入，但并非以投资入驻企业收入为主；三是其他收入。

2.红星美凯龙业务层战略

（1）成本领先战略

红星美凯龙不仅在源头上控制产品的质量，而且比起同行业的国际品牌，其比同类商品的价格要略低一些。红星美凯龙在许多城市承诺：同类品牌，同一型号、规格、等级产品保证全市最低价，并承诺高出部分双倍返还。红星美凯龙通过较低的土地价格和减少中间环节等措施解决了成本问题，进而降低了产品的价格。

成本领先战略的好处：一是可以抵御竞争对手的进攻。低成本使红星美凯龙可以制定比竞争者更低的价格，并仍然可以获得适当的收益。二是具有较强的对供应商的议价能力。成本领先战略可以通过大规模生产或销售建立起成本优势，较大的购买量具有较强的议价能力。三是形成了进入壁垒。成本领先战略充分利用了规模经济的成本优势，使得无法达到规模经济的企业难以进入家居业与其竞争。

（2）品牌差异化战略

红星美凯龙作为中国家居业唯一被授予"中国绿色生态家居示范商场"称号的商场，一直以打造绿色环保家居商场为目标，努力为消费者健康、环保的生活提供更多的保障。2009年，红星美凯龙联合知名家居品牌发布绿色承诺倡议，呼吁全行业一起行动起来，共同建设家居行业绿色、和谐的消费环境，引领大众高品质的生活理念和生活方式。在售后服务质量方面，红星美凯龙"在各商场成立服务中心，配备专人专车，开设800全国免费售后服务热线，实行'服务金卡'和电话回访质量跟踪、终身免费服务、定期上门维护保养、提供技术咨询等制度，给消费者以超值的服务"等做法，成为其持续、稳定发展的又一个重要原因。

在差异化战略中，红星美凯龙的产品相对于其他产品具有绿色环保的品质和高标准的售后服务，这样不仅使红星美凯龙充分实现差异化而为顾客所认可，而且满足了顾客对家居品质的高标准、高要求的需求，实现了企业在产业技术及理念上的变革，得到了广泛的顾客认知度。

红星美凯龙品牌成功模式的关键何在？"刨以至创"这四个字似乎能为我们带来一个解读的突破口。刨（bào）子，是一种刮平木料的工具，有推刮打磨之意；创，自然是创新之创。"刨以至创"，红星美凯龙也许有很多打磨品牌的刨子，但其中最被常用、惯用以至重用的是文化品牌之刨，无论是对家居卖场的文化环境体验升级，还是"爱家日"、"鲁班文化节"和"米兰归来，十城巡回"等紧跟时代的文化跨界创新合作推广活动，红星美凯龙在对自己的文化加码上不仅可以说是花样百变，而且还是大变不断，用文化这个软性利器把品牌刨磨得倍儿光亮。

红星美凯龙的发展，初步印证了"品牌集中展示＋商场化管理"商业模式能较好地发展家居行业，在家居企业自身取得持续发展能力的同时产生良好的社会效应。这种商业模式的本质特征是家居企业为入驻厂商提供有形和无形的服务，甚至为品牌厂商整合价值链上更多的资源，厂商的成长给家居企业带来丰厚的服务回报。因此，这种商业模式，对家居行业的发展有促进作用，产生了较好的经济效益和社会效益，是家居行业未来的发展方向之一。

（案例来源　红星美凯龙家居集团股份有限公司，参编：程书芹、王静）

考核评价

本项目考核评价参考见表1-4。

表1-4　　　　　　　　　　项目一考核评价参考表

评价指标	评价标准	完成情况（100分）	评估成绩	所占比例
课堂学习	1.团队合作程度	10		55%
	2.上课互动情况	10		
	3.现场讨论、书面记录	15		
	4.答案的准确率	20		
课外学习	1.网上自测	10		35%
	2.实训项目	20		
	3.师生互动交流	5		
平时表现	1.出勤与纪律	5		10%
	2.按时完成作业情况	5		
综合得分				

● 完成情况：也可用"优、良、一般、差"来评价。

项目二　初创企业的生产管理

　　本项目主要让读者了解企业日常如何开展生产及相关活动，一般有哪些常见的管理模式。企业在经营过程中如何实现供应链的有效管理，熟悉对整个供应链系统进行计划、协调、操作、控制和优化的各种活动和具体过程。理解企业的产品从诞生投入市场到被市场淘汰退出市场，历经产生、成长、成熟、老化和消亡的过程；了解市场中新产品的出现必将代替落后的旧产品的规律，理解企业必须有持续创新的能力才能不断推陈出新。

需要掌握的知识：主要包括典型的企业管理模式、供应链管理理论的内涵、产品生命周期理论、产品创新构思过程、初创企业产品创新策略。

需要具备的技能：能够结合实际情况选择不同行业的企业类型，制定基本的企业管理模式，运用供应链管理理论对企业的经营过程、业务开展进行整体分析，构建一张供应链管理流程图。根据产品创新与开发理论，对具体的创业项目提出产品开发策略。

需要具备的素质：主要包括对理论模型的理解能力、基本的图形设计和绘制能力、创新思维及创新方法的运用能力、市场调研能力、文献学习基本技能。

任务一　怎样管理公司业务？

工作任务

  通过前面的学习我们已经知道企业创办初期有哪些基础工作要做，接下来就要了解究竟要如何开展日常的业务工作。这其中涉及产品是如何生产出来的？怎样将产品流转到消费者手中？这是一个复杂的系统工程，需要面对具体问题进行工作分解，只有这样才能确保各个环节正常运转。就每个中小企业而言，成熟的管理模式是值得参考与学习的，但是每个企业又会有各自不同的特点和受实际条件的限制，因此要找到最切合自身实际的管理模式是非常重要的。这里，我们以生产制造业为背景，探讨以下四个问题：

  1.消费者是怎样选购商品的？产品是怎样制造出来的？

  2.产品经由企业到消费者手中，中间经历了哪些环节？企业管理一般有哪些方式？

  3.现代初创企业适合采用哪一类管理模式？

  4.选择属于你的管理模式。

  请结合以下案例，完成上面的任务：

> **【案例2-1】民族翘楚品牌海尔的管理模式**
>
>   海尔1984年创立于青岛。创业以来，海尔坚持以用户需求为中心的创新体系驱动企业持续健康发展，从一家资不抵债、濒临倒闭的集体小厂发展成为全球最大的家用电器制造商之一。2012年，海尔集团全球营业额1 631亿元，在全球17个国家拥有7万多名员工，其用户遍布世界100多个国家和地区。截至2021年，海尔连续18年入选世界品牌500强，排名提升至全球第37位，连续5年位列中国入榜品牌前三强。
>
>   海尔集团持有多个与消费者生活息息相关的品牌。其中，按品牌统计，海尔已连续4年蝉联全球销量最大的家用电器品牌。在互联网时代，海尔打造开放式的自主创新体系支持品牌和市场拓展，是中国申请专利和提报国际标准最多的家电企业。2022年1月7日，知识产权产业媒体IPR Daily发布了"2021年全球智慧家庭发明专利排行榜（TOP 100）"。其中，海尔智家、格力、LG分别以4 535件、2 649件、2 520件位居前三。在全球白色家电领域，海尔正在成长为行业的引领者和规则的制定者。
>
>   海尔实网即营销网、物流网、服务网，覆盖全国大部分的城市社区和农村市

场，海尔在全国建设了7 600多家县级专卖店，2.6万个乡镇专卖店，19万个村级联络站，可以保证农民不出村知道家电下乡，不出镇买到下乡产品；海尔在全国建立了90余个物流配送中心，2 000多个二级配送站，可以保障24小时之内配送到县，48小时之内配送到镇，实现即需即送、送装一体化；海尔在全国共布局17 000多家服务商，其中在一、二级市场建立了3 000多家服务商，三级市场建立了4 000多家服务商，四级市场建立了1万多家乡镇服务站，可以保障随叫随到，为用户提供及时上门、一次就好的成套精致服务。海尔的虚实网融合的优势保障了企业与用户的零距离，不但有效支持了海尔产品的营销，还成为国际家电名牌在中国市场的首选渠道。不仅适时进行战略创新和管理模式创新以适应时代的变迁和发展，先后实施名牌战略、多元化战略、国际化战略和全球化品牌战略，海尔管理模式也从日清管理法、OEC管理模式、市场链管理发展到人单合一双赢管理模式。

在互联网时代，海尔实施了两个战略转型：一个是企业转型，从"卖产品"转变为"卖服务"；另一个是商业模式转型，从传统商业模式转型为人单合一双赢模式。海尔组织结构应需而变，从传统的"正三角"转变为"倒三角"组织，又从"倒三角"转变为以自主经营体为基本创新单元的"节点闭环动态网状组织"。国内外管理学专家认为，海尔的人单合一双赢模式具有颠覆性、首创性和领先性的特点，是对传统管理理论的突破，有可能破解全球企业界的管理难题。人单合一双赢模式的实施进一步提升了海尔对互联网时代用户需求的响应速度和盈利能力，使其具备了跨文化融合的能力。在海尔并购三洋白电业务后成立的海尔亚洲国际，人单合一双赢管理模式得到了日本本土员工和管理团队的认可，并吸引当地一流人才纷纷加盟。海尔正在通过人单合一双赢模式创新，成为互联网时代领先的全球化品牌。

海尔运作模式的成功得益于公司出色的全程供应链管理，以及支撑供应链快速反应的数字化系统应用。海尔建立以自身为中心的高效供应链，有着不可替代的核心竞争力，依据核心竞争力，将上下游企业串在一起，形成一条创造价值的增长链。

● **重塑业务流程，实现订单经济**

海尔现代物流的起点是订单。企业把订单作为企业运行的驱动力，作为业务流程的源头，完全按订单组织采购、生产、销售等全部经营活动。从接到订单时起，就开始了采购、配送和分拨物流的同步流程，现代物流过程也就同时开始。由于物流技术和计算机管理的支持，海尔物流通过3个JIT即JIT采购、JIT配送、JIT分拨物流来实现同步流程。这样的运行速度为海尔赢得了源源不断的订单。目前，海尔集团平均每天接到销售订单200多个，每个月平均接到6 000多个销售订单，定制产品有7 000多个规格品种，需要采购的物料品种达15万种。由于所有的采购基于订单，采购周期减到3天；所有的生产基于订单，生产过程降到一周之内；所有的配送基于订单，产品一下线，中心城市在8小时内、辐射区域在24小时内、全国在4天之内即能送达。加总起来，海尔完成客户订单的全过程仅为10天时间，资金回笼一年15次。张瑞敏认为，订单是企业建立现代物流的基础。如果没有订单，现代物流就无物可流，现代企业就不可能运作。没有订单的采购，意味着采购回来就是库存；没有订单的生产，就等于制造库存；没有订单的销售，就不外乎是处理库存。抓住了订单，就抓住了满足即期消费需求、开发潜在消费需求、创造崭新消费需求这个牛鼻子。但如果没有现代物流保障流通的速度，有了订单也会失去。

◉ 改变流通方式，实现仓库零库存

建立现代物流系统之前，海尔占用50多万平方米仓库，费用开支很大。目前，海尔建立了2座我国规模最大、自动化水平最高的现代化、智能化立体仓库，仓库使用面积仅有2.54万平方米。其中一座坐落在海尔开发区工业园中的仓库，面积为1.92万平方米，设置了1.8万个货位，满足了企业全部原材料和制成品配送的需求，其仓储功能相当于一个30万平方米的仓库。这个立体仓库与海尔的商流、信息流、资金流、工作流联网，进行同步数据传输，采用世界上最先进的激光导引无人运输车系统、机器人技术、巷道堆垛机、通信传感技术等，整个仓库空无一人。自动堆垛机把原材料和制成品举上7层楼高的货位，自动穿梭车则把货位上的货物搬下来，一一放在激光导引无人驾驶运输车上，运输车井然有序地按照指令再把货送到机器人面前，机器人叉起托盘，把货物装上外运的载重运输车上，运输车开向出库大门，仓库中物的流动过程结束。整个仓库实现了对物料的统一编码，使用了条形码技术、自动扫描技术和标准化的包装，没有一道环节会使流动的过程梗塞。

海尔的流程再造使原来表现为固态的、静止的、僵硬的业务过程变成了动态的、活跃的和柔性的业务流程。未进行流程再造前海尔库存每年达数十亿元，流程再造后海尔基本实现零库存，在海尔，所谓库存物品，实际上成了在物流中流动的、被不断配送到下一个环节的"物"。

◉ 打破企业自循环封闭系统，建立市场快速响应体系

面对日趋激烈的市场竞争，现代企业要占领市场份额，就必须以最快的速度满足终端消费者多样化的个性需求。因此，海尔建立了一整套对市场的快速响应系统。一是建立网上订单管理平台。全部采购订单均由网上发出，供货商在网上查询库存，根据订单和库存情况及时补货。二是建立网上支付系统。目前网上支付已达到总支付额的20%，支付准确率和及时率达100%，并节约近1 000万元的差旅费。三是建立网上招标竞价平台。供应商与海尔一道共同面对终端消费者，以最快的速度、最好的质量、最低的价格供应原材料，提高了产品的竞争力。四是建立信息交流平台，供应商、销售商共享网上信息，保证了商流、物流、资金流的顺畅。集成化的信息平台，形成了企业内部的信息"高速公路"，架起了海尔与全球用户资源网、全球供应链资源网和计算机网络的桥梁，将用户信息同步

转化为企业内部信息,以信息替代库存,强化了整个系统执行订单的能力,海尔物流成功地运用电子商务体系,大大缩短了海尔与终端消费者的距离,为海尔赢得了响应市场的速度,扩大了海尔产品的市场份额。在国内市场份额中,海尔彩电占10.4%,冰箱占33.4%,洗衣机占30.5%,空调占30.6%,冷柜占41.8%。在国际市场,海尔产品占据美国冷柜市场的12%、200升以下冰箱市场的30%、小型酒柜市场50%的市场份额,占据欧洲空调市场的10%、中东洗衣机市场的10%的市场份额。目前海尔的出口量已经占到销售总量的30%。

● 通过全球供应链参与国际竞争

从1984年12月至今,海尔经历了三个发展战略阶段。第一阶段是品牌战略,第二阶段是多元化战略,第三阶段是国际化战略。在第三阶段,其战略创新的核心是从海尔的国际化到国际化的海尔,是建立全球供应链网络,支撑这个网络体系的是海尔的现代物流体系。海尔在进行流程再造时,围绕建立强有力的全球供应链网络体系,采取了一系列重大举措。一是优化供应商网络。将供应商由原有的2 336家优化到978家,减少了1 358家。二是扩大国际供应商的比重。目前国际供应商的比例已达67.5%,较流程再造前提高了20%。世界500强企业中已有44家成为海尔的供应商。三是就近发展供应商。海尔与已经进入和准备进入青岛海尔开发区工业园的19家国际供应商建立了供应链关系。四是请大型国际供应商以其高技术和新技术参与海尔产品的前端设计。目前参与海尔产品设计开发的供应商比例已高达32.5%。供应商与海尔共同面对终端消费者,通过创造顾客价值使订单增值,形成了双赢的战略伙伴关系。在抓上游供应商的同时,海尔还完善了面向消费者的配送体系,在全国建立了42个配送中心,每天按照订单向1 550个专卖店、9 000多个网点配送100多个品种、5万多台产品,形成了快速的产品分拨配送体系、备件配送体系和返回物流体系。与此同时,海尔与国家邮政总局、中远集团、和黄天百等企业合作,可在国内调配车辆达1.6万辆。

海尔认为,21世纪的竞争将不是单个企业之间的竞争,而是供应链与供应链之间的竞争。谁所在的供应链总成本低、对市场响应速度快,谁就能赢得市场。一只手抓住用户的需求,一只手抓住可以满足用户需求的全球供应链,这就是海尔物流创造的核心竞争力。

资料来源　公众号:采购与供应链,部分内容有增减。

任务分析

企业一般通过向消费者提供产品或服务实现价值的交换,从而达到企业经营的目标。这里重点探讨企业是如何向消费者提供产品或服务的。为了理解方便,这里以家电行业为例进行深入学习。电器是每个家庭都需要的大众商品,对消费者来说容易发生交易行为,对企业来说竞争也是非常激烈的,因为产品同质化、市场竞争

创视说2-1
亚马逊的供应
链变革

大导致行业利润空间越来越小。在物质越来越发达的今天，人们选购家电不仅仅为了使用，还有更多新的消费需求。例如，因为看了某场电影或某位明星的代言，就会产生对某款家电的购买需求。不同角色对待产品的态度、行为是完全不同的，这里针对企业和消费者对产品的买卖行为进行分析。

第一步，你一般一年平均会购买多少件电器？花多少钱？你平时主要从哪些渠道购买电器？你购买电器的主要用途有哪些？（对这些问题的回答能告诉我们作为普通消费者会有哪些基本的服装消费心理和需求。）

第二步，请你针对自己或周围的人最近购买的一件电器，将款式（适用群体、规格、颜色等）、价格、产地、材质、参数、品牌等信息写下来。请你谈谈这类电器有什么特点，在市场上的受欢迎程度如何，未来的消费趋势如何。（对这些问题的回答能让我们的视角从消费者转向企业主，更加关注产品的定位与前景。）

第三步，你生活中接触到的国内外知名家电企业有哪些？写出3个以上企业的名称，并简要说明它们的产品类型、价格范围、质量水平、消费群体和行业地位。（可以各选一家以上有代表性的国内外知名、地区知名企业进行比较分析，从而发现优秀企业的成功之处。）

第四步，根据上述案例资料，并运用相关知识，分析一件家电从无到有，其生产、销售、物流、配送等是怎样进行的，其中发生了哪些成本费用。（对这些问题的回答能告诉我们一件产品的诞生会涉及多少管理工作，需要控制哪些成本。）

第五步，海尔公司是怎样进行供应链管理的？在每个坏节中，它是怎样采取主动权的？请写出该公司的供应链管理模式。（对一家成功企业进行研究，分析它的成功经验。）

第六步，如果你选择从事家电行业，你会在整个产业供应链中扮演何种角色？为什么？你的管理模式会有哪些特点？（初创企业不同于大中型成熟企业，应当找到属于自己的管理模式。）

相关知识

13.典型的企业管理模式

企业如何完成经营管理目标的方式就是企业管理模式，企业通过经营活动和内部资源进行构造，这样形成的系统就是企业管理的方式。

（1）"纵向一体化"企业管理模式

为了更好地实施内部管理和控制，企业往往采取"纵向一体化"的管理模式。企业除了要建立具有竞争优势的核心企业外，还要对为其提供原材料、半成品或零部件的其他企业采取投资自建、投资控股或兼并的方式。企业推行"纵向一体化"管理的目的，是加强核心企业对原材料供应、产品制造、分销和销售全过程的控制，使企业实现产、供、销的自给自足，减少外来因素的影响，在市场竞争中掌握主动权。

　　企业管理模式的转变不是偶然的，这里有其必然的变化规律。20世纪40至60年代，企业处于相对稳定的市场环境中，这时的"纵向一体化"管理模式是有效的。但是在20世纪90年代科技迅速发展、竞争日益激烈、顾客需求不断变化的形势下，"纵向一体化"管理模式暴露出了种种缺陷。企业将大量的资金、精力和时间投入到自己并不擅长的非核心企业领域中，不仅需要在每一个纵向市场中与其他企业竞争，而且一旦在某一纵向环境中出现问题，就会导致整个企业的被动。这主要表现在以下几个方面：

　　◉ 增加企业投资负担

　　不管是投资建新的工厂，还是用于对其他公司的控股，都需要企业筹集大量的资金。首先，企业必须花费人力、物力设法在金融市场上筹集所需要的资金。其次，资金到位后，企业即进入项目建设阶段（假设新建一个工厂）。为了尽快完成基本建设任务，企业还要花费精力从事项目实施的监管工作，这样一来又消耗了大量的企业资源。

　　◉ 承担丧失市场时机的风险

　　对某些新建项目来说，由于有一定的建设周期，往往会出现项目建成之日也就是项目下马之时的现象。也就是说，市场机会早已在项目建设过程中逝去。这样的事例在我国有很多。从选择投资方向看，决策者当时的决策可能是正确的，但由于花在生产系统基本建设上的时间太长，等生产系统建成投产时，市场行情可能早已发生了变化，错过了进入市场的最佳时机而使企业遭受损失。因此，项目建设周期越长，企业承担的风险越高。

　　◉ 迫使企业从事不擅长的业务

　　采用"纵向一体化"管理模式的企业实际上是"大而全""小而全"的翻版，这种企业把产品设计、计划、财务、生产、人事、信息管理、设备维修等工作看作本企业必不可少的业务工作，许多管理人员往往花费过多的时间、精力和资源去从事辅助性的管理工作。结果是，辅助性的管理工作没有抓起来，关键性业务也无法发挥出核心作用，不仅使企业失去了竞争特色，而且增加了企业产品成本。

　　◉ 在每个业务领域都直接面对众多竞争对手

　　采用"纵向一体化"管理模式，企业必须在不同业务领域直接与不同的竞争对手进行竞争，导致企业要面对多方面的竞争压力，往往会力不从心。

　　◉ 增加企业的行业风险

　　如果整个行业不景气，采用"纵向一体化"管理模式的企业不仅会在最终用户市场遭受损失，而且会在各个纵向发展的市场遭受损失。曾有这样一个例子，某味精厂为了保证原材料供应，自己建了一个辅料厂。但后来味精市场饱和，该厂生产的味精就没有销路了。结果不仅味精厂遭受了损失，与之配套的辅料厂也举步维艰。

　　因此，"纵向一体化"管理模式作为传统管理模式的代表，已经很难在当下的市场竞争环境中获得所期望的利润。

（2）"横向一体化"企业管理模式

"横向一体化"管理模式的核心思想是企业只注重自己的核心业务，充分发挥核心竞争优势，将非核心业务交由其他企业完成，以最大限度地获得竞争优势。"横向一体化"管理模式形成了一条从供应商到制造商再到批发商的贯穿所有企业的"链"。由于相邻节点企业间表现出了一种需求和供给的关系，当所有相邻企业依次连接起来便形成了供应链。这条链上的所有企业必须同步协调运行才能共同受益。因此，有人也将这种模式称为供应链管理模式。供应链管理是一项系统工程，它的实施需要考虑多方面因素，遵循系统工程方法论的基本原则，协调各种目标之间的平衡。例如，降低库存成本与提高用户满意度平衡，供应链中不同成员之间不同的、相互冲突的目标的平衡，各种信息在供应链企业中的共享、信息的透明化以及各环节的利润分配等。

14.供应链管理模式

（1）供应链管理

供应链最早来源于彼得·德鲁克提出的"经济链"，后经由迈克尔·波特发展成为"价值链"，最终演变为"供应链"。"供应链"的定义为：围绕核心企业，通过对信息流、物流、资金流的控制，从采购原材料开始到制成中间产品以及最终产品，最后由销售网络把产品送到消费者手中。它是将供应商、制造商、分销商、零售商直到最终用户连成一个整体的功能网链模式。所以，一条完整的供应链应包括供应商（原材料供应商或零配件供应商）、制造商（加工厂或装配厂）、分销商（代理商或批发商）、零售商（卖场、百货商店、超市、专卖店、便利店和杂货店）以及消费者。

供应链管理就是指对整个供应链系统进行计划、协调、操作、控制和优化的各种活动。其目的是在总成本最小的前提下实现 7R，即在正确的时间（Right Time）将正确的产品（Right Product）按照正确的数量（Right Quantity）、正确的质量（Right Quality）和正确的状态（Right Status）运送到正确的地点（Right Place）给正确的顾客（Right Customer）。

供应链管理使链上各个节点企业与相邻企业形成供需关系，彼此同步、协调运行并使链上的所有企业都受益。这种管理模式可以使企业将资源充分投放到核心业务上，扬长避短，发挥自身的优势，并且充分利用外部资源完成非核心业务，以分工协作、优势集成的方式组成利益共同体，整合内外部资源，快速响应市场需求，赢得产品在低成本、高质量、早上市等方面的竞争优势。

完整的供应链闭环以市场和客户需求为导向，根据市场和客户需求进行产品开发、设计或升级。供应链管理涉及六大方面：市场与客户管理、产品开发管理、计划与需求管理、采购与供应管理、生产与运营管理、仓储与物流管理。

采用供应链管理模式，可以最好的质量、最低的成本和最快的速度赢得市场，

创视说2 2
供应链管理

而且盈利并非一家企业，而是一个企业群体。21世纪的竞争不是企业和企业之间的竞争，而是供应链与供应链之间的竞争。未来的供应链管理模式必然会取代传统的管理模式。

在生产加工类企业中，供应链管理质量决定了企业产品品质与品牌的塑造。例如，成立于2012年的杭州千岛湖瑶记实业有限公司（以下简称"瑶记公司"）是一家专注于茶油产业的新型农业高科技企业，总资产超过7 000万元，在油茶良种培育、油茶种植、油茶精深加工等方面具有雄厚的技术力量，立足千岛湖生态品牌优势，致力打造中国高端食用油领军品牌。瑶记公司的山核桃油更是创造性地采用了千岛湖抽象水墨画作为包装，受到消费者的青睐。

瑶记公司主营山茶油、山核桃油和坚果炒货之类，产品原料绝大部分从淳安县农户收购，自身基地产出作为补充。原料优质，源于千岛湖，产于千岛湖，包括瑶记公司主打的山茶油，一直以来，坚持采用低温冷榨的压榨工艺，投入1 200万元引进了欧盟标准的全套自动化油茶加工生产线，生产线全过程均在80℃~90℃低温状态下进行，充分保留了山茶油的独特风味，且营养成分不流失。

同时，为树立千岛湖农产品的优质形象，让生态好农品更深入人心，淳安县政府高效结合地方生态环境、人文资源和各产业元素，发布了全新的"千岛农品"区域公用品牌。公用品牌的引领也给瑶记公司的发展带来了新的机遇。瑶记公司积极响应"千岛农品"区域公用品牌的建设，制定了相关举措。瑶记公司将质量把控放在首位，制定比国家标准更严格的企业标准，严格遵循ISO 22000管理体系；日常坚持跟高校对接，依托自身强大的品控力量，把质量指标做到最佳状态，以实现企业良性的高质量发展。

（2）供应链管理流程

● 计划

计划包括需求预测和补货，旨在使正确的产品在正确的时间和地点交付，同时使信息沿着整个供应链流动。

● 实施

其主要关注运作效率，包括客户订单执行、采购、制造、存货控制以及后勤配送等应用系统，其最终目标是综合利用这些系统，以提高货物和服务在供应链中的流动效率。其中，关键是将单个商业应用提升为能够运作于整个商业过程的集成系统，也就是要有一套适用于整个供应链的电子商务解决方案。

● 执行评估

它是指对供应链运行情况的跟踪，以便于制定更开放的政策，更有效地反映变化的市场需求。利用电子商务工具，如财会管理系统，可进行有效的信息审核和分析。为了解决信息通路问题，许多公司正在开发集成数据仓库。它可以提供数据分析工具，管理者能够在不影响系统运作性能的情况下分析商业信息。

（3）具体的供应链管理模式

供应链中是否应该有主导企业？主导企业应该是谁呢？在供应链中必须对各个成

员的优势和资源进行整合。在这种状况下，如果没有一个供应链的集成者或管理者，就很难使供应链发挥整体优势。因为在现实这种信息不确定性和不对称性很强的社会中，到处都存在着机会主义。到底谁有资格成为供应链的主导者，这主要取决于供应链中哪个企业拥有其他企业所没有而同时又必须依赖的核心能力或核心竞争力。只有这种能力优势才有可能使所有成员凝聚在主导企业的周围，只有这种能力能使企业保持长期和稳固的主导地位。

随着市场的发展，供应链管理模式也在不断地优化升级。常见的有两种方式：一是以生产企业为主导的供应链管理。这种模式主要在中间商实力还比较弱或制造企业的实力比较强大的情况下产生，其主要原因是制造企业内部资源的挖掘空间已相当小，而企业产品的销售渠道又难以控制。哪个企业能有效地控制和管理好这个产品通道，将会获得各种成本的节约。因此，许多制造企业开始通过建立自己的销售渠道或严格控制原有的渠道成员，从而形成了以制造企业为主导的供应链。这种供应链是在以生产为导向的大背景下出现的，是比较传统的供应链模式。二是以零售商为主导的供应链管理，主要是在以需求为导向的大背景下产生的，是在最近一二十年才出现的新模式。由于产品市场从卖方市场转变为买方市场时，消费者的力量日益强大，企业不可能再按照自己对消费者需求的预测来生产产品，而必须以消费者的实际需求为基础。然而，由于远离消费者，制造企业无法及时、正确地了解消费者的需求，再加上消费者需求的多样化和需求更新速度的不断加快，更使制造企业无力顾及，这为贴近消费者的零售商提供了有利机会，他们通过将顾客关系管理、一对一营销等先进的理论与信息系统及信息技术等先进的方法和技术相结合，密切注视着消费者的显性需求并不断地满足他们，同时不断地挖掘消费者的潜在需求或创造新的需求，从而积聚起一定量的忠诚顾客，甚至还在顾客中拥有强大的品牌优势。这就提升了零售商在供应链中的地位，最终使供应链中的原有力量关系发生变化，零售商的主导地位得以确立。除此以外，也有一些强大的零售商通过自己的品牌优势（如中间品牌）来重新建立一条以自己为中心的供应链。当前，在互联网经济背景的新形势下，供应链管理模式也逐步转向以第三方物流公司为主导。

因此，在整条供应链中，企业的核心能力或竞争力是随着消费者需求的变化而变化的。也就是说，在现实中是不可能有永久的核心能力的。企业核心能力的不断变化，导致了供应链中主导企业的不断变化，最终表现为供应链管理模式的不断变化。企业只有不断学习与创新，才能适应市场竞争，找到合适的管理模式。

任务实施

请将案例中涉及的事项分析与整理后，填写到表2-1中。

表2-1　　　　　　　　　　　　　　**企业管理模式分析表**

任务内容	1.消费者是怎样选购商品的？

从消费者的角度谈谈购买小家电的心理：

最近一年购买小家电的情况（数量、金额）：

你购买小家电的渠道：（频率最高的放在前面）

购买小家电的主要用途：

你最新购买的一件比较满意的小家电是怎样的？

款式（适用群体、规格、颜色等）：

价格：

产地：

功能：

外观风格：

品牌：

小家电的特点：

受大众欢迎程度：

未来消费趋势：

任务内容	2.产品经由企业到消费者手中,中间经历了哪些环节?		
你熟悉的国内外知名家电企业			
项目	公司一	公司二	公司三
企业名称			
消费群体			
产品类型			
价格范围			
质量水平			
销售渠道			
行业地位			

最具竞争优势的企业有哪些特点:

海尔公司是怎样进行供应链管理的?

设计:

生产:

销售:

物流:

配送:

每个环节中发生了哪些成本? 相比同行,海尔的管理优势有哪些?

续表

任务内容	3.现代初创企业适合采用哪一类管理模式？
你的初创企业的管理模式： 计划： 实施： • 订单执行 • 采购 • 制造 • 存货控制 • 后勤配送 执行评估： 你的管理模式的特点：	

课后思考

我最欣赏的创业点子?

创业是获利机会与创业个体的结合，创业机会是客观存在的，创业者要能够及时发现这些创业机会，并抓住和利用创业机会。有赢利可能的市场需求会客观存在于一定的市场环境中。很多人认为只有全新的技术或显露出来的市场才是创业机会，实际上并非如此，很多创业机会就在我们身边，生活中很多习以为常的现象在有心人眼里就是创业机会，此谓"处处留心皆机会"。看看图2-1的漫画，想想机会藏在哪儿呢?

变化就是机会。比如环境的变化，会给各行各业带来良机，人们透过这些变化，

图2-1　白手起家

就会发现新的前景。变化可以包括：行业结构的变化；科技进步；信息革新；政府放松管制；经济信息化、服务化；价值观与生活形态变化；人口因素变化。

以人口因素变化为例，可以发现以下一些机会：为老年人提供的健康保障用品；为独生子女服务的业务项目；为年轻女性和上班女性提供的用品；为家庭提供的文化娱乐用品。

集中盯住某些顾客的需要就会有机会。机会不能从全部顾客身上去找，因为共同需要容易被识别，基本上已经很难再找到突破口。而实际上每个人的需求都是有差异的，如果我们时常关注某些人的日常生活和工作，就会从中发现某些机会。因此，在寻找机会时，应习惯把顾客分类，如政府职员、菜农、大学讲师、杂志编辑、小学生、单身女性、退休职工等，认真研究各类人员的需求特点，机会自见。

任务二　怎样进行产品创新设计？

工作任务

创业者当初开办企业，多半都在某个方面有很好的创意。可是，再好的创意也只能使企业在一段时期内保持优势，取得竞争的胜利。消费者很快会对这种创意习以为常，竞争对手很快会有新的招数迎头赶上甚至比这种创意更好。所以，要想在竞争中长期取胜，就必须保持无穷的创新活力。对每个中小企业而言，持续创新并不是一件容易的事，特别是受资金和技术条件的限制，要学会如何创新成为非常关键的一项工作。这里，我们以生产制造业为背景，探讨以下四个问题：

1.企业为什么要经常推出新产品？

2.新产品是如何实现从无到有的？

3.初创企业怎样才能实现产品创新？

4.你的创业项目有什么创新方法？

请结合以下案例，完成上面的任务。

【案例2-2】格力：用创新引领未来

在市场需求不足、制造业面临重重困难的大背景下，格力公司的业绩却好得惊人：2015年利润率在12%左右，纳税额高达150亿元。

在家电制造等传统领域迈向纵深、智能装备制造等新兴领域不断开疆拓土的大背景下……打造核心技术成为格力跨界发展并屡收硕果的"不二法则"。在众多企业仍在向国际先进技术水平艰难迈进时，格力已将13项国际领先技术收入囊中，在满足市场需求的同时，也在创造市场需求。

当众多企业还在为如何改革创新、提升竞争力而困惑时，格力早已将视线投向了精深发展和多元化发展目标：无论是其老行当家电产业，还是新涉足的智能装备领域。

位于珠海的格力公司总部生产车间内机械轰鸣，但在几万平方米的车间里，穿梭在高大的精密仪器间的工人只有十多位，这已经成为格力工厂的常态——高度自动化。众多充满节奏感的舞动着的机械手臂上，烙刻的也是格力的品牌标志。这些细节无不彰显着格力雄心勃勃的下一个目标：生产自主研发的模具和智能装备并将这些产品销售到国外市场。

● 生命力源自核心技术

格力电器董事长兼总裁董明珠认为，在2000年以前的10年间，格力所做的工作与大多数企业一样——贴牌生产。在2000年后的10年里，格力虽然有了专利技术，但是技术含量并不高。"在这之前，格力靠的是以质取胜，直到2011年以后才有了真正属于自己的核心技术。"

董明珠所说的核心技术是格力的研发团队针对其支柱产品空调所研发出来的一系列专利技术，其中最著名的莫过于突破了传统空调无法在极冷、极热环境中使用的"双级变频压缩机技术"。普通单级压缩机空调的制冷和制热极限温度分别是-20℃和43℃，再低或再高就停机了，而格力双级变频空调的制冷和制热极限温度分别能够达到-30℃和54℃。现在，格力仍然在不断突破技术壁垒。格力的智能装备并不仅仅是自主研发的智能机器人和智能化的自动生产线，还有智能环保家电。目前，最新的空调技术是"冰蓄冷"，即在电力负荷低、电价低的夜间启动空调主机制冰，将冷量以冰的方式存储起来，在电力负荷高、电价高的白天通过融冰将夜间存储的冷量释放出来，能够节约大量用电成本。

"冰蓄冷"说起来简单，其中的技术含量却极高，这项"高效永磁同步变频离心式冰蓄冷双工况机组"被评定达到"国际领先"技术水平。这项技术的含金量是多少呢？相比之下，高下立现——"国际领先"技术是原创技术，而"国际先进"技术则并非原创技术。能够达到"国际先进"技术水平已经让大多数企业为之自豪了，拥有"国际领先"技术的企业则寥寥无几，其难度可见一斑。而如此难以开发的"国际领先"技术，格力拥有13项。

◉ 制度支撑创新

不仅是空调，格力在智能家电制造领域也迈出了坚定的步伐。-5℃不结冰的晶弘冰箱"颠覆"了消费者的常识；以电磁技术三维立体加热的大松电饭煲蒸出了比日本电饭煲口感更好的米饭；利用空气压缩技术实现加热的空气能热水器……甚至在医疗领域，格力独家研发的分子击断技术半小时就能够杀灭98%以上的病毒。

在董明珠看来，"创新不仅能够满足市场需求，更能创造市场需求，挖掘消费者自己都不知道的需求"。

如今，格力已累计申请专利20 738项，其中发明专利6 811项，生产出20个大类、400个系列、12 700多种规格的产品，远销全球160多个国家和地区，全球用户量超过3亿。

在业界有着"黄埔军校"之称的格力，被"挖"走的技术人才不计其数。但在董明珠看来，很多技术人才失去了格力提供的创新环境和便利，也就失去了被挖走的价值，"这样的例子太多了"。

董明珠的自信源自格力一项对研发全力支持的制度：无上限研发投入。事实上，格力在技术研发和设备上的投入早已无法用数字来计算了。

研发速度快才能更快地更新产品，这与强大的实验能力分不开。现在格力用于研发商用空调群落系统的实验室就有700多间，美国同业协会在参观格力实验室时惊叹：格力焓差数据实验室的数量全球居首。

◉ 紧盯智能装备制造

"现在很多企业都在谈智能制造，但并非用一部手机把家用电器都连在一起就是实现了真正意义上的智能制造。"董明珠说。对制造企业而言，生产线上的核心技术和智能化更重要。

随着产品的升级，格力对零部件的精度要求也越来越高，但关键设备仍然要靠大量进口。"那个时候我就在想，都知道格力是做空调的，但是如果支撑空调制造的后台的东西我们不能掌握，企业就无法走得长远，更谈不上是创新型企业。"董明珠说。

基于此，格力在3年前就开始大刀阔斧地布局智能装备制造业。

模具是格力未来发展的一个重要方向，2015年，格力完全自主生产加工的模具规模就已达10亿元，在国际模具生产工厂中名列前茅。格力的计划是，2016年启动模具对外销售的战略转型，未来3~5年实现模具在国内外销售规模各10亿元的目标。

现在格力模具已经达到较高的加工精度水平，设备的误差在正负0.01毫米之间，而一根头发的直径是0.8毫米。此外，格力模具工厂正向高度自动化转型。

董明珠对模具工厂的定位是：专业化的同时也要多元化。正所谓"一项精，百项通"，当加工精度和规模达到一定程度时，格力除了在空调模具的制造上游刃有余外，其加工的模具还涉及手机、家电、医疗器械、汽车零部件加工以及高精度零件加工等多个领域。

董明珠坦言，下一步，格力计划向纵深领域发展，包括机电、模具制造和智能装备制造以及新能源汽车等领域。"制造业一直都被定义为传统产业，在以前这并不为过，但是现在是大数据和技术创新的时代，传统产业应该被重新定义。"董明珠笑着说。

格力电器坚持精品战略，以核心技术、品牌、渠道为支撑，通过集团化运作、生产自动化、信息化建设提高运营效率，充分发挥全产业链、规模成本以及渠道优势。产品力、品牌力、渠道掌控力是格力获得成功的核心因素，也是实现下一个千亿元增长的动力源泉。同时，格力中央空调高歌猛进，驱动整体收入，家用空调保有量持续增长，提供动力支持。因此，未来格力产品的毛利率和公司营业收入还将稳步提升，进而确立牢固的领先优势，继续拉大与竞争对手的差距。

资料来源　佚名. 格力：用创新引领未来［EB/OL］.［2016-05-05］. http://finance.huanqiu.com/roll/2016-05/8862753.html.

任务分析

企业生产、制造产品或提供服务是为了满足人们日益增长的物质和文化需要。随着经济发展和社会进步，人们的思想观念每天都在变化，人们的消费需求也在不断变化。人们的衣着早已摆脱过去的黑、灰、蓝"老三色"，不仅花色上丰富多彩，而且用料、做工、款式、造型也千变万化。人们对饮食不仅追求"色、香、味"，而且追求健康、均衡的营养。物质生活富裕了，人们的精神需求也在提高。在这种快速多变的环境中，不创新能够跟得上时代步伐和满足人们的需求吗？抱住老一套不放的企业还能够生存与发展吗？这里我们先从熟悉的产品入手，看看企业是如何进行创新设计，不断满足人们需求的。

创视说2-3
创业金点子从哪里来

第一步，你是否拥有一部手机或一台电脑？请回忆一下，目前你使用的手机或电脑是哪一年出厂的？你是哪一年购买该产品的？你预计淘汰这件产品会是哪一年？在经济条件允许的情况下，你可能会多久重新选购一部手机或一台电脑（在这些产品功能正常的情况下）？（对这些问题的回答能告诉我们生活中很多商品是有使用周期的。）

第二步，请你对市场上的手机产品做一次调查，选择你喜欢的一家企业，主要了解最近5年里，同一品牌的手机，每年会推出哪些款式，把它们的主要功能、硬件配置参数、价格记下来，画出手机的生命周期图。（对这些信息的获取，可以让我们初步了解手机行业产品更新的周期、价格变化的频率等情况。）

第三步，请根据相关知识，画出手机的产品层次结构图。你生活中接触到的国

内外知名手机品牌有哪些？写出3个以上企业的名称，将其代表性产品的品牌、型号、价格范围、功能特点、技术参数、质量水平、消费群体、市场份额和行业地位列出来。（可在国内外知名、地区知名的企业中各选一家以上代表性企业进行比较分析，找出优质产品的特色。）

第四步，根据上述案例资料，并运用相关知识，分析一台家电（如空调）从无到有的构思设计是怎样的？格力公司是从哪些方面入手实现产品创新的？（对这些问题的回答能告诉我们产品创新过程是复杂的，需要有各个配套环节。）

第五步，请你来设计一款新的手机，写出你的创新策略、创新步骤和手机的创新之处。（初创企业不同于大中型成熟企业，应当找到属于自己的产品创新方法。）

相关知识

15.设计思维

设计思维（Design Thinking），是从国外引入的一种创新方法论，更是一种解决问题的路径。设计思维，本质上是一种以人为本的问题解决方法。这里所说的设计是广义的设计，是以探索人的需要为出发点，创造出符合其需要的解决方案。

既然说设计思维是一种问题解决方法，那么，来看下它和传统解决问题的路径有什么不同。

一般情况下，我们看到问题，就会直接想解决办法。比如，新年到了，大家都在谈新年计划，于是，我们发觉自己也需要一个新年规划，接着就开始构思，整理了一份非常完美的新年规划。而设计思维会强调，要对这个问题有更深入的理解，再着手解决问题。比如：我们会问，为什么要做新年规划？又为什么是这样的新年规划？当我们最终确定了问题，开始寻找解决办法时，也不会很快就锁定一个解决办法，而是去探索各种可能的答案，最后再确定一个最优的方案，并且不断地测试、验证、改进。

有些问题，即使提供了完美的解决方案也依然得不到解决，这是由于问题提出者忽视了某些问题，或者由定义了一个错误的问题而造成。心理学的认知偏差理论告诉我们，识别问题并不像表面上看到的那么简单，人们会经常歪曲、遗漏、忽视或低估某些周围的信息，而这些信息可能提供了有关问题存在的重要线索。而在设计思维的过程中，起先正是需要我们深入理解问题，抑或重新定义问题。

这里介绍斯坦福设计思维的五步骤模型（如图2-2所示），它主要包括：共情、定义、构思、原型和测试。

（1）共情

共情（Empathize）也称移情，指理解用户的需求。这个阶段的核心价值是以人为中心，一切需求的出发点是人，通过观察、倾听、访谈等方法和用户产生共情，进而分析出用户的核心诉求。

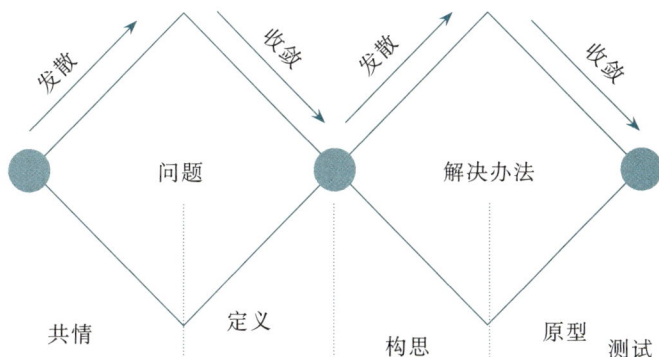

图2-2　斯坦福设计思维模型

（2）定义

定义（Define）指的是以人为中心重新组织和定义问题。定义阶段通常可以用一句话来描述问题：谁（用户，User）？有什么需要（需求，Need）？我发现了什么（洞察，Insight）？这种方法简称POV法。定义阶段的核心价值是收敛，排定优先顺序，在此分辨出对用户来说什么是真正重要的，什么是我们应该花更多时间去投入的。

（3）构思

构思（Ideate）是指在创意阶段发散思维产生许多点子或想法。在这一阶段，我们可以用各种方法来加强创造性，头脑风暴和草图是最为常用的，目标是产出尽可能多不同的概念，然后将它们可视化。

（4）原型

原型（Prototype）就是设计产品原型或问题的解决方案。构思阶段结束后，产生了许多点子和想法，接下来就需要从中选取一些想法形成基本的概念模型，设计出相对详细的解决方案。原型的核心价值是MVP精神，即生成最小可行性产品。

（5）测试

测试（Test）是用来验证设计原型并改进方案。测试阶段，可以找同事来进行，当然最佳方式是对用户进行测试，因为这样更具启发性，然后将测试的结果反馈到产品的下一个迭代版本中。测试阶段的核心价值是迭代精神。

设计思维的这五个步骤并不总是按照这个顺序进行的，而是可以从任何一个点开始。如果，从一开始便有了一个很好的想法，那么就可以快速生成原型，然后测试以验证想法，或以此作为和用户交流的对象，从而探索出用户潜在或更深层次的需求。但是在这样的过程中，切记要以用户为中心，是验证想法，而不是向用户推销想法。如果，已经有了一个产品，想要改进或创新，那么便可以从测试阶段开始，进而探索和洞察用户新的诉求。设计思维的过程模型为问题与解决方法之间保留了足够的空间，所以，设计思维的过程也是没有标准答案的探索过程。

16.产品生命周期理论

产品生命周期理论是美国哈佛大学教授雷蒙德·弗农 1966 年在其发表的《产品周期中的国际投资与国际贸易》一文中首次提出的。产品生命周期理论认为：产品在市场中的销售历程像人的生命一样，从诞生投入市场到被市场淘汰退出市场，历经产生、成长、成熟、老化和消亡的过程，市场中新产品的出现必将代替落后的旧产品。企业必须认识产品在市场中存在的规律，制定相应的策略，适应产品在不同生命周期阶段的特点。

典型的产品生命周期一般可以分成四个阶段：导入期、成长期、成熟期和衰退期，如图 2-3 所示。

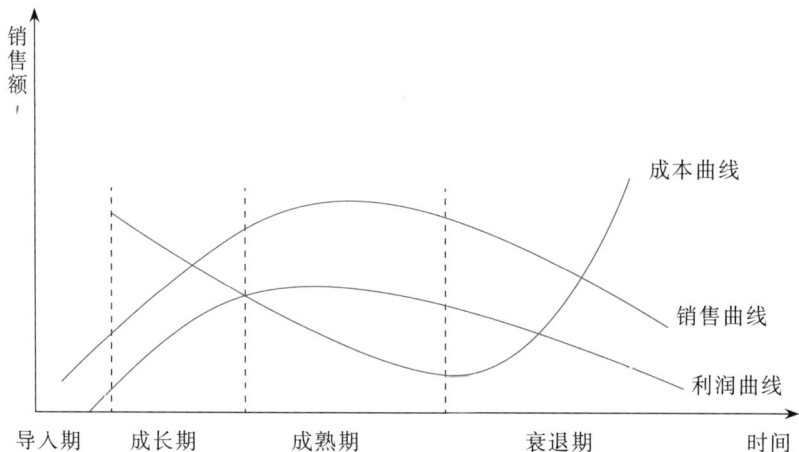

图 2-3　产品生命周期曲线

（1）导入期

只要新产品投入市场就进入了导入期。此时产品尚未定型，还在变化中，生产批量比较小，产品的成本很高，销售价格也比较高，顾客对产品还不了解，购买该产品的人很少，销售量极为有限，为了宣传产品广告费用投入较大。市场上没有竞争对手或者只有个别竞争对手，企业通常不能获得利润甚至可能亏损；同时，产品的市场前景不明确，难以预测。

（2）成长期

当产品在市场中试销取得成功之后，企业开始大批量生产，并大批量地投放市场，这时产品便进入了成长期。在成长期，产品的需求量和销售额迅速增长，此时产品已经定型，生产工艺、技术趋于稳定，生产成本大幅度下降。由于消费者已经认识这种产品，广告费用有所下降，产品的利润迅速增长。其他企业也纷纷加入市场竞争的行列，开始生产和仿制同类产品。

（3）成熟期

经过成长期之后，随着购买产品的人数增多，市场需求趋于饱和，产品进入市场竞争最为激烈的成熟期阶段。在成熟期，销售量增长速度缓慢甚至转而下降，产品的生产工艺、技术完善而稳定，市场竞争非常激烈，从而导致广告费用、服务费用提高；同时，由于竞争产品的价格下降，企业的利润也下降。

（4）衰退期

经过成熟期之后，产品逐渐老化被新的产品所替代，产品开始退出市场，这个阶段就是衰退期。随着科技的进步、经济的发展以及人们消费习惯的改变，新产品替代老产品是必然结果。在衰退期，产品的销售量和利润持续下降，企业间的竞争主要以价格竞争为主，促销手段不再起作用，并且产品的利润额越来越低。此时，成本较高的企业就会由于无利可图而停止生产，该类产品也就陆续退出市场，以致最后完全退出市场。

产品生命周期理论提供了一套适用的营销规划观点。新创企业可针对产品各阶段不同的特点，为新产品制定不同的营销组合策略。但是，产品生命周期理论只考虑销售和时间两个变量因素，创业者在产品创新活动中，还要综合考虑与市场和产品相关的其他方面因素。

17.产品创新构思过程

成功的产品创新必须进行系统的管理，综合考虑企业战略、市场目标、资源与能力等因素，保证产品创新各环节工作的有效性。产品创新活动可分为新产品构思、概念的发展与测试、营销战略的制定、商业分析与产品开发、市场测试与商品化等阶段。

其中，新产品构思是新产品开发的第一步。一个好的构思是新产品开发成功的关键。新产品构思不是偶然的发现，它与企业的目标市场密切相关；企业战略决定了新产品的构思方向，也决定了对构思的筛选。通常，新产品构思既来源于企业内部，也来源于企业外部，包括：

（1）研究开发部门

研究开发部门的主要任务是进行产品的开发研究，其积累了丰富的产品开发经验，能够不断地产生各种新的构思，开发出畅销的新产品。

（2）销售人员

销售人员与用户接触密切，了解用户的需求，熟悉产品的实际操作环境。销售人员会产生许多符合用户实际需要的新产品构思及对现有产品的改进性设想。

（3）高层管理人员

高层管理人员在评估与调整企业总体战略时，能利用其对产品与市场的综合判断及经验产生新产品构思。

（4）企业员工

企业员工对本企业产品的性能、优缺点的了解更为深入，他们对新产品的构思来源于直接的生产活动，对产品的改进意见更有利于降低成本、提高产品的适用性和可维护性。

（5）顾客

顾客在产品使用的过程中，能直接感受到产品的方便与否，并直接产生产品改进的需求或增加新的产品需求。实践中，大量新产品构思来源于顾客。

18.初创企业产品创新策略

企业的创新可以根据创新对象分为两大类型，即产品创新和过程创新。产品创新就是针对产品本身进行的创新，目的是向消费者提供更好的产品。过程创新是针对产品生产过程而进行的创新，目的是更快地生产产品。过程创新可以进一步细分为生产设备创新、生产工艺创新、管理过程创新。产品创新也可以做进一步的细分，不过，在讨论产品创新的细分之前，需要先介绍产品层次的概念。

市场营销理论指出，消费者所购买的最终产品实际上包含了三个层次：核心产品、形式产品、延伸产品（如图2-4所示）。

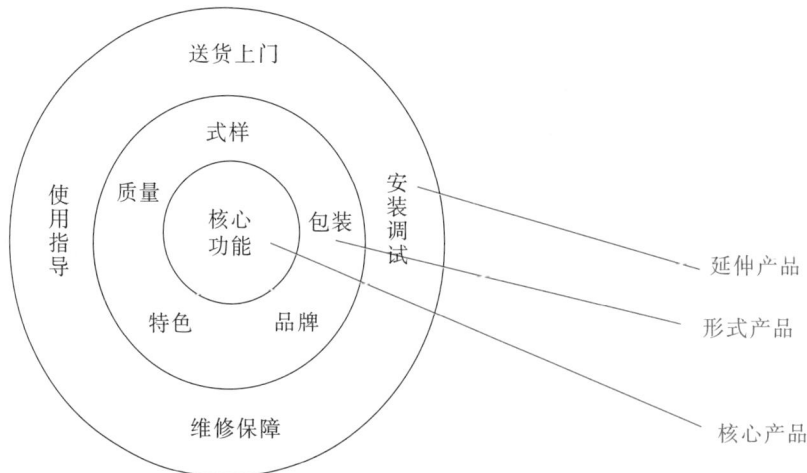

图2-4　产品层次结构图

其中，核心产品针对的是产品所提供的核心功能，如电冰箱的冷冻功能。形式产品指的是产品实体，包括产品式样、包装、商标、品牌、质量、外观和设计特色等，如一台出厂的电冰箱。延伸产品针对的是附加在产品实体上的无形利益，也就是随同形式产品提供给顾客的各项服务所产生的利益之和，如送货上门、安装调试、使用指导、维修保障等各种售后服务所产生的利益。

我们可以根据创新的技术含量和创新成果的载体不同，把企业技术创新分为硬技术创新和软技术创新两大类。硬技术创新的成果主要以物质载体来体现，主要包括核心产品创新和生产设备创新；软技术创新的成果主要在生产、管理或营销过程中得以体现，如生产工艺创新和管理创新（包括决策创新和营销创新）、提高产品价值的产品外围创新。硬技术创新的技术含量较高，需要雄厚的资金和技术力量支撑；而软技术创新的技术含量相对较低，不一定要有雄厚的资金和技术力量作为支撑。以往，人们在谈到企业技术创新时，一般都局限于硬技术创新；一说起产品创新，往往就想到核心产品创新，而忽视了产品外围创新；在谈到过程创新时，往往只想到生产设备和生产工艺的创新，而忽视了更为重要的管理创新。

美国著名管理专家彼得·德鲁克早就对企业界发出警告："不创新，就死亡。这是不以人们意志为转移的商品经济发展规律。"然而，创新又谈何容易。创新是对旧事物、旧观念的突破，是灵活地运用新观念、新技术去创造新事物。它不但成败难卜，而且在一般人看来还需要雄厚的资金和技术实力作支撑。那么，缺乏雄厚的资金和技术实力的中小企业就无法开展创新而只能坐以待毙了吗？答案显然是否定的。作为初创企业，受资金和技术等各方面条件的限制，采取软技术创新策略是比较可行的。

（1）企业要贯彻始终的管理创新

产品外围创新和管理创新是提高企业竞争力极为重要的软技术创新。为了凸显产品差别，提高核心产品在顾客心目中的价值，需要围绕产品的商标、品牌、规格、式样、说明、包装，以及交货收款、维修安装、使用指导、产品担保、售后服务等诸多因素进行创新，所有这些创新活动都是产品外围创新。比如，牙膏生产商把牙膏管口加大一点，既方便了消费者，又扩大了牙膏的用量和需求；儿童食品生产商在包装盒内附上小朋友喜爱的系列卡通卡片，提示他们养成好习惯，不但会受到小朋友的欢迎，而且会受到儿童家长和社会的欢迎，同时也会给企业带来更大的需求和利益。

管理创新是指在一定的硬技术条件下，为了使各种资源的利用更加合理、整个企业系统的运行更加和谐高效、生产能力得到更充分有效的发挥而进行的管理体制、组织结构、决策程序、营销策划、运作方式或具体的管理方法与技术等方面的创新。

事实上，国外许多知名企业由小到大、兴旺发达的重要秘诀就在于十分重视软技术创新。当年美国贝尔实验室研制出了第一只晶体管时，人们并没有意识到它将在消费品市场上引起巨大变革。只有日本小小的索尼公司买下了晶体管生产许可证并在两年后研制出第一台晶体管收音机。不久，索尼公司便凭借其产品质优价廉的优势，逐步占领了美国乃至世界的低价收音机市场。实际上，索尼公司是以软技术创新利用了他人的硬技术创新成果，从而取得了巨大的成功。

风靡全球的快餐店连锁品牌麦当劳也是以软技术创新取胜的。它的产品任何一家餐馆都做得出来，但是它创造了独特的管理思想和管理方法，通过统一产品标准和生产标准，控制生产作业流程，规范产品生产和服务过程，赢得了越来越多的顾客，取得了历久不衰的持续发展。

软技术创新对企业成功的重要性由此可见一斑。

（2）根据企业生产系统的能力和市场需求，恰当选择创新类型

尽管软技术创新和硬技术创新两者在某种意义上是密不可分的，但是不同的企业在不同的情况下如何进行技术创新，仍然需要恰当地做出有所侧重的选择。

为此，根据企业在某个时期生产系统的能力和市场需求两者之间的关系，企业可分为生产能力制约型和市场需求制约型。如果在某个时期内，企业生产系统的产出小于市场需求，则此时妨碍企业进一步提高经济效益的环节主要在生产系统内。我们称

这时的企业为生产能力制约型。与此相反，如果在某个时期内，企业系统的生产能力大于市场需求，则此时妨碍企业进一步提高经济效益的环节主要在市场需求方面。我们称这时的企业为市场需求制约型。

不难看出，当企业为生产能力制约型时，应当以过程创新推动产品创新；当企业为市场需求制约型时，应当以产品创新带动过程创新。无论是产品创新还是过程创新，短期应当以软技术创新为主，长期则应以硬技术创新为主。也就是说，当企业的生产能力不足时，短期应靠管理创新来用足、用好现有能力，长期则应靠生产设备创新和生产工艺创新来提高能力水平，以此推动产品创新。当企业产品的市场需求不足时，短期应靠产品外围创新来尽快扩大销路，长期则应靠核心产品创新来开拓市场，以此带动过程创新。

短期以软技术创新为主，投资少，见效快，风险小，收益稳，可以为硬技术创新积聚实力。长期以硬技术创新为主，可以使企业的核心产品及其生产系统不断上档次，壮大实力，形成对手难以匹敌、难以追赶的生产经营特色和市场竞争优势。

任务实施

请将案例中涉及的事项分析与整理后，填写到表2-2中。

表2-2　　　　　　　　　　**企业产品创新过程**

任务内容	1.企业为什么要经常推出新产品？		
目前你使用的手机或电脑的出厂年份： 你购买该产品的时间： 你预计淘汰该产品的时间： 你希望多久更新一款手机或电脑？			
你最喜欢的一家手机生产企业： 最近5年，代表性的手机产品：			
手机型号			
主要功能			
价格			
硬件配置参数			
受欢迎程度 （5分制）			
手机的生命周期图：			

续表

任务内容	2.新产品是如何实现从无到有的？

手机的产品层次结构图：

国内外知名品牌手机比较

品牌名称			
手机型号			
价格范围			
功能特点			
技术参数			
质量水平			
消费群体			
市场份额			
行业地位			

任务内容	3.初创企业怎样才能实现产品创新？

格力空调的设计与生产创新过程：

（1）研究开发部门

（2）生产部门

（3）销售人员

（4）高层管理人员

（5）企业员工

（6）顾客

续表

设计一款新的手机（也可以自选其他产品或服务）
构思步骤：
创新策略：
创新之处：
产品功能：
● 核心产品：
● 形式产品：
● 延伸产品：
产品价格：
硬件配置：
产品受众：
销售渠道：

课后思考

创业金点子从何而来？

创业的点子和构想来源很多，根据一项针对全球 200 位创业家进行的研究，创业点子的来源主要有以下四个方面：

（1）针对现有存在的产品或服务，进行重新设计或改良；

（2）追随新趋势潮流，如电子商务与互联网等；

（3）机缘凑巧；

（4）透过有系统的研究，发现创业机会。

简单地说，首先，可以从自己熟悉的地方入手。获得一个好的创业想法，最需要的肯定不是"钱"，也不一定是"激情"，很难说是不是"坚持"，最重要的是"知识"。注意：不是书本的知识，而是在工作或生活中积累的知识。没有切身经历过，很难产生真正的创业的想法"灵感"。比如，IBM 的创始人赫尔曼·霍尔瑞斯创业做运算打卡机，要是他没有学过数学，没有在国家统计局工作过，在那里整天忙忙碌碌计算统计数字，累得要命，他哪里想得到发明运算打卡机来提高工作效率？《星球大战》系列电影创始人、美国著名导演兼制片人乔治·卢卡斯创立"工业光魔"，首先是满足自己的需要，因为世界上没有一家现成的制作公司能够完成他在《星球大战》里的高难度动作，那怎么办？只有自己动手、自己创业。只有身边熟悉的事情，才能立刻发生实实在在的有机联系，才能有第一手的感觉和判断，才能有自信去解决一个问题，有信念去创造价值，有动力去改变世界。

其次，可以从小事情上入手。从"小"开始，并非胸无大志。世界上轰轰烈烈的大事情，未必不是从一些莫名其妙的小事开始的。当你在夜市的街头看到一个人开着一辆破夏利车在角落上卖凉鞋、皮包、T恤衫，能不能相信当年沃尔玛就是这样开始的？当你中午叫了外卖见到送饭的小伙子满头大汗，能不能相信有一天他会去创业开快餐连锁店超过了麦当劳？当你又蹦又跳玩游戏棒，能不能相信任天堂曾经是一家印制扑克牌的小作坊？当你开个小摊从东莞购进大大小小各种各样的MP3播放器，能不能相信其中有一款白色的有一天变成了风靡世界的iPod？再大的事业也是从小做起，小的事情容易把握，如果一个人能在小事情理出清晰的脉络，挖出其中闪光的地方，把它做得有声有色，那么很可能他根本不用担心能否把它做大，做大只是一个时间的问题，只是乘法里面的系数问题。

看看图2-5的漫画，放飞自己的思维吧。

图2-5 创造机会

任务三 怎样进行商品采购与物流？

工作任务

商品（原材料）采购是每个企业经营的起点和核心环节，也是企业获得利润的资源。它在企业的产品开发、质量保证和整体供应链中起着极其重要的作用。"购进好的商品等于卖出一半"。不同行业的企业对采购有着不同的要求。企业在采购和销售产品的过程中都会产生货物的流动，这就是物流业务的实质。对每个中小企业而言，控制好采购与物流成本并不简单，也很关键，直接影响企业的经济效益。这里，我们以零售业为背景，探讨以下四个问题：

1. 数字经济背景下企业应该如何选择采购方式？
2. 物流过程中有哪些重要环节？
3. 后疫情时代，企业如何制定自己的物流策略？
4. 你的企业如何进行采购与物流管理？

请结合以下案例，完成上面的任务。

【案例2-3】新零售之盒马鲜生案例分析

受新冠肺炎疫情影响，2020年我国零售业面临前所未有的挑战。很多传统零售行业暴露了库存高、反应慢、供应链体系落后等诸多问题，甚至出现了店铺关店潮、死亡潮。然而盒马鲜生作为早期尝试数字化经营的新零售代表，其线上线下一体化的经营模式使其在疫情爆发期间抓住了特殊机遇，获得了迅猛发展。在这场"战疫"中，盒马鲜生借助数字化手段，多场景、多元化地满足消费者需求，实现了不间断供货、无接触配送、店内自助化服务，其快速反应与强执行力在新冠肺炎疫情期间给人们留下了深刻印象。根据Quest Mobile发布的数据显示，2020年春节期间，生鲜电商行业日均活跃用户规模达到1 009万，较2019年春节大增91.46%，较2020年平日增长29.86%。其中，盒马鲜生的网上订单数量相较去年同期激增220%。

（1）盒马鲜生的主要经营方式

盒马鲜生成立于2017年，这一年也被称为"新零售元年"。新零售是企业以互联网为依托，运用大数据、人工智能等先进技术手段，对商品的生产、流通与销售过程进行升级改造，进而重塑业态结构与生态圈，并对线上服务、线下体验及现代物流进行深度融合的零售新模式。其最大的特点是数字化、全渠道以及更灵活的供应链这3个维度的交互融合。盒马鲜生是阿里巴巴对线下超市完全重构的一种新零售业态，也是以数据和技术驱动的新零售平台。盒马鲜生是超市，是餐饮店，也是菜市场，消费者可以到店购买，也可以在盒马App下单。

盒马鲜生有以下几大特点：互联网体验店线上做流量增长，线下做订单增长及优质体验服务；以"生鲜电商"为切入口，通过App和线下门店覆盖生鲜食品和餐饮服务一体化；门店融合销售展示、仓储及分拣线上订单功能为一体，后台设置合流区，前后台通过自动化运输系统链接；店内开设海鲜餐厅，用户选购海鲜后可现场制作，提供传统生鲜超市无法提供的店内就餐服务和代加工服务（超市+餐饮）；独立的"盒马外卖"，设有专门的外卖配送团队；只用支付宝结算，有利于收集用户的所有消费数据；3千米范围内30分钟限时配送。通过大数据对用户的消费偏好、消费习惯进行分析，盒马鲜生可以勾勒出清晰的用户画像，进行精准营销，实现线下引流，刺激用户黏性，并打通收银、价签及物流系统。因为支付宝是实名认证，一旦通过支付宝成为盒马鲜生会员，阿里体系底层数据是打通的，每个人的消费能力、消费习惯也就一目了然。截至2021年年底，盒马鲜生全国门店数突破300家，其中，杭州门店数达20家。由于盒马鲜生面向中高端消费群体，覆盖城市主要集中在一二线城市。

（2）盒马鲜生采购与配送模式

不同于大多传统零售业态存在的"千店一面、千店同品"问题，盒马鲜生打破了传统商超的格式化零售形式，重构了零售采购与配送新模式。

◎ 由简单的商品采购职能变成新的采购体系

采购由传统的选品、谈判、等客户的职能，转变为找商品、研发商品的职能，特别是盒马鲜生总部的采购部门，具备了强大的商品研发、商品创新能力。盒马鲜生的采购模式主要分为全球直采、本地化直采和自有品牌3大模式。目前，盒马鲜生依托阿里的全球化优势，已经初步完成了全球化采购布局，通过航班、货柜采购欧美、南美、东南亚的果蔬、海鲜和肉品。本地化直采主要体现在日日鲜上，通过在国内生产基地采摘蔬菜，直接供应到店内，部分生鲜实现与天猫统一采购。

盒马鲜生从改变整体的供应链效率入手，系统布局仓配体系，形成产地仓、地区仓、城市仓的仓配体系。在一些特色农产品地区，其以盒马村、盒马市的模式建立了商品基地。阿里巴巴副总裁、盒马鲜生创始人兼CEO侯毅认为，在基地大规模采购之后，阿里线上线下全体系均会成为数字农产品的销售渠道。

2021年的"中国零售圈大会"上，盒马鲜生表示，"十四五"期间将在全国建设1 000个盒马村，并在国内农业产地采购共计1 000亿元的农产品。盒马鲜生即时更新采购基地的品牌使用标准及管理规范，对签约品种全域种植面积、商品品质独特性等提出硬性要求。这种直接由供应商供货的采购模式不仅降低了传统生鲜供应模式的运输成本，而且降低了产品损耗。盒马鲜生帮助农场制定种植标准，并对土壤、水源等提出要求，在源头制定统一的标准，解决了消费者对生鲜产品的质量信任问题，实现了人、货、场三者之间的最优匹配。

◎ 供应链数据共享与精准化服务

在采购配送运作技术方面，盒马鲜生的供应链完全数字化，从产品到商店、货架、分类、包装和分销，所有过程均使用智能设备完成。这不仅提高了操作的及时性，而且大大减少了操作时间，降低了错误率。同时，信息共享是降低生鲜农产品供应链损耗、增强生鲜农产品供应链敏捷性、提高生鲜农产品供应链效率的重要手段。采购时，盒马鲜生与合作方信息共享，根据线上、线下订单量制定统一的采购标准，除去中间环节，减少信息在传递过程中的失真。仓储时，利用物流信息共享，将门店作为仓储中转站，实现去中心化，使其同时承载商品流通环节的功能，发挥商品销售、收集信息的功能。当顾客消费时，通过其支付信息、购物车信息收集数据，分析顾客喜好，进而对未来订单需求进行预测，传递给上游供应商。

◎ 快速的物流配送服务

盒马鲜生利用大数据、互联网、自动化分拣等技术，构建了从供应链、仓储、分拣再到配送一整套完整的物流体系。盒马鲜生的生鲜产品运输是与淘宝共用的物流体系，负责从采购运送到加工和仓储中心，根据不同生鲜产品对温度的要求决定选择常温物流还是冷链物流。用户下单后，配送员从门店进行拣选，通过传送履带，在10分钟内完成打包，3千米内半小时完成配送，在保证产品新鲜度的同时，也提升了用户体验。盒马鲜生自有配送团队，配送员每单配送费用约为 7.5 元。

　　◎ 由采购标品转向做研发差异化商品

传统商超采购时选择的主要依据是品牌、包装、价格等，很少再有进一步的差异化创新。盒马鲜生的做法是：针对当前消费者在某种产品消费需求场景表现出来的新变化，对产品的销售方式做进一步调整，打造新的差异化模式，形成自主品牌。比如，针对传统大米由于流通原因新米卖成陈米的问题，盒马鲜生通过改变供应链节点，先让带着米糠的大米以最快的速度运送到终端，在上架前的 36 个小时，再进行脱糠处理，最大限度地保持了大米的水分和新鲜度。同时，盒马鲜生的上新速度也非常之快。光是盒马工坊（熟食半成品类），一年就要上新 1 300 多款。对各大社交平台的热门爆款，进行重新拼贴与解构，也是产品研发的重要灵感来源。除了紧跟网红风潮，盒马鲜生的研发口味还会考虑全国各地的偏好。像小龙虾，酱料都在工厂统一炒好，然后把样品寄给全国 14 座城市的研发员，进行口味调试。一般只要在总部固定好配方，就能一键拷贝到全国上新，唯独重庆和成都这两个城市必须要加麻加辣！那么，做爆款到底有没有方法论？最核心的思路，就是与市面同类产品做出差异化。

　　◎ 严格的 SKU 控制，尽可能标准化

传统商超货品种类非常多，但是过多的 SKU 带来高运营费用，对任何一家企业都是较大的负担。盒马鲜生在货品的选择上做了控制。比如酸奶，在大型超市，酸奶一个品类可能会有 30 多种，而盒马鲜生把品类控制在 15 种左右，既有传统好口碑的产品，也有网红产品，已然可以满足消费者对于酸奶的多样化需求，同时还可以提高商品运营的效率，降低管理费用，在某几款爆品身上还能拿到更高的利润。同样，这一点在水果和肉类商品上更为明显，盒马鲜生没有选择来自四面八方不同产地的供应商，单一品类尽量选择的是产品标准化程度高、产地优良的几款。

同时，盒马鲜生线上线下的功能区分非常明确。线下的使命，就是把体验越做越好，主打生鲜、餐饮、短保质期的食品、果蔬，然后拼命往线上引流，因此绝大多数标品没必要在线下陈列，而线上将来至少 5 万个 SKU。盒马鲜生创始人侯毅认为，盒马鲜生线上店主要解决品牌认知，形成客户忠诚，来线下消费越多的，线上消费也越多，二者成正比。

　　资料来源　作者根据相关资料整理与改编．

19.商品采购的主要方式

商品采购是工商企业生产经营的基础，采购作为供应链的上游端，是企业重要的利润来源。商品采购是指企业在一定的时间、地点和条件下通过交易手段，实现从多个备选对象中选择购买能够满足自身需求的物品的经济活动过程。数字经济时

创视说 2-5
商品采购的
主要方式

代的新采购，是以互联网为依托，以供需精准对接、满足客户多样化需求为目的，运用大数据、物联网、人工智能等数字化技术手段，对采购全过程进行重塑，进而形成组织间高效协同的采购管理新模式。

在商品采购过程中，企业所采用的方式会影响采购的经济性和合理性。企业应根据本身的经营状况和商品特点，采取合适的采购方式，以提高企业的经济效益。随着信息技术的发展和企业经营理念的改变，新的采购方式不断出现。总的来说，目前主要的采购方式有分散采购与集中采购、定量采购与定期采购、国内采购与国际采购、招标采购、JIT 的订单驱动采购和电子采购。

（1）分散采购与集中采购

分散采购就是企业将采购权分散到各个分支机构，包括分店、分厂、分公司等，由各个分支机构在核定的商品资金范围内，直接向供应商采购商品。这种采购方式适用于大型生产或流通企业，如实行事业部制的企业，每一事业部设有独立的采购供应部门。分散采购方式比较灵活，有利于适应市场变化，但专业化程度较低，权力分散，占用的人力、财力、物力较多。

集中采购（中央采购）是指企业设专门的采购机构和专职采购人员，统一负责企业的商品采购工作，企业所属各分支机构只负责销售。集中统一的商品采购是实现规范化经营的前提和关键，一般适用于企业物资需求规模小或商品供应与需求共处一地的情况。例如，连锁企业的采购配送中心实行的就是集中采购方式。集中采购有利于企业实现专业化的"流水线"管理，能提高采购效率，但灵活性较差。

为了进一步提高采购效率，目前，大中型企业往往采用集中采购和分散采购相结合的采购方式，即既有企业的统一采购，又允许各部门自行采购。一般来说，大宗的、通用的和外地的采购由企业统一组织，零星的、特殊的和本地的采购由各部门组织实施。这种采购方式吸收了集中采购和分散采购两种采购方式的优点，避免了两者的不足，使采购组织更加合理化。

（2）定量采购与定期采购

定量采购是一种基于物资数量的订货法，主要通过控制订货点和订货批量两个参数来控制订货进货，在达到满足用户需求的同时，使经营总费用最低。定量采购适用于品种数量少、平均占用资金大、需重点管理的 A 类商品。定期采购是按预先确定的订货时间间隔进行补货，设定最低库存量，从而达到控制库存量的目的。只要采购周期和最高库存量控制得当，既可以不造成缺货，又可以节省库存费用。定期采购适用品种数量大、平均占用资金少、只需一般管理的 B 类商品和 C 类商品。

（3）国内采购与国际采购

当国内外采购品质与价格相同，因为国内采购的安全性较高、交易过程简单、售后服务较迅速，应以国内采购优先。国外采购适用于价格比国内低廉的商品，或是国内无法制造或供应数量不足的商品。零售巨头沃尔玛，国外采购数量非常大，仅在中国一年的采购金额就高达几十亿元。

（4）招标采购

所谓招标采购，是指采购人员事先提出货物采购的条件和要求，邀请众多投标人参加投标，并按照规定程序从中选择交易对象的一种市场交易行为。目前世界组织基本认可的有三种方式，即公开招标采购、邀请招标采购、议标采购。招标采购具有流程公开性、过程竞争性和程序公平性三大特征。一个完整的招标采购过程分为策划、招标、投标、开标、评标、定标六大阶段。策划阶段明确标的和招标方式、操作步骤、时间进度等；招标阶段制作招标书、确定标底和发送招标书；投标阶段是有意向的供应商制作标书进行投标；开标按招标通告中规定的时间、地点公开进行，并邀请投标商或其委派代表参加；评标阶段是由全体评标人进行分析评比，最后投票或打分选出中标人；定标阶段是根据评标委员会提出的书面报告和推荐的中标候选人确定中标人。

（5）JIT的订单驱动采购

JIT（Just In Time），一般译为准时制生产或准时生产制。它不仅是一种组织生产的新方式，而且是一种旨在消除一切无效劳动与浪费、实现企业资源优化配置的管理哲学。应用到采购中，它改变了传统的采购模式，实现了以最低的成本、费用获得原材料和外购件的目的。在供应链管理的环境下，其采购活动是以订单驱动方式进行的，只有在需要的时候（既不提前也不推迟），才按照需要的品质和数量订购企业所需的商品。

（6）电子采购

电子采购，又称网上采购或在线采购。简单地说，它是指企业利用网络技术进行信息采集、下订单和支付等的一种采购活动。目前，电子采购主要表现为B2B的形式。其实现途径主要有三种：采购方的网络、供应方的网络和第三方的公共网上采购平台（如天猫、淘宝、京东商城等）。

20.现代物流业务运作

现代物流业务以构成企业物流营运系统的功能要素的充分发挥为前提。互联网+背景下的智慧物流是指通过智能软硬件、物联网、大数据等智慧化技术手段，实现物流各环节精细化、动态化、可视化管理，提高物流系统智能化分析决策和自动化操作执行能力，提升物流运作效率的现代化物流模式。现代物流业务的功能要素有包装、装卸、搬运、运输、储存、流通加工、信息传输和配送等。它们的有效整合便形成了现代物流的总功能，从而高效率、低成本地实现物流系统的总目标。因此，现代物流业务就是由包装、装卸、搬运、运输、储存、流通加工、信息传输和配送等环节所组成的各种作业活动，并借助数字化信息平台进行"智慧"+"共享"。

（1）商品运输

在现代企业的物流机能中，一个最基本的机能就是运输。运输从行为上看表现为货物在空间上的单纯移动，但在实际的运行过程中，运输有多种多样的形态，其影响面不仅体现在企业内部，而且会波及整个供应链。不同类物品对运输的要求也不尽相同，合理选择运输方式，是合理组织运输、保证运输质量、提高运输效益的一项重要内容。运输方式的选择就是从铁路、公路、航空、水路、管道运输等方式或联合运输中做出选择，通过对不同方式的运价和服务水平进行评价而做出决定。

（2）商品储存

商品储存是以改变货物的时间状态为目的的经营活动。在任何社会形态中，对于不论什么原因导致停滞的物资，也不论是什么种类的物资，在进入生产加工、消费、运输等环节之前或在这些环节结束之后，总是要存放起来，这就是储存。在仓库中储存，就称为仓储。

（3）库存的控制

库存是指处于储存状态的货物或商品。为力求尽可能地降低库存水平、提高物流系统的效率，以强化企业的竞争力，应在满足顾客需求的前提下对企业的库存水平进行控制。库存管理是生产、计划和控制的基础，能够及时反映各种物资的仓储、流向情况，从而为生产管理和成本核算提供依据。通过库存分析，管理人员和决策人员可以了解库存资金占用情况、物资积压情况、短缺/超储情况、ABC分类情况等。

（4）商品配送

从总体上看，商品配送由备货、理货、流通加工、送货这四个基本环节组成，其中每个环节又有若干具体的活动。

◉ 备货

备货是配送的准备工作和基础工作，主要包括两项具体活动。

第一，筹集货物。筹集货物包括订货、进货、集货、验货、结算等一系列活动，一般由总部进行订货或购货，配送中心只负责进货和集货。

第二，储存货物。储存货物是购物、进货活动的延续。在企业的配送活动中，货物储存有两种表现形态：一种是暂存形态。例如，根据生产经营的实际需要量而设置；或是发送前的暂存，用于调节配货和送货的节奏。另一种是储备形态。它是指按一定时期配送的要求和货源的到货情况，有计划地确定周转储备和保险储备的结构和数量。

备货不及时或不合理，就会大大降低配送的整体效益。

◉ 理货

理货是配送的一项重要内容，也是配送成功的一项重要支持性工作。它主要包括分拣、配货和包装等活动。

第一，分拣。分拣是根据用户的订单所规定的商品品名、数量和储存仓位地址，将货物从货垛或货架上取出，搬运到理货场所的活动。分拣一般可采用两种方法：一种是摘取式。拣货搬运员巡回于储存场所，按某要货单位的订单挑选出每一种商品，巡回完毕，将配齐的商品放置到发货场所指定的货位。另一种是播种式。分拣员将每批订单上的同种商品各自累加起来，从储存仓位上取出，集中搬运到理货场，然后将每一用户所需的数量取出，分放到该用户商品暂储待运货位处，直至配货完毕。

第二，配货。配货是将配送中心存放的多种类产品按多个用户的多种订货要求取出，分放在指定货位，完成向各用户配送之前的货物准备工作。配货建立在分拣的基础上，是一项很复杂、工作量很大的活动，尤其是用户多、所需品种规格多、需求量小、需求频度又很高时，必须在很短的时间内完成分拣、配货工作。因此，分拣、配货方式的选择，对配送中心的服务质量和经济效益起着决定性作用。

第三，包装。有些配好的货物需要重新包装，应在包装物上贴好标签，载明货物的品种、数量、门店的名称、运抵时间等。

◎ 流通加工

流通加工是指物品在从生产地到使用地的过程中，根据需要施加包装、切割、计量、分拣、刷标志、拴标签、组装等简单作业的过程。流通加工是流通中的一种特殊形式，它是在物品从生产领域向消费领域流动的过程中，为了促进销售、保证产品质量和提高物流效率，对物品进行的加工，使物品发生物理、化学或形状的变化。在配送过程中对某些商品进行流通加工，不仅可以大大提高客户的满意度，并增加被配送货物的附加值，而且有利于提高物流效率。因此，流通加工是配送过程中的一个重要环节。

◎ 送货

第一，配装。当为单个用户配送的数量不能达到车辆的有效运载负荷时，就需要集中不同用户的配送货物，进行搭配装载，以充分利用运能、运力，这就是配装。配装可大大提高送货水平，降低送货成本。

第二，运输。企业的商品配送运输属于运输中的末端，一般距离短、规模小、频率高。由于用户多而分散，城市交通复杂，如何设计最佳路线，是配送运输的关键。

第三，送达。配好的货物送到用户手中还不算配送的完结，因为和用户交接往往还会出现不协调现象。因此，还应注意卸货地点和卸货方式等，圆满地完成货物的移交，并办理好相关手续。

（5）物流数字信息平台

物流数字信息平台是基于计算机通信网络技术，提供物流信息、技术、设备等资源共享服务的信息平台。其具有整合供应链各环节物流信息、物流监管、物流技术和设备等资源，面向社会用户提供信息服务、管理服务、技术服务和交易服务的基本特征。物流数字信息平台包括物流电子政务平台，用于政府监管和服务；物流电子商务平台，用于供应链一体化网上商业活动；电子物流平台，用于物流运输全过程实时监控管理。

21.供应链物流管理方法

（1）联合库存管理（JMI）

联合库存管理是供应商与客户同时参与，共同制订库存计划，实现利益共享与风险分担的供应链库存管理策略。目的是解决供应链系统中由于各企业相互独立运作库存模式所导致的需求放大现象，提高供应链的效率。JMI是供应链物流管理中的一个重要环节。具体来说，一是要建立起一个合理分布的库存点体系；二是要建立起一个联合库存控制系统。

这里强调以核心企业为核心，是因为在供应链中很容易形成多中心。如果搞多中心，必然会分散精力、分散资源，还有可能互相干扰，这样必然影响供应链的正常有效运行。所以，一个供应链系统必须只有一个中心，其他企业都必须服从这个中心，自觉为这个中心服务。供应链库存系统也必须按照这种思想去组织。

（2）供应商管理库存（VMI）

供应商管理库存，是供应链管理理论出现以后提出来的一种新的库存管理方式。它是供应商掌握核心企业库存的一种库存管理模式，是对传统的由核心企业自己从供应商处购进物资、自己管理、自己消耗、自负盈亏模式的一种革命性改变。供应商管理库存模式的基本内涵是供应商和用户之间实现战略性合作，采取对双方来说能实现成本最低化的方案，并在双方满意的目标框架下由供应商管理库存的方法。对客户来说，VMI降低了库存成本；对供应商来说，采用VMI可较好地掌握客户的需求量信息，有利于保持市场份额。

（3）供应链运输管理

除库存管理之外，供应链物流管理的另一个重要方面是运输管理。但是相对而言，运输管理不像库存管理那样要求严格、关系重大。这是因为现在运力资源丰富，市场很大，只要规划好了运输任务，就很容易找到运输承包商来完成它。运输管理的任务重点有三个：一是设计规划运输任务；二是找到合适的运输承包商；三是运输组织和控制。

（4）连续补充货物（CRP）

连续补充货物，就是供应点连续多频次、小批量地向需求点补充货物。它基本上是与生产节拍相适应的运输蓝图模式，主要包括配送供货和准时化供货。配送供货，一般用汽车将供应商下了线的产品按核心企业所需要的批量（日需要量或者半天需要量）进行频次送货（一天一次或两次）；准时化供货，一般用汽车、叉车或传输线进行更短距离、更高频次的小批量供货（按生产线的节拍一个小时一次或两次），或者用传输线进行连续同步供应。

（5）分销资源计划（DRP）

分销资源计划是MRP原理和技术在流通领域中的应用。它主要解决分销物资的供应和调度问题，基本目标是合理进行分销物资和资源的配置，以达到既有效地满足市场需求又使得配置费用最省的目的。

（6）准时化技术（JIT）

准时化技术，包括准时化生产、准时化运输、准时化采购、准时化供货等一整套技术。这些在供应链中基本上可以全部用上。它们的思想、原理都一样，就是四个"合适"（Right）：在合适的时间将合适的货物按合适的数量送到合适的地点。

它们的管理控制系统一般采用看板系统，基本模式都是多频次小批量连续送货。其核心是六个"零"和壹个"一"，即零缺陷、零储备、零库存、零搬运、零故障停机、零提前期和批量为一。

（7）快速反应（QR）系统、有效客户响应（ECR）系统

快速反应系统是20世纪80年代由美国嘉思明咨询公司（Kurt Salmon）提出并流行开来的一种供应链管理系统，其主要的思想就是依靠供应链系统而不是只依靠企业自身来提高市场反应速度和效率。一个有效率的供应链系统通过加强企业间的沟通和信息共享、供应商管理库存、连续补充货物等多种手段进行运作，能够以更快的速度灵敏地响应市场需求的变动。

有效客户响应系统也是美国嘉思明咨询公司于20世纪90年代提出来的供应链管理理念，主要思想是组织由生产厂家、批发商和零售商等构成的供应链系统在店铺空间安排、商品补充、促销活动和新商品开发与市场投入等方面相互协调和合作，更好、更快并以更低的成本满足消费者的需要。

（8）协同式供应链库存管理（CPFR）

协同式供应链库存管理、预测与补货模型是近年来供应链研究与实践的热点。它的形成始于沃尔玛所推动的CFAR，CFAR是通过零售企业与生产企业的合作，共同做出商品销售预测，并在此基础上实行连续补货的系统。后来在沃尔玛的不断推动之下，基于信息共享的CFAR系统又向CPFR系统发展。CPFR不仅合作企业实行共同预测和补货，同时原来属于各企业内部事务的计划工作（如生产计划、库存计划、配送计划、销售规划等）也由供应链各企业共同参与，利用互联网实现跨越供应链的成员合作，更好地预测、计划和执行货物流通。

任务分析

从传统行业分类看，无论是生产制造业还是零售服务业，商品采购与物流都是不能绕过的环节，虽然在少数企业的经营模式中采购成本可能由不同单位承担，但仍然存在这些经济活动。这里以传统的零售业为例进行分析，具有一定的代表性。民以食为天，生鲜食品对人们的生活来说尤为重要。但是，由于生鲜食品自身的特点，其保质期不同于工业产品，相对较短。这其中就存在包装、运输、储存等各方面的影响，可能导致商品采购与物流环节中的不可预测风险。所以，解决好生鲜产品的采购与物流问题对初创企业的经营有直接的借鉴作用。这里我们先从熟悉的产品入手，看看企业是如何控制好采购与物流成本的。

第一步，你是否经常食用水果或蔬菜？你经常吃的果蔬有哪些类型？请列出十种以上商品名称。你通常从哪些地方采购你需要的果蔬产品？列出三种以上果蔬的销售方式、三种不易保存的果蔬名称、三种容易保存的果蔬名称。（对这些问题的回答能告诉我们，生活中很多商品的保质期和存放要求是有差异的。）

第二步，请说出一年四季中每个季节分别高产的果蔬、水产品，并写出五个以

上品种。（对这些信息的获取可以让我们初步了解果蔬、水产品供货的时间规律。）

第三步，根据上述案例资料，并运用相关知识，实地调查一家盒马鲜生超市和其他超市，比较它们在采购环节有哪些不同之处。选择两款同类产品，比较两家超市的售价、产品包装和产品质量，提出你对这两家超市采购工作的建议。（通过理论学习与实际调查，深入体会采购工作的难点和要点。）

第四步，请根据相关知识回答，在不同类型的采购方式下，哪些商品是适合该类型采购方式的，分别进行举例说明。（区分不同类型商品的特点，找到合适的采购方式，从而学会灵活地运用采购技巧。）

第五步，借鉴以上调查经验，并运用相关知识，实地考察一家果蔬或水产品批发市场，了解它们的物流运作过程，并提出建设性意见。（通过对零售业和批发业的实地比较，深入体会采购与物流工作的重要性。）

任务实施

请将案例中涉及的事项分析与整理后，填写到表2-3中。

表2-3　　　　　　　　　　**企业采购与物流管理分析**

任务内容	1.企业应该如何选择采购方式？	
你经常吃的果蔬	1.　　　　　　2. 3.　　　　　　4. 5.　　　　　　6. 7.　　　　　　8. 9.　　　　　　10.	
你经常采购果蔬的渠道	1. 2. 3. 4. 5.	
容易保存的果蔬		不易保存的果蔬

续表

春	夏	秋	冬
不同采购方式适用的对象			

分散采购：

集中采购：

招标采购：

谈判采购：

定量采购：

定期采购：

国内采购：

国际采购：

JIT 的订单驱动采购：

电子采购：

任务内容	2.物流过程中有哪些重要环节?
盒马鲜生超市产品	其他超市产品
售价: 产品包装: 产品质量:	售价: 产品包装: 产品质量:
盒马鲜生超市的采购环节	其他超市的采购环节

任务内容	3.企业如何制定自己的物流策略?

你实地考察的一家果蔬或水产品批发市场的物流运作过程:

配送流程图:

建设性意见:

任务内容	4.你的企业如何进行采购与物流管理?

课后思考

创新与创意有何妙用?

成功创业者一般都有一个共同点:创新精神。那么什么是创新呢?创新从何而来?我们也能创新吗?带着这样的思考,我们来看看别人是如何看待创新,如何进行创新的。

现代管理学之父彼得·德鲁克指出,21世纪,企业唯一重要的事情就是创新。那么,到底什么是创新?经济学家认为,创新是企业家首次以商业目的向经济中引入的能给社会或消费者带来价值追加的新事物。这个观点得到广泛认可,具有普遍意义。但是,它过于抽象,不具备可操作性,只能用作衡量"什么是创新"的准则,而企业需要的是从管理的角度分析和说明创新。

现实中,不少人只强调创新的技术领先性,而忽视创新的商业性和应用性。其实创新绝不仅仅来自研发,而是源自很多方面——意外发现、人类对清洁能源的需要、可持续发展、市场、用户、设计、经济结构、管制变化……甚至某个失败的项目都可能产生创新机遇。青霉素就是弗莱明的意外发现。作为创新之源,这些渠道的重要性不低于研发。创新远远不止是技术创新和产品创新,还包括业务流程创新、商业模式创新、管理创新、制度创新、服务创新以及创造全新的市场以满足尚未被开发的顾客需要,甚至新的营销和分销方法等。星巴克、eBay、维基百科都是极其出色的商业模式创新。品牌管理、事业部制则是价值卓越的管理创新。这些都表明,创新经济绝不仅限于高技术部门。

所以,衡量创新价值的尺度应该是看它创造了多少消费者价值和社会价值,创造了多少可以转化为商业优势的独特性,而不是看投入了多少研发费用、技术有多先进、有没有知识产权和专利。互联网和全球化大大扩展了创新构思来源和协作范围,同时,创新的多元性还意味着正确寻找和选择创新构思、有效组织和实施创新,并在适当的时间限度内把创新带向市场,也就是企业创新方式的创新。2006年,IBM召集数十万精英在互联网上展开创新风暴,出资十亿美元以求最佳创新理念。宝洁则提出,必须有一半的创新来自外部。参与者的多样化,也是创新多元性的一种体现。创新不是某个部门或少数几个人的任务,而是遍布整个企业的思维方式。

现代创新还有一个显著特征:仅靠单纯的技术创新一般来说无法取得商业成功。一方面,创新包含的知识产权和技术越来越多,单个技术创新不能保证整个创新成功;另一方面,企业要想从某个技术创新中取得实在的商业利益,常常需要其他多种创新的配合。苹果电脑推出iPod产品时用了7种创新,其中包括音乐下载平台iTunes这一商业模式创新。

也许根本就没有必要严格地界定创新,那样反而限制了思维创新。其实,创新并非什么高深莫测的神话,而是人类最普遍的行为。有句话非常形象地描述了创新的真谛:创新无处不在,无人不能。通过图2-6想一想创新的秘诀吧。

图2-6　创新的秘诀

项目练习

一、综合自测

1.在当代市场竞争日益激烈的情况下，"纵向一体化"模式暴露出了种种缺陷，主要表现为（　　　）。

A.容易错过进入市场的最佳时机

B."大而全"使企业失去了竞争特色

C.降低库存成本与提高用户满意度平衡

D.消耗了大量的企业资源

E.使供应链上的各个节点企业与相邻企业形成供需关系

2.一条完整的供应链应包括（　　　）。

A.原材料供应商　　　　　　B.加工厂　　　　　　　　　C.代理商

D.消费者　　　　　　　　　E.杂货店

3.供应链管理就是指对整个供应链系统进行一系列的活动和过程，主要包括（　　　）。

A.决策　　　　　　　　　　B.操作　　　　　　　　　　C.管理

D.优化　　　　　　　　　　E.控制

4.供应链管理的目的是在总成本最小的前提下达到（　　　）方面的正确性。

A.时间　　　　　　　　　　B.数量　　　　　　　　　　C.状态

D.价格　　　　　　　　　　E.顾客

5.典型的产品生命周期一般可以分成（　　　）等阶段。

A.生产期　　　　　　　　　B.导入期　　　　　　　　　C.衰退期

D.成长期　　　　　　　　　E.成熟期

6.产品创新活动可以描述为（　　　）等阶段。

随堂测2

A.概念的发展与测试   B.营销战略的制定

C.商业分析与产品开发   D.市场测试与商品化

E.产品加工

7.通常，新产品构思既可以来源于企业内部，也可以来源于企业外部，包括（   ）。

A.顾客

B.业务员

C.高层管理人员

D.企业内部员工

E.研究开发部门

8.下列不属于形式产品的有（   ）。

A.商标   B.安装调试   C.质量

D.送货上门   E.包装

9.商品采购的主要方式有（   ）。

A.网上采购   B.集中采购   C.招标采购   D.定量采购

E.JIT的订单驱动采购   F.国际采购

10.现代物流业务的主要内容就是由（   ）等环节所组成的各种作业活动。

A.储存   B.运输   C.信息传输和配送

D.装卸搬运   E.销售

二、实训项目

创视说2-6
四维生态智慧
农业

请以小组团队为单位，就近选择一家企业，进行课外实地调研，了解该企业的产品功能或服务项目，比较同类产品情况，运用产品设计相关理论分析并撰写调研报告。参考案例如下：

绿色革命下的植物工厂——以杭州四维生态公司为例

四维生态科技（杭州）有限公司（以下简称"四维生态"）集研发、生产、销售及技术服务于一体，面向全球推广系统化、智能化、标准化的农业种植解决方案和系统设备及服务。四维生态旨在通过设施内精准的环境控制手段，实现植物周年高效连续生产，充分运用现代工业自动化、生物科技、营养液、栽培和信息技术等手段，由计算机对植物育种、育苗、成长到采收的全过程的温度、湿度、光照、二氧化碳浓度以及植物养分等环境要素进行自动控制，使其生长过程不受或很少受自然条件制约，节约农用耕地和水资源，产品安全不受污染，操作便捷，标准化程度高。四维生态从植物照明出发，为客户提供集成化、标准化、智能化的新型农业种植一体化解决方案，打造世界一流的未来科技型农业，致力推动全球农业产业4.0的快速发展。

杭州最大的"植物工厂"

不用阳光，不用土壤，像工业流水线一样地"生产"蔬菜，在英飞特科技园里，正有这么一座杭州最大的"植物工厂"。四维生态成立于2018年2月，是这座"工厂"的主人。比起印象里的"水培大棚"，这里更像是一条"植物生产线"——这是"植物工厂"给人的第一观感。

一排排纯白的货架上，各色蔬果、花卉层叠排列，密集而整齐；在每一层植物的"头顶"上，是四维生态自主研发的LED灯板，ABS塑料和种植海绵代替了土壤，营养液在为每一层货架设置的液泵的"推动"下，直抵植物根系……

进入种植区域，必须换上无菌防护服，经过风淋室，除尘消毒。这是为了最大限度消除不可控因素，确保植物在最佳条件下生长。植物生长相关的每一个因素，都被智控系统精准把握，"光照、温度、湿度、营养成分……所有相关数据都在终端上实时更新，任何'风吹草动'都能被公司及时掌握"。全流程监控让病虫害没有"生存空间"，也就没必要使用农药，"植物工厂"出品的蔬菜，都是真正意义上的"零农残"。

使用LED灯的最大好处就是发热量低，耗能低。发热量低，意味着植物的排布能够更为密集；耗能低，意味着运营成本大大降低。与此同时，LED灯能够为植物"定制"最适合它们生长需求的特定光谱，进一步提高了生长效率。以同一品种的生菜为例，在相同时间内，"植物工厂"的单位亩产是大田种植的40倍。

四维生态"植物工厂"，通过高精度智能计算机和传感系统，对植物生长全过程的温度、湿度、光照、二氧化碳浓度以及营养液等环境条件进行自动控制，使植物生长过程不受或很少受自然条件影响，实现农作物周年连续生产，节约农用耕地和水资源，植物无污染，无农药残留，无重金属残留，代表着未来农业的发展方向。

四维生态"植物工厂"的主要特点与优势包括：

全年连续运转：密闭集装箱保护植物免受恶劣天气条件的影响，保证一年365天可连续种植不同作物。

无虫害：作物无农药、除草剂和重金属残留。整个种植系统独立进行，环境友好。

节约能源：智能"植物工厂"相对传统农业种植可节约高达92%~95%的用水量，同时土地使用效率提高60倍以上。

智慧种植：智能精确控制温度、湿度、酸碱度、可溶性盐浓度、二氧化碳、植物养分等关键生长因子。

整体解决方案：集装箱种植系统配备植物生长的所有必备部件，安装完成即可满足种植条件。

实时监控：云平台保证用户可以实时获取各项种植数据。

探索更多应用场景

在四维生态董事长华桂潮看来，"植物工厂"（如图2-7所示）不仅是一片生态农业领域的"蓝海",更为一种崭新的健康生活方式打下了基础。为此,四维生态在打造"植物工厂"的同时,还积极探索"植物工厂"生产模式的更多应用场景。目前,有两个产品已经"落地",即集装箱种植系统和室内种植机。

图2-7　植物工厂现场

如果远洋科考船上有一座小型的"植物工厂",科学家和船员吃着刚刚收获的新鲜蔬果,会不会更幸福?将集装箱作为小型"植物工厂"的载体,主要有两个优点:一是便于移动,能够方便地布置在船舰等对占地空间敏感的场所;二是种植模式易于调整,能够因地制宜地采用平层水培、气雾培等模式,在最大限度节约资源的同时,实现生产效率的最大化。目前,这款产品已在美国等海外市场上连连斩获订单,其中不乏"6个一组的集装箱群"之类的"打包购买"。

仅重4.5千克,放在橱柜上也毫不突兀的室内种植机,是四维生态为家庭种植提供的解决方案,目前已经投入市场。在"自己种菜自己吃,安全无农残"的常规用法之外,"能够近距离观察植物生长的全过程"也让它成为一款良好的教具。据了解,室内种植机已经摆上了学校的课桌。

集装箱LED种植系统(如图2-8所示)集成了LED植物生长灯、温湿度控制、二氧化碳控制、营养液供给系统及自助控制等技术,为植物生长提供了理想环境,保证植物连续生长而不受虫害及污染的影响。产品广泛运用于沙漠、海岛、偏远地区等恶劣环境及拥挤的城市。集装箱LED种植系统很好地解决了植物在严酷环境下的生长困境。该种植系统常年为植物提供适宜的生长环境,打破外界环境限制,同时避免作物受到恶劣环境或极端天气的损害。

模块化集装箱种植群为植物生长提供了新的方式。多个集装箱合并后,密闭式循环灌溉系统使植物能够用最短的时间从播种、发芽到成熟、销售。单个集装箱分别种植处在不同生长阶段的植物,从而实现全年不间断的成熟作物供应。全自动化控制系统与远程监控使得整个种植系统具有极高的稳定性与可操控性。模块化集装

图2-8　四维生态的集装箱LED种植系统

箱种植群的主要优势有：适用各类植物种植和生产；全封闭环境控制；高效LED照明设备；植物关键生长因子的自动控制；水耕栽培和气雾灌溉系统；远程实时监控系统。

室内种植机（如图2-9所示）模拟了植物适宜的生长环境，减少了地域、季节、气候等环境因素对植物生长的影响，实现全年连续种植和采收，让每个人都能轻松地吃到健康无污染的蔬菜。

图2-9　室内种植机

（案例来源　四维生态科技（杭州）有限公司，参编人员：吴通、宋琛）

考核评价

本项目考核评价参考见表2-4。

表2-4　　　　　　　　　　项目二考核评价参考表

评价指标	评价标准	完成情况（100分）	评估成绩	所占比例
课堂学习	1.团队合作程度	10		55%
	2.上课互动情况	10		
	3.现场讨论、书面记录	15		
	4.答案的准确率	20		
课外学习	1.网上自测	10		35%
	2.实训项目	20		
	3.师生互动交流	5		
平时表现	1.出勤与纪律	5		10%
	2.按时完成作业情况	5		
综合得分				

● 完成情况：也可用"优、良、一般、差"来评价。

项目三　初创企业的营销管理

本项目主要让读者了解企业的市场营销活动过程，对创业企业进行市场调研，学会进行企业营销策略分析，模拟演练商品推介，训练销售沟通技巧，懂得建立渠道优势，树立以客户需求为中心的营销核心理念，形成科学、系统的营销思维模式，并结合网络时代营销理论与实践的新变化，注重学习营销新观念、新技术、新方法以及销售技巧，从而找到适合自己企业的营销策略，开拓销售市场。

需要掌握的知识：主要包括商品销售模式与渠道、商品定价依据、市场营销组合策略、市场定位与差异化营销、市场开发策略、网络营销工作的主要内容以及常用工具和手段、各大电商自媒体平台的特点以及营销方向等。

需要具备的技能：能够结合企业实际情况，具备市场调研的能力，分析市场、把握商机的能力，识别、运用营销策略的能力，营销策划欣赏的能力；能够设计小型、可操作的营销策划方案；能够运用基本的销售沟通技巧，进行有效的商品销售；能够运用互联网找到适合自己企业的销售模式与渠道；能够随着市场的改变进行反馈；适时根据客户需求调整产品迭代。

需要具备的素质：具备良好的价值观，讲究职业道德，以自己的人品、礼仪、信誉、风度和言谈举止赢得顾客的青睐；具备吃苦耐劳、团结协作、勇于创新的精神，遵纪守法，树立诚实守信的良好形象，具有较高的商业道德和情商；具有创业热情及激情，激发民族的创业精神和基因。

任务一　如何选择合适的销售？

工作任务

美中商务发展委员会主席米尔顿·科特勒从2016年起，对中国初创中小企业进行追踪调查，结论是"69%初创的中小企业不知道怎么制定营销战略"。初创企业失败率居高不下的主要原因也恰恰在于不懂得初创企业的营销不可沿袭常规企业的营销模式。创业期的企业要充分认识到，自己不具备成熟期的企业所拥有的营销基础条件：一是其品牌不为人所知，其信誉度和知名度尚无从谈起；二是宣传预算捉襟见肘，靠最初的创业资金能够实现产品研发和定型已属不易，很难像成熟企业那样投资广告；三是销售渠道基本上也是从零起步，是招商、批发、自建办事处还是应用电子商务，都是一个摸索的过程；四是创业团队核心成员多为研发、生产型人才，其销售队伍不够壮大、销售管理经验往往比较匮乏。

而营销是价值创造和市场回报之间的桥梁，是初创企业的生命线。

初创企业的经营，首先是产品或服务的市场开拓。快速占领市场、打开产品销路，是企业生存的先决条件，而销售模式与渠道的选择、商品的定价又成为销售能否成功的关键。所以，每家初创企业都要了解市场，根据复杂的市场状况和企业自身的条件，分析并选择适合企业产品的销售模式与销售渠道，进行合理的产品或服务定价。这里，我们以经营一家服装品牌为例，探讨以下四个问题：

1.案例中四家公司的产品销售各属于哪种模式？

2.这四家公司运用了哪些产品销售形式？各属于什么销售渠道类型？

3.这四家公司的产品定价都考虑了哪些因素？

4.你的企业将采取哪些销售形式？

请结合以下案例，完成上面的任务：

【案例3-1】服装企业如何适应新的销售模式

O2O无疑是近年来服装零售行业的最大亮点，这是移动互联网的快速发展给零售行业带来的机遇。国内B2C高速发展的5年，也是"传统渠道危机论"声势壮大的时期，马云等电商大佬也在不断灌输和强化这种危机，一度让传统企业茫然失措。这种危机论不仅在中国出现，美国的亚马逊也在"逼迫"百思买和巴诺书店转型。

在危机之下，传统零售企业纷纷触网，与纯网购平台打起了价格战，以短搏长，更加艰难；而品牌企业的触网多以左右手互搏为主，线上的低价倾销让传统渠道利益受损，在沃尔玛、塔吉特、百丽和苏宁们逐渐清醒之时，移动互联网大潮爆发了，PC端的互联网应用正在快速转移到移动端，这使得传统的零售电商模式从PC端的B2C向移动端的O2O转换，线下高成本的体验、服务不再是网购的短板，而是和用户互动的基础。从全球来看，基于移动的O2O模式正在成为传统零售电商的核心。

中西方的零售环境包括行业集中度、商业模式、供应链控制力等不同，所以一味地照搬西方经验很难成功。以服装为例，知名服装品牌大都在中国互联网环境中做各种移动O2O的尝试，成功与否还需要时间来验证，比较有代表性的包括：

1.门店模式（核心是线上向线下导流）：优衣库

门店模式是指把门店作为O2O的核心，强调O2O为线下门店服务的工具性价值，O2O主要用来为线下门店导流、增加线下门店的销量。例如，线上发放优惠券线下使用，增加门店销量；线上发布新品预告和相关搭配，吸引用户到店试穿，刺激用户的购买欲望；收集门店的用户数据，做精准营销；通过地理位置定位功能帮助用户快速找到门店位置，为线下门店导流等。

线上向线下导流的门店模式，主要应用于品牌号召力较强，同时销售以门店体验和服务拉动为主的服装品牌。对于这些服装品牌，手机App的主要功能是向线下门店导流，具体模式有门店查找、提供优惠券、品牌宣传等，也设有手机商城，方便用户直接下单。该模式的代表性践行者有优衣库、GAP中国等。

优衣库一直坚信实体渠道（门店）对消费者而言有着巨大的价值，O2O的主要作用是为线下门店提供服务，帮助线下门店增加销量，并做到推广效果可查、每笔交易可追踪。早在2013年4月，优衣库就实现了"门店+官网+天猫旗舰店+手机App"的多渠道布局。优衣库的App支持在线购物、二维码扫描、优惠券发放以及线下店铺查询。其中，在线购物功能是通过跳转到手机端的天猫旗舰店来实现的，优惠券发放和线下店铺查询功能主要是为了向线下门店引流，提高用户到店消费的频次和客单价。图3-1是优衣库门店的夏季新品展示。

优衣库的O2O布局简单、直接、有效，在策略方面，优衣库已经实现了线上线下的双向融合。首先，App上所展示的优惠券、二维码都是专门为门店设计的，只能在实体店内才能扫描使用，实现了从App直接引流到门店。其次，优衣库店内商品和优惠券的二维码也是专门为自有App设计的，只能用优衣库的App才能扫描识别，从而将线下门店里的消费人群吸引到线上，提高了App的下载量和使用率；利用App的优质功能，这些优衣库App的使用者又会成为门店更忠实的消费者，从而形成良性循环。

图3-1 优衣库门店夏季新品展示

2.私人定制模式：绫致时装

私人定制模式是指利用O2O工具（第三方O2O平台、自有App等）建立起品牌商与消费者之间的长期联系和无缝沟通，充分利用国内微信、微淘等移动App大入口的便利优势，并结合自身的服务、体验，进行融合式创新，为用户提供个性化的服务和体验创新。

一方面，品牌商可以基于消费者过去的消费记录向其单独推送商品和优惠信息；另一方面，消费者也可以主动向品牌商提出自己的个性化需求（预约试穿、送货上门等），品牌商有专人为其提供一对一服务，满足消费者对服装品牌的"私人定制"需求。

该模式由绫致时装公司首创，目前也在积极实践中。绫致旗下的品牌有杰克琼斯和ONLY（如图3-2所示）等，其依靠一对一的导购来提升销售额，其导购服务和试穿服务相对优衣库来说更为关键。如何利用移动O2O将线上的便利性和线下的一对一导购、试穿相融合，是O2O模式能否成功的关键。

图3-2 绫致旗下品牌ONLY店铺

　　绫致的O2O主要体现在与腾讯微生活的战略合作上。目前，利用微信的公众账号+微购物平台作为入口，暂时只有品牌营销、新品宣传、手机购物等功能，正在测试与导购的一对一融合，以实现在线导购、预约试衣等功能。用户到店之后，导购人员会根据用户的需求进行服装推荐和精准度更高的导购，这种"私人定制"式的导购可以让用户提前筛选服装，节省用户的时间；门店导购可以提前安排，如服装款式提前准备好；导购人员还可以根据用户的特殊需求做服装的个性化推荐。

　　绫致是典型的导购驱动型公司，导购与消费者之间的亲密互动是提高门店销量的关键因素，微信所具有的便利、即时的沟通方式，庞大的用户基础和社交关系网，更符合绫致期望通过O2O实现"私人定制"的未来设想。绫致的O2O布局非常高调，不仅有高层现身讲述经验，腾讯微生活也在推广微购物时将其作为成功案例加以宣传。但笔者认为目前绫致的O2O之路才刚刚起步，虽然O2O理念及未来实现"私人定制"的设想非常激动人心，但是线下零售店以"体验式+导购式"为核心，仅以此来打通手机端互动难度很大。从欧美零售业移动O2O的成功经验来看，大部分用户在使用手机购物时只有两个选择：直接用手机购买，或者到实体店后用手机享受所在门店提供的服务（使用优惠券、手机下单优惠活动、扫码查商品信息等）。所以，手机App的功能主要是吸引消费者到店和远程功能（手机购物、电子期刊、产品查询等）两大部分，让用户使用手机联络导购，还要预订到店服务（试穿、导购等服务），从体验上已经给用户带来了麻烦，除非在品牌选择上你是不可或缺的，但绫致旗下品牌还无法做到。

　　3.生活体验店模式：美特斯邦威

　　生活体验店模式是指品牌商在优质商圈建立生活体验店，为到店消费者提供Wi-Fi、平板电脑、咖啡等更便利的生活服务和消费体验，从而吸引消费者长时间留在店内使用平板电脑或手机上网，登录和下载品牌自有App，以此实现线下用户向手机App用户的转化。该模式在服装零售行业的典型实践者是美特斯邦威（简称美邦）。

　　以"不走寻常路"著称的美邦服饰在O2O方面也多有尝试。2015年，美邦先是与微信合作，后又与支付宝、微淘合作，接着推出了"生活体验店+美邦App"的O2O模式，并在全国开了6家体验店。美邦期望通过这些体验店提供的舒适上网服务将消费者留在体验店内。店内提供高速Wi-Fi环境和美味的咖啡，有大量的公用平板电脑供用户使用，用户可以喝着咖啡登录美邦App购买商品，也可以在App上下单后选择送货上门服务，以此实现线下向线上导流。图3-3是美特斯邦威零售店示意图。

图3-3　美特斯邦威零售店

　　生活体验店模式在服装零售领域是一个大胆、新颖的尝试，在这种模式下，门店将不再局限于静态的线下体验，不再是简单的购物场所，顾客在购物的同时可以惬意地上网和休息，尤其是对陪着女士购物的男士来说，他们无聊的时候可以喝着咖啡上网，浏览一下美邦App上的商品介绍，或者直接用手机下单，快递到家里去。这会加大美邦App的下载量，为用户的手机网购使用量和下单量打下良好的基础。

　　美邦O2O的具体模式还在测试之中，核心是通过O2O模式提升门店的零售体验，同时增加线下向手机APP的导流，加强用户的移动App沉淀，为下一步加强移动网购、互动和会员体系做准备。但是，咖啡桌和上网环境（上网台桌等）占用了店面大量空间，以生活体验和上网环境为核心进行店面改造，是否会背离服装零售的核心呢？

　　4.粉丝模式：歌莉娅

　　粉丝模式是指品牌商把O2O工具（第三方O2O平台、自有App等）作为自己的粉丝平台，利用一系列推广手段吸引线下用户不断加入进来，通过品牌传播、新品发布和内容维护等社会化手段黏住粉丝，定期向粉丝推送优惠信息和新品信息等，吸引粉丝直接通过移动App购买商品。尝试粉丝模式的服装品牌有歌莉娅等。

　　歌莉娅在O2O方面选择与阿里巴巴旗下的微淘合作。2013年10月，歌莉娅在精选出的全国各地近百家门店内摆放了微淘活动资料，吸引到店顾客通过扫描门店内的二维码成为歌莉娅微淘粉丝，再加上店铺营业员的针对性引导和现场扫码引导，短短5天内让歌莉娅的粉丝增长了20万。据统计，活动期间共有超过110万用户打开手机访问了歌莉娅天猫店铺。图3-4是歌莉娅店铺示意图。

图3-4　歌莉娅店铺

　　粉丝模式适合中小型服装品牌，其利用社会化平台的粉丝聚集功能，通过门店对现场用户的引导和粉丝在线互动提高黏性，这样在新品发布、优惠活动或者精准推荐的拉动下，可以提高移动端的网购能力。歌莉娅通过门店将用户拉到微淘的歌莉娅账户，成为其粉丝，随时接收歌莉娅的新品推荐、活动发布、穿衣搭配建议等信息，然后微淘的推荐链接可以直接指向天猫App的歌莉娅旗舰店，促进粉丝直接下单。

　　目前，具有粉丝互动功能的社会化O2O平台主要有微信（公众账户）和微淘（粉丝账户），对应的腾讯微购物平台和天猫平台都可以帮助用户直接进行手机网购。这种模式实际上是线下向线上的反向导流，以提高用户移动购物的频率和黏性，但需要避免线上线下价格不一致导致的互搏。

　　以上服装零售移动O2O模式都还在探索期，国内服装品牌的行业集中度太低，品牌黏性都还没有养成，品牌自己搞移动App有难度。当前，各服装品牌可以借助第三方移动O2O入口（如微淘、微信等），结合自身零售业务的特点和目标用户特征，摸索更具个性的移动O2O解决方案。虽然没有行业标准答案，但是对各服装品牌来说，移动O2O的大方向是提高门店竞争力，充分利用移动端的互动优势，提高用户到店消费的频率、转化率和提篮量。移动是工具，零售是本质，两者充分结合是未来服装品牌电商化的核心。

　　资料来源 佚名．"互联网＋实体店"的几种模式对比［EB/OL］．［2015-09-09］．http://www.sohu.com/a/31169538_189151.有增删．

任务分析|

开办一家企业，不管经营生产性还是服务性的项目，对创业大学生来说，首先要考虑的是如何为产品或服务进行合理定价，并找到适合企业的销售渠道与销售方式，这是企业生存的需要。下面让我们从服装企业案例中学习相关知识和经验。

第一步，分析上述几家公司的产品销售属于哪种模式，销售对象是谁，有什么消费特征，特别是在客户关系、资源、投入、价值创造方面有什么要求。

第二步，这些公司分别运用了哪些产品销售形式？其销售渠道的结构是怎样的？销售渠道的长度类型和宽度类型如何？公司在设计渠道长度时考虑的因素有哪些？公司选择中间商时主要考虑的因素有哪些？如何控制渠道冲突？渠道终端管理的关键是什么？初创企业常用的销售策略有哪些？把它们列举出来，记在本上。

第三步，这几家公司的产品定价考虑了哪些因素？如何防止打价格战，维护良好的市场秩序？如何很好地处理厂商关系？把相关因素列举出来，记在本上。

第四步，学习后面的知识，对上面列举出来的事项分门别类地进行归纳，最后给出上述问题的完整答案。

创视说3-1
如何选择合适
的销售方式

相关知识|

22.商品销售模式

商品销售是商品经营活动的终点，是企业一切经营活动的中心。其他一切经营活动，都是为了商品销售服务，都需要经过商品销售来检验。企业的社会服务功能和为自身获取利润的目的能否实现，也都取决于商品销售是否成功。因此，企业要想经营成功，关键是搞好商品销售。

商品销售，是商品所有者通过商品货币关系向货币所有者让渡商品的经济活动。从销售主体来看，商品销售主要包括两大类：第一类是生产者销售，是指生产者直接将产品销售给消费者。第二类是中间商销售，是指中间商将商品转售给消费者。商品销售是企业经营的核心，任何企业都必须以此为出发点和归宿点来进行生产经营。

在传统的商品销售中，企业往往注重品牌营销，同客户建立一种单纯的买卖关系。随着市场竞争的加剧和消费需求的变化，企业在销售过程中越来越关注客户的真实需要。企业不仅要销售自己的产品，而且要关注顾客的需求，帮助顾客解决问题，致力于建立与顾客的长久互惠关系。根据这种观念，企业在销售产品时，会选择相应的销售模式。企业在经营过程中主要选择以下三种销售模式：

（1）交易型销售模式

交易型销售模式是指在销售过程中，企业着重满足客户对产品价格和采购便利性的要求。从客户角度来看，在交易型销售模式中，卖方无法提供附加利益。其核心问题是削减成本方面的问题，如怎样在销售业务中剥离不必要的费用，以及让客户避免交易中的风险和麻烦。一般来讲，企业在销售业务的开端往往采取交易型销售模式。

（2）顾问型销售模式

顾问型销售模式是指企业在销售方面创造新价值并提供产品以外的附加利益的基础上满足客户的需求。这种模式的成功与否取决于企业能否与客户建立密切的关系，以及能否紧紧抓住客户。一般来讲，在顾问型销售模式中，企业主要通过三种方式去创造价值：①用全新的或不同的方法帮助客户了解自身的问题、难题以及机遇；②帮助客户制订解决自身问题的新的或更优的方案；③在供应商组织内部扮演客户保护者的角色，确保及时分配资源，并交付满足客户特殊需要的解决方案。

（3）企业型销售模式

企业型销售模式是指企业利用自身内部的全部资源帮助客户成功地实施战略。客户要求供应商品时，企业能够提供创造产品之外的价值。企业与客户的这种关系不是靠单独一个销售人员或一支销售团队所能建立起来并维持下去的，而总是先从组织中的高层开始，并且在很大程度上依赖客户的战略方向。

表3-1是企业三种销售模式的比较。

表3-1　　　　　　　　　　**企业三种销售模式的比较**

项目	交易型销售	顾问型销售	企业型销售
客户	因为客户并不重视销售工作，也不想为销售工作付费	通过销售队伍的建议、客户定制方案以及超出产品范围的专业知识创造新的价值。作为回报，客户会在销售过程中引导供应商	全力合作，重新设计彼此之间的关系，从而创造出更大的新价值
资源	通过减少分配给销售的资源削减成本并使采购变得更方便，以此来创造价值	在销售工作中增加资源，以便满足客户想在销售过程中投入时间和精力的需要	在销售过程中增加更多的资源
投入	任何一方都不需要在购买或销售过程中投入太多	双方在采购和销售工作中均投入较多的资源	供应商和客户双方都要有很大的投入

23.商品销售渠道

商品销售渠道，是指商品从生产者手中转移到消费者手中所经过的途径、环节等。由于生产者和消费者所处地理位置的间隔、商品生产时间和消费时间的间隔等，商品的销售渠道对于满足生产者和消费者的沟通和需要，已经成为不可或缺的纽带。

（1）商品销售渠道的结构

商品销售渠道的结构主要是指企业在商品流通过程中的组织形式，即商品在从生产领域进入消费领域的运动过程中走什么样的路线，有哪些环节来参与买卖。由于市场经济的不断发展，生产与消费在时间、空间上的矛盾越来越突出，必然需要中间商来充当生产者和消费者之间的中介。因此，销售渠道实际上就是商品流通过程中所经历的商业环节。目前，各企业所建立的销售渠道是多种多样的，但其基本结构表现为四种，如图3-5所示。

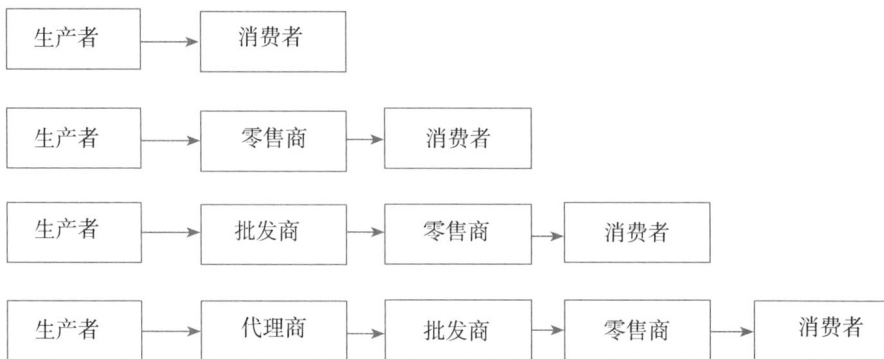

图3-5　销售渠道基本结构图

第一，生产者→消费者，也称直接渠道或零层渠道。这是一种最短、最简单的销售渠道，没有中间商，消费品的生产企业通过派推销员直接与顾客接触来销售产品；或通过各种方式，如邮购、电话销售、电话直销、自己开办销售处等，把本企业生产的产品直接销售给最终消费者。

第二，生产者→零售商→消费者，也称一层渠道。生产者把商品销售给零售商，由零售商最后卖给消费者，中间经过一道商业环节。这是目前市场销售渠道最主要、最基本的形式，为一般日用消费品的销售所广泛采用。

第三，生产者→批发商→零售商→消费者，也称二层渠道。生产者把商品销售给批发商（可以有几道批发环节），再由批发商转卖给零售商，由零售商最后卖给消费者，中间需经过两道以上的商业环节。

第四，生产者→代理商→批发商→零售商→消费者，也称三层渠道。生产者把商品委托给代理商销售，代理商再把商品销售给批发商和零售商，最后卖给消费者。

（2）商品销售渠道长短策略的选择

对企业来说，要拓展商品销路，实现经济利益，就要制定适当的销售渠道策略，即确定销售渠道的长短和宽窄，以保证销售渠道的畅通。销售渠道的长短，是指商品在流通过程中经历的中间环节的多少。中间环节多，渠道就谓之长；中间环节少，渠道就谓之短。那么，企业在哪些情况下适合选择短渠道、在哪些情况下适合选择长渠道呢？

第一，适合选择短渠道的几种情况：①从产品因素来看，单价昂贵、体积大、重量重、款式变化快、易坏易腐、构造复杂且要求附加较多技术服务的以及新投入市场的产品，可采用短渠道；②从市场因素来看，市场销路窄、顾客比较集中或距离生产厂家较近、市场季节性明显而顾客采购量又很大的商品，以及顾客不经常购买的耐用品，可采用短渠道；③从企业自身因素来看，资金雄厚、声誉好、销售能力强、有能力或有必要建立自己的销售系统，而且愿意为顾客提供更多的销售前后服务的企业，可采用短渠道。

第二，适合选择长渠道的几种情况：①从产品因素来看，单价较低、体积小、重量较轻、款式变化较慢、容易运输储备、构造不过于复杂且要求复杂技术服务少的商品，可采用长渠道；②从市场因素来看，市场销路广、顾客比较分散或距离生产厂家较远、顾客需要经常购买或日常必用、市场季节性不明显或需求不集中的商品，可采用长渠道；③从企业自身因素来看，资金力量薄弱、销售力量不足或没有必要建立自己的销售系统，没有能力或没有必要为最终顾客提供较多服务，而必须依靠中间商扩大市场，以及从经济效益上分析认为使用中间商更为有利的企业，可采用长渠道。

（3）商品销售渠道宽窄策略的选择

所谓销售渠道的宽窄，是指商品流通所使用的分销渠道的多少。宽的销售渠道，要利用较多的批发商和大量的中间商，使商品在广泛的市面上销售；窄的销售渠道，要利用较少的批发商和少数的中间商，使商品在有限的市面上销售。一般来说，选择商品销售渠道宽窄的策略有以下三种：

第一，广泛分销策略，即通过许多中间商的帮助，使产品较快地在广泛的市面上销售。一般来说，销售量大的生活日用品，都适合采用这种销售渠道策略。

第二，选择性分销策略，即通过少数中间商的帮助，使商品在较少的商店和有选择性的市面上销售。一些价格较高或产量有限的商品，特别是一些名牌产品和贵重商品，都采用这种销售渠道策略。

第三，独家分销策略（专营性分销策略），即生产者在某一地区仅选择一家中间商推销其产品。这是一种排他性的专营，通常规定中间商不能经营其他厂商生产的同类竞争产品。独家分销策略适用于高档特殊品或技术服务要求高的产品的销售。

创视说 3-2
商品定价依据

24.商品定价依据

商品价格是在市场竞争中，由供需双方根据商品供求状况所确定的交易条件。商品价格的制定是企业在日常经营过程中需要频繁做出的决策，也是商品销售工作的主要内容。价格制定得恰到好处，是企业经营成功的主要条件之一。它有助于促进企业的商品销售，实现企业的经营目标。企业在制定价格时，要充分考虑一系列内部和外部因素对企业价格决策的影响和制约。内部因素主要指企业的经营目标、产品成本情况、产品质量情况和产品销售情况；外部因素主要是指市场供求状况和社会因素等。

（1）产品成本

企业的商品销售价格，应能弥补生产、经营该商品的成本。这是企业获利的前提。因此，成本是企业制定价格的最低界限和基本要素。企业的产品成本较低时，价格变动空间较大；否则，产品在市场上就会处于不利地位。企业的产品成本有两种形式：固定成本和变动成本。前者是指不随生产和销售收入的变化而变化的成本；后者是指随产品的产量和销量的变化而变化的成本。固定成本和变动成本之和为总成本。企业制定的商品价格应能够弥补其总成本。

（2）市场供求状况

在市场上，当其他条件一定时，商品价格的高低取决于该商品的市场供求状况。当商品的需求量大于商品的供给量时，价格则上升；反之，价格则下跌。同时，价格的高低又会影响商品的供求。两者互相影响、互相制约。企业在确定商品的销售价格时，应充分考虑该商品的市场供需情况。

（3）需求的价格弹性

消费者是否购买某种商品以及购买数量的多少，在一定程度上取决于商品价格的高低及其变化。价格水平与商品需求量之间存在一种内在关系，即需求的价格弹性。它是指由价格变动所引起的需求量的变动率，反映需求量对价格变动的敏感度。不同类型商品的需求量对价格变动的反应不同，也就是价格弹性大小不同。企业在制定价格时，必须考虑需求的价格弹性，对于价格弹性大的商品（弹性系数大于1），应采取降低价格、薄利多销的策略，因为此类商品的降价能够扩大销售收入；对于价格弹性小的商品（弹性系数小于1），可适当提高价格，因为这类商品的提价不会减少其销量，提价可使单位商品的利润增加，从而增加企业总利润。

（4）企业的预期定价目标

从企业市场营销的角度来看，价格的制定还需考虑企业的定价目标。企业定价目标不同，价格确定的水平和方法也不同。例如，在追求短期利润最大化的目标下，可以确定较高的价格；如要提高市场占有率，则可以制定较低的价格。

（5）竞争对手的产品和价格

企业的产品价格上下限分别为市场需求和产品成本。在一定幅度内，企业产品价格的具体水平则取决于竞争对手同种产品的价格水平。如果企业的产品与竞争对手的产品十分相似，则定价应与竞争对手的价格相近，否则销量会受到损失。如果企业的产品不如竞争对手，则所定价格不能高于竞争对手的价格。如果企业产品的质量较高，则所定价格可以高于竞争对手的价格。

（6）产品质量对价格的影响

产品质量是影响产品定价的重要内在因素。质量与价格的关系大体上有三种：按质论价、物美价廉和质次价高。在产品供大于求、人们的生活水平普遍较高的情况下，消费者更注重产品的质量而非价格。因此，企业在制定价格时，一定要以质量为前提。同时，还要根据商品类别的不同，处理好价格与质量的关系。有些商品应高质高价；有些商品则应价低，质量也可差一点，如一次性使用的商品；有些商品则应物美价廉，如生活用品。

（7）季节变化对价格的影响

季节性商品，包括季节性生产的农产品和季节性消费的工业品，其价格由于生产和消费时间的不同而不同。特别是农产品中的蔬菜、水果类最为突出，这些商品通常按贮存期间所支付的费用和反季节性生产所支付的成本来确定季节差价。一般来讲，农产品在生产旺季价格便宜，在淡季价格昂贵。而季节性工业品的价格正好相反，在消费旺季价格上涨，在消费淡季价格便下降。

（8）政策和法规

价格对交换双方来说存在此消彼长的物质利益关系，牵涉各行各业和千家万户的利益，与人们的生活息息相关，因此，我国虽然实行市场经济，但仍对企业定价有不少限制，具体表现在政策与法规上。从政策上讲，国家会制定诸如货币政策、信贷政策、税收政策、工资政策及财政政策来影响价格；从法规上讲，我国有很多法规（包括国家法规与地方性法规）来约束企业的定价行为，从而影响其产品价格。

商品销售价格的形成，除了受以上几方面因素的影响外，还受资源条件、消费水平及消费习惯等因素的影响。因此，企业在制定商品价格时，要综合考虑各方面因素，从而确定一个合理的价格。

25.商品销售方式

企业的商品销售是通过一定的销售方式实现的。不同类型的企业、不同的商品、不同的销售对象，需要采取不同的销售方式。目前，市场上的商品销售方式较多，企业应根据实际情况，合理选择销售方式。

（1）按商品所有权的转移来划分

第一，经销方式。它是生产厂家将产品成批量地销售给流通企业，流通企业取得商品的所有权，再将商品进行转卖的商品销售方式。生产厂家选择经销方式一般基于以下考虑：①能加速企业资金周转，使企业集中精力进行新产品的开发；②利用经销商在销售方面的优势，增加产品销量，提高市场占有率；③避免产品滞销，给企业带来风险。选择一个合适的经销商是该种销售方式成功的关键，一般来说，企业往往从经销商的从业年限、经验和专长、利润水平、偿付能力、协作性和声誉等方面对其进行评价。

第二，自销方式。它是生产厂家自己组建销售队伍、构建销售网络体系，直接销售本企业产品的一种销售方式。

选择自销方式销售产品需要一定的条件，对产品也有一些具体要求，主要包括以下三个方面：①价高体大的重型产品、专用产品、对售前和售后服务要求较高的产品、新上市的产品；②市场范围小或市场范围相对集中的产品；③购买次数少而购买量大的产品。从企业自身来讲，应具备以下三方面的条件：①已具有自成体系的销售网络，配备相应的设备及业务人员；②企业的规模较大、实力较强；③能运用现代化的信息传媒销售产品等。

第三，代销方式。代销是中间商接受厂商的委托，以自己的名义销售产品，盈亏由厂商自行负责，中间商只根据售出产品的数量获取佣金的一种销售方式。在代销活动中，厂商与中间商只是委托代理关系，没有发生商品所有权的转移。中间商只在代理期间有商品的处置权，并且要以委托方的名义进行。双方通常要签订协议，中间商不承担交易风险，其主要职责是促成交易。

一般来说，当生产企业的产品市场需求情况尚不明朗、流通企业作为中间商不愿意承担进货风险时，生产企业往往采取由流通企业代销产品的方式，消除流通企业的销售风险，促进产品销售。

第四，代理制。代理制是指厂商授予独立的代理商以销售代理权的销售方式。代理商在销售代理权限内为委托人搜集订单、销售商品及办理其他与销售有关的事务，如广告、售后服务、仓储等，代理商在销售完成后领取一定的佣金。

销售代理可以按不同的标准进行划分：按代理商是否拥有独家代理权，分为独家销售代理和多家销售代理；按代理商的层次，分为总代理和分代理。

销售代理制与代销不同，它作为一种新的销售方式，有其自身的特点：销售代理商是独立的法人组织，并与委托方保持长期的关系；销售代理商只拥有销售代理权，而不拥有产品所有权；销售代理商按委托方的意志，在代理权限内行事；销售代理商行为的法律后果应由委托方承担；销售代理商的收入是佣金而不是购销差价。

第五，租赁销售。所谓租赁，是指出租人依照租赁契约的规定，在一定时间内把租赁物租给承租人使用，承租人分期付给出租人一定租赁费的融资和融物相结合的经济行为。现代租赁主要有融资性租赁和经营性租赁。融资性租赁是承租人选定机器设备，由出租人购置后再出租给承租人使用，承租人按期交付租金的一种融物与融资相结合的经济活动。它是现代租赁中影响最大、应用最广、成交额最多的一种形式。经营性租赁是出租人为承租方既提供融资便利又提供设备维修、保养等服务，同时承担设备过时风险的中短期融物与融资相结合的经济行为。

（2）按商品销售方式的不同来划分

第一，门市销售。门市销售是商品流通企业通过固定的营业场所销售商品的方式。这种方式易于组织和管理，顾客集中，便于挑选商品，销售效率较高，大多数商品均可采用，是一种最基本的销售方式。门市销售主要包括封闭式销售、敞开式销售和自选式销售等。

第二，会议销售。会议销售是工商企业销售商品的一种主要形式。会议由一家或几家公司主办，一般在商品销售旺季之前召开，具体包括供货会、订货会、洽谈会等形式。在供货会上，各供货单位陈列相关商品，提出货源情况和供货条件，购货企业看样订货，双方签订合同，并按合同成交。

第三，展览销售。展览销售是通过举办展销会，将商品实物或图片、资料进行陈列展出，或将某类或某种商品的花色、规格、型号集中起来，在一定期限内展览并销售的一种销售方式。展销会能使购买方直接看到商品实物、图片资料等，便于购买方充分了解商品性能、质量等方面的情况，能根据实样进行比较、选购，销售手续比较简单。

第四，上门销售。上门销售是指企业派出推销人员到工矿企业、农村乡镇、客户单位乃至消费者家庭，通过直接介绍商品和劝说促成购买的一种销售方式。它与门市销售有着明显的不同，门市销售有固定的场所，通过拉式策略吸引消费者；而上门销售是一种推式策略，推销人员主动登门拜访客户，客户的态度是被动的，这是一种店外销售。它有利于寻找与发掘潜在的客户，与客户建立起较为密切的关系。

（3）其他几种销售方式

第一，仓储式销售。采用这种销售方式的超市，在国外一般选址在市郊接合部和大城市周围的卫星城市。除设总部外，在各大城市设分部和配货中心。大多数商品由工厂直接送往超市，无中间环节；实行会员制，服务对象主要是中小企业，其凭会员卡购货；经营食品和日用工业品类；商场内用超高的货架陈列和储存商品；除贵重物品设专柜需配备售货员服务外，其余商品都是由顾客自行选购的，整个商场真正成了顾客自由行动的货仓。由于商品进货批量大，因此出售的价格一般比其他商店低，非常受顾客的欢迎。

第二，一条龙销售。一条龙销售是指销售人员从明确顾客的需求开始，为顾客提供一系列设备项目，并提交完整的计划，进行员工培训以及设计操作程序和进行保养安排，为顾客提供"一揽子"服务。它是与工业品购买者在原料管理上不断提升的复杂性相适应的。

第三，电话销售。电话销售是指通过电话联系顾客或进行销售洽谈，从而达成交易。电话销售可以降低交易成本和增加对顾客的访问次数，目前已成为一些公司节约成本和增加收入的重要手段。

第四，网上销售。它也称电子商务，是指以计算机网络为基础，建立一个多功能的商品流通服务体系；它主要是通过先进的计算机系统和适当的组织形式，将生产企业的产品销售和消费者的购货系统融为一体，最大限度地减少购销中间环节，并提供相应的商品交易、货款结算、商品配送以及供求信息等多项配套服务。

除此之外，还有很多销售方式，工商企业应根据自身的经营状况、产品特点、市场状况和经营管理体制及政策规定，选择有利于企业发展的销售方式；也可采用以一种方式为主、多种方式并用的办法，促进企业的商品销售，提高企业的经济效益。

26.人货场重构下的新零售

经过几年发展，新零售已经逐渐被大家接受，并有很多零售企业开始推进"新零售"，市场上就有了如盒马鲜生、钟薛高、超级物种等新零售业态。

新零售是企业以互联网为依托，通过技术手段，对商品的生产、流通与销售过程进行升级改造，进而重塑业态结构与生态圈，并对线上服务、线下体验以及现代物流进行深度融合的零售新模式。零售业的三要素"人、货、场"在新零售业态下，进行了流程和效率的重构，从而可以在一定程度上提升零售效率，升级消费者的体验。

（1）新零售下，品牌与"人"拉近距离

新零售时代，强调的是"人"，是消费者的价值和体验，人的重要性高过了"货"和"场"。随着科技的发展和消费的升级，人的价值和体验越来越被重视，市场行为中一切都将围绕"人"来进行，满足消费者需求，提高消费者购物体验，让产品更能被消费者接受和购买，也让品牌更能被消费者认可和依赖。所以想做好新零售，也必须围绕"人"来展开，拉近与"人"的距离，这样才会朝着正确的方向发展。用户画像中精准地找到它的主要目标受众群，做出满足消费者需求的好产品，成为消费者认可的好品牌。

　　例如，随着消费结构升级和消费水平的提高，越来越多的国货新消费品牌急速兴起，成为消费市场上极具竞争力的代表，像我们熟悉的钟薛高、奈雪的茶、三顿半等都是其中的佼佼者，这些国货新品牌在政策驱动和技术创新下，也将中国消费市场带入了一个创新的时代。2019年至2021年，钟薛高连续斩获27项被誉为"舌尖上奥斯卡"的比利时ITI美味奖章。在钟薛高内部专门有一个部门叫用户体验部，这个部门的职责就是去收集消费者的反馈和意见，并对产品的设计、研发、生产等提出建设性意见。

　　（2）新零售下，"货"成为品牌与消费者的情感载体

　　一切"货"即产品，都是为了满足"人"的需求所做的，不是企业单独生产的，是有用户参与感的，用户的需求决定了产品的方向，用户的喜好决定了产品的价值，用户对产品的满意度也体现了品牌的用心。新零售下的"货"也成为企业品牌与消费者之间的纽带，成为情感的载体。

　　（3）新零售下，"场"的体验让消费再次升级

　　随着消费的升级，消费者对消费过程中的需求不仅仅停留在商品购买的这一层面，企业应致力于线上线下全渠道布局，为消费者带来更好的消费体验。

　　例如，钟薛高（如图3-6所示）在杭州、上海、深圳、成都等地，精心选址、用心打造了品牌旗舰店，并且每一家门店都有自己的主题；生如夏花、夏天的礼物、自然而然……每一个看似设计风格完全不同的门店，又都在表达着品牌创新、鲜活、崇尚自然的品牌理念。走进店里，你不仅可以享受店员热情真挚的服务，品尝单支售卖的雪糕，还可以打卡拍照，参加店内的小活动换购周边小礼品等。钟薛高认为"场"可以提升消费者的满意度和黏性，线下旗舰店除了具有零售的功能外，还全方位满足了消费者娱乐、休闲，甚至社交的需求，而消费者在其中享受沉浸式的消费体验，让消费再次升级。

图3-6　钟薛高线下旗舰店

　　钟薛高还在全国100多个城市建立了销售网络，主要进驻全国各大知名商场、超市、盒马鲜生等，下沉渠道至三四线城市，从广度和深度上扩大消费者触点，为的也是让更多消费者可以更加方便地买到钟薛高的产品。通过线上线下结合，打破线下"场"的空间限制，拓宽"场"的商品品类，消除零售的边界，让消费再次升级。

　　以"人"为核心的战略，满足消费者需求的"货"以及给消费者带来更好消费体验的"场"，在新零售业态下，三者缺一不可。未来通过对"人、货、场"的重构，一定会实现消费者、品牌、实体店三者的共赢局面，从而推动零售行业向更好、更优的方向发展。

任务实施

　　请将案例中涉及的事项分析与整理后，填写到表3-2中。

表3-2　　　　　　　　　　**商品定价与销售方式分析表**

任务内容	1.案例中四家公司的产品销售各属于哪种模式？在客户关系、资源投入、价值创造方面有什么要求？
交易型销售模式：	
顾问型销售模式：	
企业型销售模式：	
四家公司的产品销售分别属于哪种销售模式：	

任务内容	2.这四家公司运用了哪些产品销售方式？属于什么销售渠道宽度类型？选择中间商时主要考虑的因素有哪些？如何控制渠道冲突？
按商品所有权的转移来划分：	
按商品销售方法的不同来划分：	
其他几种销售方式：	
广泛分销策略：	
选择性分销策略：	
独家分销策略：	
四家公司分别运用的销售方式：	
四家公司分别选择的渠道销售策略：	
结合对相关知识的学习，画出这四家公司变革前后销售渠道结构的示意图：	

续表

任务内容	3.这四家公司的产品定价都考虑了哪些因素？如何防止打价格战，维护良好的市场秩序？如何很好地处理好与经销商的关系？
产品成本： 市场供求状况： 需求的价格弹性： 企业的预期定价目标： 竞争对手的产品和价格： 产品质量对价格的影响： 季节变化对价格的影响： 政策和法规： 四家公司在各自经营环节的商品定价中考虑的因素： 我的创业项目的定价方式和销售形式：	

课后思考

该选择什么经营模式？

当今社会，随着科技的发展，比以往有更多的经营模式供我们选择了。今天，你可以利用业余时间，或全部时间，在家里，或在网络上，或者实体店，或者在某个角落，开始你的创业之旅。你可以独立一人创业，也可以组织一批人和你一起创业，你可以是个体经营户，可以创立一家小公司创业。你可以在传统行业发展，也可以在新兴产业开拓新市场，不论你选择哪一类创业模式，关键在于选择适合你的人生规划的经营模式。图3-7关于经营模式的漫画也许对你有所启发。经营模式要能够确保你花了一定的时间，选择恰当的风险程度，按照你手头的资金去实践，按照你能掌控的资源去运作，并且能让你付出之后得到满足和成功。

一个创业点子要变成真正的创业项目，必须要结合一些实际情况，比如你自己所处的状态，如果你是一名学生，那么也许没有全部的时间用于创业。如果你的项目要开展业务，光凭你一个人的力量也是不够的，那么你需要找到创业合伙人。如果你没有足够的资金去租赁店面或写字楼，想在家里创业，那么又是否可以实现呢？你找到的创业点子又是属于哪一个行业，这个行业是否竞争激烈？

图3-7　经营模式

任务二　传统的营销策略有哪些？

工作任务

　　初创企业的发展，除了依靠良好的管理外，还要依靠企业优质的产品和服务。衡量产品是否成功主要看产品的销量，那么如何打好产品销量战？如何提高企业的市场份额呢？企业应该意识到市场的重要性，必须进行市场分析和市场调研，收集与产品相关的即时数据，在细分市场中选择适合自己的目标市场，进行市场定位，想办法将产品打入相关市场；企业可以先进入区域市场，再进入国内市场，最后进入国际市场，而制定有效的市场营销组合策略是其成功的关键。

　　这里，我们以世界知名的Zippo（之宝）打火机为例，探讨以下四个问题：

1.企业采用了哪些具体的市场营销组合策略？

2.企业是如何进行市场定位与差异化营销的？

3.企业是怎样开发市场的？其运用了哪些具体的策略？

4.你的企业将采取哪些营销策略？

请结合以下案例，完成上面的任务。

【案例3-2】世界知名的Zippo打火机的营销策略

世界知名的Zippo（之宝）打火机的市场营销策略一直为世人所称道。"Zippo"诞生于1932年，Zippo公司的创始人是布雷斯代。1996年Zippo打火机销量突破3亿只。后来，Zippo公司又推出了新的主打产品系列，如Zippo MPL、多用途打火机、再装式丁烷实用型打火机等。2002年秋，Zippo公司获得了Zippo打火机形状的商标注册权。这是Zippo公司在保护品牌免受伪劣产品仿冒过程中的一个重要里程碑。2006年，Zippo打火机产量突破4.25亿大关（从1933年初布雷斯代先生手工制作出第一只打火机开始算起）。Zippo打火机已深深扎根于美国乃至世界文化当中。从营销学上讲，Zippo品牌单靠自身力量，知晓率就高达98%以上。这意味着每100位受访人员中就有98个人不用任何提醒就知道Zippo品牌和Zippo打火机——如此高的知晓率确实令人震惊。如今，尽管世界上的大多数产品仅提供有限的保修期，但Zippo打火机始终坚持终身保修政策，其理念是"不好用我们就免费修理"。在Zippo打火机诞生的近90年里，不管打火机用了多久或者使用情况如何，没有人为修理Zippo打火机的机械部件花过一分钱。

Zippo打火机是通过代理和批发商进行销售的，销售商的毛利为25%～40%。例如，一只标价为358元的打火机，销售商拿到的价格为214.8元，毛利在143.2元左右，其直接制造成本占产品售价的36.6%，约为131元。实际上，Zippo的所有产品都在美国本土生产，劳动力成本颇高。成本高的另一原因是产品型号众多，大规模生产并不能带来成本的降低。那么企业是凭借什么创造了奇迹的呢？图3-8是Zippo Car示意图。

图3-8　Zippo Car

1.Zippo的产品设计理念——简单、坚固、实用

简单：Zippo的设计绝不画蛇添足，简单就好，从第一只Zippo问世至今，其外形、结构从来没有改变过：0.27英寸厚的镀铬铜制外罩，0.18英寸厚的不锈钢内衬，玻璃纤维制成的火芯，再加上可以使用73 000次的燧石轮，就构成了Zippo打火机的全部。

坚固：Zippo坚硬的外壳可以抵御任何物质的碰撞，Zippo可以经得起任何浸泡的考验，即使Zippo完全被水浸湿，它的火焰也会令人满意。只要打着手中的Zippo，它就会一直燃烧下去。

实用：Zippo的最独特之处实际上是它的实用性，在你需要的时候它马上能发出光亮。Zippo具有难以想象的防风功能，每一次在大风中打开机盖，点燃火芯的时候，都能体会到Zippo如此独到的设计。

个性的设计使得Zippo成为人们的随身工具。户外活动时，不论天气好与坏，Zippo皆可协助燃起营火、炭烧炉，也可当作电筒帮助寻找失物或路线，紧急时更可利用火光作求救信号。"有Zippo就有可能。"Zippo部分产品如图3-9所示。

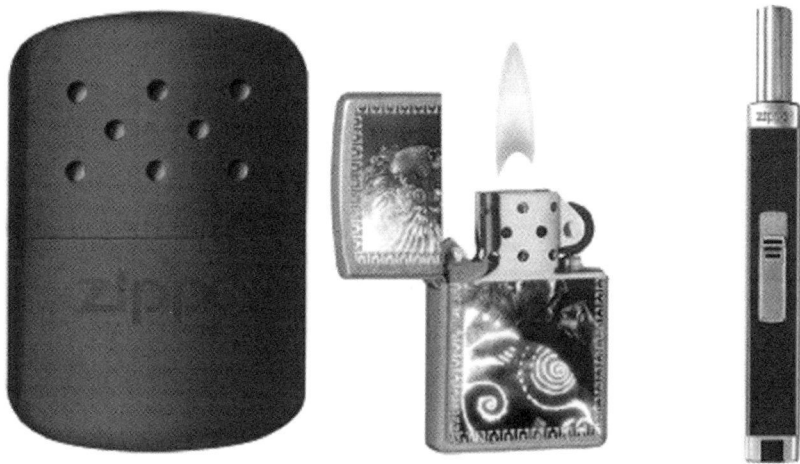

图3-9　Zippo部分产品

2.丰富的科技内涵

所有关心Zippo的消费者都知道，尽管Zippo打火机的款式在不断变化，但是Zippo这个标志将永远刻在它的机身底部。Zippo采用识别代码对每只打火机进行区分，每只打火机都有不同的编号，因此在这个世界上，它也是唯一的，每一只Zippo的底部都刻有代表特定含义的代码。

尽管Zippo采用识别代码的技术无与伦比，但是其最值得称道的还是它完美无缺的防风墙技术。Zippo依照它的原始结构设计了灵巧的长方形外壳，盖面与机身间以铰链连接，并克服了设计上的困难，在火芯周围加上了专为防风设计的带孔防风墙。Zippo打火机防风墙的设计成功地使其获得了美国的专利权，由此证明它是经过精密设计而成的高科技打火机。为了使用户更好地将Zippo打火机与那些普通的打火机相区分，Zippo公司曾于1979年做了一次科学性的Zippo抗风性能实验。实验以200型号之Zippo为测试对象，结果显示其耐风性为时速32英里，风速14.2米/秒。同时得出如下结论：Zippo的抗风性取决于它的防风墙的尺寸及构造、防风墙上的通气孔的数量及大小、棉芯的构造、专用电油的沸点4项因素。这些由Zippo申请为专利的知识产权也一直为其品牌的成长保驾护航。其实，与其他品牌的打火机迥然不同的是，Zippo并不是燃气型打火机，它的燃料是一种非常稳定的石油提炼物，由它燃烧产生的火焰不但安全可靠，而且异常洁净，不会产生任何污染。这种液体燃料就隐藏在防风墙里面的玻璃纤维机芯上。实际上，Zippo燃烧的方式就像是一盏油灯，这也是它具有非常强的防水和抗风功能的原因。

科技铸就了 Zippo 的品质，而品质给了 Zippo 品牌始终如一的公众印象——稳健并值得信赖。正是这一完美的品牌形象，使得 Zippo 在消费者的心目中早已超越了打火机本身，消费者更愿意把 Zippo 看作他们忠实的朋友、神话和奇迹的创造者。

3.独特的故事营销

1960 年，一位渔夫在奥尼达湖中捕到了一条重达 18 磅的大鱼。在清理内脏的时候，他发现一只闪闪发光的 Zippo 打火机赫然出现在鱼的胃中。这只 Zippo 打火机不但看上去崭新，而且一打即燃，完好如初！单凭这一点，就可以知道为什么不必把 Zippo 小心翼翼地收藏在工具箱里，而可以把它放在任何伸手可得的地方！

在越南战争中，美国有一个士兵在对方火力的攻击下，左胸口受到枪击，子弹正中置于左胸口袋的 Zippo 打火机，机身一处被撞凹了，但这名士兵却因此保住了生命。战后，尽管 Zippo 公司期望他能将那只打火机送修，但该士兵却视它为自己的救命恩人，不仅谨慎收藏，更希望永久保存它那受伤的机体。

1974 年 10 月 1 日，丹尼尔驾机飞离旧金山机场不久后，发现飞机的引擎出了问题，不得已只好紧急迫降。事后，报纸上刊登了这样一则消息：空军飞行员丹尼尔在旧金山海域内，利用 Zippo 打火机的火焰发出求救信号，并以火焰引导海岸警备队的直升机迅速发现其迫降位置而安全获救。让我们向 Zippo 公司表达最高的谢意。

住在美国新泽西州的巴瑞史，有一次将堆积了多日的衣物丢入洗衣机，在清扫完客厅后坐下来稍做休息。当他正想好好抽根烟时，才发现心爱的 Zippo 打火机不知何时不翼而飞了。洗衣机！一定是在某件衣服的口袋中……他心想"完了，打火机一定不能用了"。匆忙中，他在一堆湿淋淋的衣物里找到了它。现在该是证实 Zippo 卓越性能的时候了！巴瑞史转动打火机轮，嘿！到底没令他失望，Zippo 果然一打即着。

这些广泛流传的故事将 Zippo 化身为"救命恩人""信号灯"等英雄角色，无不是对 Zippo 品质最好的称颂，Zippo 拟人化的故事营销空前成功。Zippo 将融合品质的故事营销手法发挥得淋漓尽致，带给用户的只有无尽的赞叹而没有丝毫造作，这也是品牌营销的一大奇迹。在 Zippo 看来，始终如一的风格和品质缔造了这些神话及口碑，也使得全球用户对 Zippo 一生痴迷。

4.Zippo 独特的通路设计

它是由 Zippo 俱乐部、专卖店、专柜等组合而成的。其中，最耀眼的要数Zippo 俱乐部了。在全球的很多网站上，都可以看见 Zippo 主题的俱乐部，这是Zippo 玩家交流心得和藏品的门户。这些网站维系着 Zippo 和广大用户的情感，使得用户对 Zippo 的认可和痴迷空前绝后。

正是由于互联网中的 Zippo 俱乐部将 Zippo 的故事不断传播，将 Zippo 的玩法、收藏、甄别等知识倾囊相授，用户对 Zippo 品牌及品质的认知才得以提升。此外，Zippo 俱乐部还办理邮购等业务，令一些没有 Zippo 专柜和专卖店的边远地区的消费者同样可以成为 Zippo 的用户，让 Zippo 物尽其用，使其市场最大化。

Zippo 的可收藏性决定了它的价值，它虽然构造简单，但绝非普通的快速消费品，因此 Zippo 采取了专柜加专卖店的通路形式。另外，专卖店和专柜还同样是每只 Zippo 的售后服务中心，向用户提供终身免费维修的周到服务，从而将 Zippo 的"终生保用"承诺落到实处。

5.实用的体验策略

如果说 Zippo 是形象和梦想的制造者，那么典型的体验营销和多元品牌管理策略就是其生活方式最理想的推销者。

消费环境：Zippo 创造性地把销售的产品当作一种生活方式进行概念推销。虽然早在 1963 年就已经有了"生活方式"的营销理论，但最早将该理论成功应用的是 Zippo。它把领带、西装、衬衫和雨衣搭配在一起，陈列在其特别布置的专柜销售。当时，Zippo 用红木和白色装饰品把专柜布置得像一家绅士俱乐部。一旦走进代表 Zippo 生活方式的专卖店，消费者不只是购买衬衫，还到处走走逛逛，最后搭配其他物品成套购买。再加上 Zippo 自身带有品质保证的"通路销售模式"，整个场景看起来就像上流社会精英人士的生活环境，Zippo 也慢慢地变成地位、财富和特权的象征。这种购物环境吸引了众多美慕和崇拜这种生活方式的消费者，也带给本就属于贵族成员、社会名流和特权阶层的人士一种归属感和优越感，同时吸引了其他国家美慕和向往美国上流社会生活的消费者。

广告诉求：Zippo 的广告诉求方式也独具匠心、别具一格，带给消费者丰富的联想，激发他们美好的想象。Zippo 曾在《花花公子》、Harper's Bazaar 等美国时尚杂志上设计长达 20 页的广告版面，就像一幅引人入胜的电影画面：在富丽堂皇的庄园内，暖暖的火苗在壁炉里燃烧，几位风度翩翩的绅士和美丽的女士衣着得体、举止优雅，生活的画面令人浮想联翩而又向往美慕。Zippo 用一组连续的画面展示了它的实用性、配件和功能；同时，Zippo 的工作人员也会亲自充当模特展示产品。例如，在高级男性用品的广告中，成功地展示 Zippo 的"硬汉"形象。

网络体验：网络是 Zippo 玩家交流心得和藏品的门户，它能带给消费者一种前所未有的体验。当你走进 Zippo 的网络世界，你可以自己动手设计自己喜欢的样式。消费者拿着自己设计的款式，使用自己设计的样品，这是一件多么令人兴奋的事情，而且这个参与设计的过程本身就让人难以忘怀。此外，消费者还可以在 Zippo 网络杂志和 RLTV 上学习配件知识、生活之道，了解 Zippo 时尚资讯。当然，你也可以在网站上直接购买 Zippo 不同样式和种类的产品，享受公司提供的服务。Zippo 网络购买的便捷性，让消费者能随时随地体验 Zippo 的美国生活方式。

Zippo 这个神话一样的品牌，80多年屹立不倒，原因在于它塑造了一种只属于自己、无法复制的产品文化；同时，它以其独特的营销策略成功地进行了内涵的升华。

资料来源　佚名.关于Zippo的故事，喜欢Zippo的你知道多少[EB/OL].[2015-11-10].https://www.sohu.com/a/40677666_113299.有增删.

任务分析

一个好的创业项目，需要有好的市场竞争策略，不然即使起步时拥有一些客户，随着时间的推移，这些客户资源也有可能被竞争对手夺去。所谓市场竞争策略，主要涉及产品的设计与开发、产品定价、市场定位、促销手段和营销渠道等。要想让每一个部分都发挥它的作用，需要系统地分析各方面情况，进行整体的设计与安排。我们从Zippo的营销上可以吸取很多经验。

第一步，Zippo是如何制定市场营销组合策略的？在打火机市场，Zippo处于什么样的地位？选择几个具有代表性的打火机品牌，分析这些产品的特点，销售对象主要是谁，分布在哪些区域，产品之间有什么区别。选择一些与Zippo有竞争关系的品牌，运用4P理论，比较各品牌在营销策略方面的区别。

第二步，Zippo是如何进行目标市场选择与精确市场定位的？企业采用了市场定位中的哪种类型？在进行市场定位时遵循了什么准则？企业在产品、市场定位方面是如何打算的？企业采用了哪种目标市场选择模式？为什么？按不同标志进行市场细分有什么区别？Zippo从中发现了哪些营销机会？

第三步，Zippo是如何进行差异化营销的？差异化表现在哪些方面？

第四步，Zippo是如何进行市场开发的？Zippo是如何改善生存环境，避免与其他企业直接竞争，另辟蹊径，找出一条适合自身发展的道路的？

根据上述分析，写出你的观点。

相关知识

27.市场营销组合策略（4P理论）

4P理论产生于20世纪60年代的美国，是随着营销组合理论的提出而出现的。1953年，尼尔·博登（Neil Borden）在美国市场营销学会的就职演说中创造了"市场营销组合"（Marketing Mix）这一术语，其意是指市场需求或多或少地在某种程度上受到所谓营销变量或营销要素的影响。

以4P为核心的营销组合方法，即：

产品（Product）：注重开发的功能，要求产品有独特的卖点，把产品的功能诉求放在第一位。

价格（Price）：根据不同的市场定位，制定不同的价格策略。产品的定价依据是企业的品牌战略，注重品牌的含金量。

渠道（Place）：企业并不直接面对消费者，而是注重对经销商的培育和销售网络的建立，企业与消费者的联系是通过分销商建立起来的。

促销（Promotion）：企业注重以销售行为的改变来刺激消费者，以短期的行为（如让利、买一送一、营造良好的营销现场气氛等）促进消费，吸引其他品牌的消费者，或使消费者提前消费来促进销售的增长。

4P理论分析模型如图3-10所示。

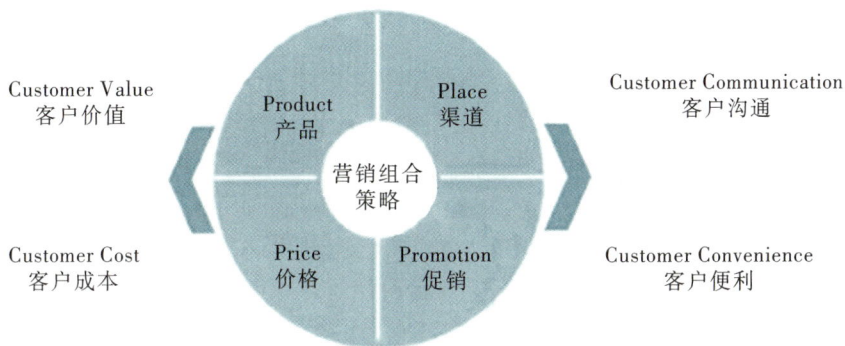

图3-10　4P理论分析模型

（1）产品策略

①产品组合策略。

产品组合的类型主要有：

第一，单一化组合，指企业只生产某一类产品以满足特定的细分市场。

第二，市场专业化组合，是指企业用多条产品线和多个产品项目来满足某一专门的目标市场的需要。

第三，产品专业化组合，是指企业集中生产某一类产品，并将这类产品同时供应几个不同的细分市场。

第四，选择性组合，是指企业用多个具有特色的产品进入若干特定的目标市场。

第五，多样化组合，是指企业把整个市场作为目标市场，以多条产品线来面向各个细分市场。

产品组合策略是指企业根据市场需求、竞争形势和企业自身的经营目标及能力对产品组合的宽度、长度、深度和关联性做出的最优化的决策。其主要包括以下三种：

第一，扩充产品组合策略：扩大产品组合的宽度和加强产品组合的深度。

第二，缩减产品组合策略：缩小产品组合的宽度或削弱其深度，即削减产品线或产品项目，特别是要取消那些获利小甚至亏损的产品项目，以便集中力量经营获利大的产品线或产品项目。

第三，延伸产品组合策略：全部或部分地改变原有产品的市场定位——向上延伸、向下延伸、双向延伸。

②产品生命周期策略。

产品生命周期（Product Life Cycle，PLC），是指产品的市场寿命或经济寿命，即一种新产品从开始进入市场到被市场淘汰的整个过程。产品生命周期理论说明产品在市场上的销售潜力和获利能力是随着时间的推移而变化的。产品在其生命周期的不同阶段，要求企业制定相应的营销策略与之相适应。

第一，引入期，定价策略与促销策略紧密结合，展开多方的销售促进，以使产品及早进入成长期。

第二，成长期，顺应增长，向经销商提供稳定支持。成长期促销的主要目标是提高市场占有率，因此增加促销渠道是关键；在价格促销策略上，需适时降价，以促使产品更快地被市场接受。

第三，成熟期，维持销售，注重产品功能创新。企业可以多运用小规模的促销策略，维持顾客的购买热情。同时，企业要注意开发产品的新用途，开辟新的市场，改良产品的特性、质量和形态，以满足日新月异的消费需求，延长产品的成熟期。

第四，衰退期，企业可以根据产品的销售情况做好收尾工作，选择合适的方式退出市场，或利用原产品的市场地位推出系列化产品，延长产品生命周期，或使产品再次进入产品生命周期循环。

③新产品开发策略。

凡是产品整体性概念中任何一部分有创新或改进，并能给消费者带来某种新的感受、新的满足和利益的绝对新的或相对新的产品，都叫新产品。其主要包括以下几种：

第一，全新型新产品：首次采用新原理、新技术、新材料、新工艺等研制出来的前所未有的产品，是科学技术应用于生产而取得的新成果。

第二，换代型新产品：在原有产品的基础上，部分采用新技术、新材料、新零件、新工艺等制成的在性能、结构等方面有显著提升，适合新用途、满足新需要的产品。

第三，改进型新产品：对原有产品在质量、结构、功能、材料、款式、包装等方面做出改进的产品。

第四，仿制型新产品：以市场上已有的产品为基础，企业经过仿制、改进并初次投入市场的产品。

④包装策略。

包装策略主要有以下七种：

第一，类似包装策略，指企业生产的各种产品在包装上采用相同的图案、相近的颜色，以体现出共同的特点。这种包装也叫产品线包装。它可以节约设计和印刷成本；易树立企业形象，提高企业声誉及方便新产品推销。但某一产品质量下降，会影响到类似包装的其他产品的销路。

第二，等级包装策略，一是不同质量等级的产品分别使用不同的包装，表里一致；二是同一商品采用不同等级的包装，以适应不同购买力水平或不同顾客的购买心理。

第三，异类包装策略，指企业各种产品都有自己独特的包装，设计上采用不同风格、不同色调、不同材料。它使企业不致因某一种商品营销失败而影响其他商品的市场声誉，但增加了包装和设计费用，新产品进入市场时需要支付更多的销售推广费用。

第四，配套包装策略，指企业将几种相关的商品组合配套包装在同一包装物内。它方便消费者购买、携带与使用，有利于带动多种产品的销售及新产品进入市场。

第五，再使用包装策略，指包装物内的商品用完之后，包装物本身还具备其他用途。它通过给消费者额外的利益来扩大销售；同时，包装物再使用可起到延伸宣传的作用。但这种刺激只能收到短期效果。

第六，附赠品包装策略，指在包装物内附有赠品，以吸引消费者重复购买。

第七，更新包装策略，指企业的包装策略随市场需求的变化而改变。它可以改变商品在消费者心目中的地位，进而收到迅速恢复企业声誉之佳效。

⑤品牌策略。

品牌策略是一系列能够产生品牌积累效应的企业管理与市场营销方法，包括4P与品牌识别在内的所有要素。其主要有：品牌化决策、品牌使用者决策、品牌名称决策、品牌战略决策、品牌再定位决策、品牌延伸策略、品牌的更新。

品牌设计要求包括：一是简洁醒目、易读易懂，使人在短时间内产生印象，易于理解、记忆并产生联想。如"美加净""佳洁士"，品牌易记、易理解，被誉为商品品牌的文字佳作。二是构思巧妙，暗示属性。品牌应是企业形象的典型概括，能反映企业的个性和风格，富蕴内涵，情意浓重；品牌能引起顾客的强烈兴趣，诱发美好联想，产生购买动机。三是避免雷同，超越时空。

（2）定价策略

定价策略是指企业根据市场中不同变化因素对商品价格的影响程度采用不同的定价方法，制定出适合市场变化的商品价格，进而实现定价目标的企业营销战术。

①新产品的定价策略。

这是营销策略中一个十分重要的问题，它关系到新产品能否顺利地进入市场，能否站稳脚跟，能否获得较大的经济效益。目前，国内外关于新产品的定价策略主要有三种，即取脂定价策略、渗透定价策略和满意定价策略。

第一，取脂定价策略，又称撇油定价策略，是企业在产品生命周期中的投入期或成长期，利用消费者的求新、求奇心理，抓住激烈竞争尚未出现的有利时机，有目的地将价格定得很高，以便在短期内获取尽可能多的利润，尽快地收回投资的一种定价策略。其名称来自从鲜奶中撇取乳脂，含有"提取精华"之意。

第二，渗透定价策略，又称薄利多销策略，是指企业在产品上市初期，利用消费者求廉的消费心理，有意将价格定得很低，使新产品以物美价廉的形象吸引顾客，占领市场，以谋取远期的稳定利润。

第三，满意定价策略，又称平价销售策略，是介于取脂定价策略和渗透定价策略之间的一种定价策略。由于取脂定价策略定价过高，对消费者不利，既容易引起竞争，又有可能遇到消费者的拒绝，具有一定风险；渗透定价策略定价过低，对消费者有利，但对企业的最初收入不利，资金的回收期较长，若企业实力不强，将很难承受。而满意定价策略采取适中的价格，基本上能够做到供求双方都比较满意。

②差别定价策略。

所谓差别定价，也叫价格歧视，就是企业按照两种或两种以上不反映成本费用的比例差异的价格销售某种产品或劳务。差别定价策略有四种形式：顾客差别定价策略、产品形式差别定价策略、产品部位差别定价策略、销售时间差别定价策略。

③心理定价策略。

心理定价策略是针对消费者的不同消费心理，制定相应的商品价格，以满足不同类型消费者需求的一种定价策略。心理定价一般包括尾数定价、整数定价、习惯定价、声望定价、招徕定价和最小单位定价等具体形式。

（3）分销渠道策略

①分销渠道的类型。

直接渠道：制造商的产品一次性直接出售并交付给用户。这种分销渠道称直接渠道或直接分销。

非直接渠道：制造商的产品通过中间商，由中间商向消费者出售并交付，制造商与中间商、中间商与用户均发生交易关系。

②企业的分销系统。

企业的分销系统分为三类：一是垂直分销系统；二是水平分销系统；三是多渠道、松散型分销系统。三种系统的划分以分销组织和合作的纵横关系为主要依据，不同系统的实质区别在于营销主体对系统投资与控制力的不同。

第一，垂直分销系统：高度统一、受营销企业控制的分销体系。

第二，水平分销系统：两个以上的企业自愿结成营销合作关系，利用各自的资源和优势为对方服务，共同开拓市场而形成的分销合作体系。

第三，多渠道、松散型分销系统：以制造商为例，如果企业的产品以较多的分销渠道，通过市场自发的作用机制形成进销关系和分销网络，便属于多渠道、松散型分销系统。

③中间商选择。

大部分制造商都要利用中间商形成分销渠道和分销体系。中间商的优劣对企业的营销效果有着直接甚至决定性影响。中间商的选择要考虑以下三点：确定中间商的类型、本企业的经营与中间商的能力、区位分布和密度安排。

（4）促销策略

促销即促进产品销售，是营销人员以满足消费者的需要为前提，将企业及其产品（服务）的有关信息通过各种促销方式传递给消费者或用户，促使用户了解、信赖本企业的产品，进而唤起其需求并做出购买行为的营销活动。现代企业在市场营销活动中，往往综合运用促销组合策略来达到沟通信息、吸引顾客、扩大销售的目的，可选择的促销策略包括人员推销、广告宣传、营业推广和公共关系等形式。

①人员推销。

人员推销是企业派出专职或兼职的推销人员，通过与顾客（或潜在顾客）的直接接触来推动产品销售的促销方式。人员推销的策略主要有以下三种：

第一，试探性策略，即"刺激-反应"策略，是指推销人员利用刺激性方法激发顾客的购买行为。推销人员通过事先设计好的能够引起顾客兴趣、刺激顾客购买欲望的推销语言投石问路，对顾客进行试探，观察其反应，然后采取相应的措施。因此，运用试探性策略的关键是要引起顾客的积极反应，激发顾客的购买欲望。

第二，针对性策略，即"配方-成交"策略，是指推销人员利用针对性较强的说服方法，促成顾客购买行为的发生。针对性的前提必须是推销人员事先已基本掌握了顾客的需求状况和消费心理，这样才能够有效地设计好推销措施和语言，做到言辞恳切，实事求是，有目的地宣传、展示和介绍商品，说服顾客购买。推销人员要让顾客感觉到推销人员的确是真正在为自己服务，从而愉快地成交。因此，运用针对性策略的关键是促使顾客产生强烈的信任感。

第三，诱导性策略，即"诱发-满足"策略，是指推销人员运用能激起顾客某种欲望的说服方法，唤起顾客的潜在需求，诱导顾客采取购买行为。运用诱导性策略的关键是推销人员要有较高的推销技巧，能够诱发顾客产生某方面的需求，然后抓住时机，向顾客介绍产品的功效，说明所推销的产品正好能满足顾客的需要，从而诱导顾客购买。

②广告宣传。

广告宣传既是营销，也是传播。通常，企业要先研究好自身的整体营销战略，再决定广告的目标受众、发布范围、广告媒介、广告任务以及广告技巧和广告预算等内容。广告策划是在市场及消费者调研的基础上，确定广告"向谁说"（广告对象）、"说什么"（广告内容）、"如何说"（广告表现）、"通过什么说"（广告媒介）以及"说得如何"（广告效果）的全面谋划。如何让广告创意准确地承载和表现出客户的品牌定位信息，如何效益最大化地使用媒介预算取得最好的传播效果，是企业进行广告宣传的关键。

③营业推广。

营业推广是指能够迅速刺激需求、吸引消费者购买而采用的特种促销手段，其短期效益比较明显。典型的营业推广一般用于有针对性的和额外的促销工作，其着眼点往往在于解决一些更为具体的促销问题。

当消费者对刚投放市场的新产品还未能有足够的了解和做出积极反应时，采取一些必要的推广措施可以在短期内迅速地为新产品开辟道路。当竞争者大规模地发起促销活动时，如不及时地采取针锋相对的促销措施，往往会大面积地损失已享有的市场份额。对此，可采用减价赠券或减价包装的方式来增强企业经营的同类产品对顾客的吸引力，以此来稳定和扩大自己的顾客队伍。此外，还可采用购货累计折扣和优待的方式来促使顾客增加购货数量和提高购货频次等。

当消费者在众多的同类商品中进行选择但尚未做出购买决策时，推广手段的及时运用往往可以产生出人意料的效果。生产企业在销售产品时同中间商保持良好的关系、加强与中间商的合作是至关重要的。生产企业往往采用多种营业推广方式来促使中间商特别是零售商做出有利于自身的经营决策。

④公共关系。

公共关系是指企业与其相关的社会公众之间的联系，这种联系是通过信息沟通实现的。这些社会公众主要包括供应商、中间商、消费者、竞争者、金融保险机构、政府部门、科技界、新闻界等。可见，企业营销活动中存在着广泛的社会关系，不能仅限于与顾客的关系，更不能局限于只有买卖关系。

通常情况下，企业开展公关活动的目标包括以下几种：配合新产品上市公关，结合企业转产、改制公关，展示企业成果公关，消除不良影响公关，改善企业环境公关，利用活动、庆典公关。此外，企业还可以利用展销会、订货会以及开业、挂牌、纪念等庆典活动组织宣传报道，举办得体适宜的公关活动；或者大力宣传企业对体育、教育、福利等公益事业的赞助，以扩大企业影响，提高企业知名度等。

28.市场定位与差异化营销

在竞争激烈的行业中，初创企业如何与行业领导者共存？最好的建议是：对你的产品和服务进行定位，并通过差异化去实现它，从而避开直接的竞争。为此，企业需要借助市场定位、定位传播和差异化等工具，将其市场战略或策略体现的顾客利益，准确、有效地传递给目标市场。

（1）开发市场定位策略

市场定位指为使公司或其产品品牌在目标市场的顾客心目中占有独特和有利的位置而系统设计，提供公司产品和营销组合的行为。有利的市场定位通常具备以下特征：顾客能够容易地识别出产品品牌，并能从差别利益上（不只是包装或形象）与其他品牌特别是竞争品牌区别开来；提供的优势差别利益能比竞争者更有效地满足顾客的需要，因而能更有效地赢得顾客的偏爱，多数顾客在需要或购买时能首先想到并优先选择，为公司带来较高的回报。也就是说，由于提供优势差别利益而赢得了较高的顾客忠诚度，表现为多数顾客相对较长时间的持续购买，给公司带来较高的持续回报。

开发有效的市场定位策略要从选择定位组合和定位方法开始。

①选择定位组合。

市场定位常常表现为一组优势差别利益的组合。例如，价格低（或费用低）的优势既可以是低购买成本、低使用成本和低搜寻成本的组合，也可以是低购买成本和高使用成本的组合（如柯达相机、胶卷）。如果顾客更看重使用成本，低购买价格也无法建立低价优势（如我国的上网价格）。市场定位组合的选择和改进方法见表3-3。

表3-3　　　　　　　　　市场定位组合的选择和改进方法

优势差别利益	X公司现状	Y公司现状	顾客看重程度	X公司改进重要性	X公司改进能力	Y公司改进能力	X公司改进策略
技术	9	9	较高	低	低	低	维持
质量	8	6	高	低	中	高	维持
价格	7	9	高	高	中	低	重点改进
服务	4	3	较高	较高	高	较高	改进

注：评价标准中满分为10分，其他分高、较高、中、较低和低五等。

如表3-3所示，有X、Y两家公司，互为主要竞争者，顾客看中的主要产品属性有技术、质量、价格和服务。

首先，X、Y两家公司在技术现状上的评分都为9分，顾客看重程度较高。因此对X公司来说，改进的意义已经不大，X公司的定位和改进策略应为维持，即应密切关注竞争者的技术改进动态，维持与竞争者同等的竞争优势水平。其次，X公司的产品质量评分已经明显高于对手，顾客看中程度高，维持与竞争对手的差距十分重要。再次，X公司在价格上处于明显劣势，顾客看重程度高，因此X公司在新的定位组合中应对成本进行重点改进，使其评价等于或高于竞争者。最后，X公司的服务评分略高于对手，顾客看重程度较高，但由于公司改进能力高，X公司应该在服务改进上下功夫。

由此可见，X公司应该在技术和质量上维持与竞争者的差距，而在成本和服务上下更多功夫，将价格降到与竞争对手同等的水平上或略低于竞争对手，而以质量和服务的优势差别利益组合，确立公司清晰、容易传播和强有力的市场定位。在这里，X公司通过差异化建立超越竞争对手的质量和服务定位组合，在顾客心目中体现为优势差别利益，而在竞争对手那里，则表现为独特的竞争优势。

选择定位组合还要注意差别利益的关联性问题。例如，技术和质量关联性较强，从企业开发上易于形成互动，从顾客认同上则容易形成产品的定位。

②选择定位方法。

选择定位方法的目的在于从多个顾客关注的领域多角度地开发定位策略，以便选择更有吸引力、更有竞争性和有效改善公司市场地位的定位策略。常用的市场定位方法主要有以下几种。

第一，产品特色定位。特色是对产品基本功能以外的增补，而与众不同是对特色的基本要求。例如，海尔"变频空调"就是对提供智能、自然和高品质温度控制的特色服务的一种暗示。

第二，顾客利益定位，即强调为顾客提供独特的利益、解决方案或需求满足。例如，沃尔玛的"天天低价"就是对持续为顾客提供低价利益的一种定位明示。

第三，使用者定位，即根据产品使用者进行的定位，以最大限度地吸引特定顾客。如百事可乐"新一代的选择"，就是对 12～24 岁的男孩进行的定位。

第四，使用场合定位，即根据使用场所或场景进行的一种定位。例如，近些年较为流行的"今年过节不收礼，收礼只收脑白金"和一些以孝敬父母为主题的广告，就是以"送、收"和"孝敬"为诉求点，而产品功能倒变成了"次要"的了。

第五，竞争定位，即针对主要竞争对手的劣势或优势进行的一种对抗性定位或攀附性定位。例如，七喜汽水的"非可乐型饮料"是对抗性竞争定位的成功例子；美国安飞士出租车公司针对行业龙头所做的"因为我们只是第二，所以我们非更加努力不可"的广告，就是一种攀附性的竞争定位。

有效的市场定位应具备以下特点：

第一，重要性，定位的利益应是公司能够提供的和顾客相对看重的主要利益。

第二，清晰性，定位体现的顾客利益应当突出、独特和明确，不能模糊。

第三，优势性，即与顾客从其他竞争者那里获得的利益相比具有明显的优势。

第四，易传播性，即定位和定位体现的差别利益组合应当是简洁的概念表达，以便于顾客接受和记忆。

第五，不易模仿性，即构成定位的主要差别利益应当是竞争者难以模仿或提供的。

第六，盈利性，即公司通过实施定位能有效维持或改进其市场地位并获得利润。

（2）传播市场定位

企业在制定了定位战略后，还必须有效地传播这一定位，即在目标市场的顾客心目中建立、占有这个独特的和有价值的位置。定位传播主要包括两个方面，即营销信息传播和通过价值提供物（包括产品或服务和人员接触等）进行的传播。

第一，通过营销信息传播定位。假设公司选择"质量最佳"的定位策略，那么它必须保证公司的广告、定价、促销（包括打折等）和有关产品的报道等能够准确传递这一信息。因此，公司需要选择一些目标顾客经常用来判断质量的标志或线索来检查是否传递了准确、有效的信息。例如，福特公司在一则广告中说："我们的汽车在奔驰时，除了电子钟的声音外，别的声音都听不到。"噪声大小是许多顾客判断汽车质量的重要标准。又如，奔驰汽车的一则广告说："如果有人发现奔驰汽车突然发生故障而抛锚，本公司将赠送你1万美金。"故障率也是车主评价汽车质量的主要标准。

此外，企业还要通过营销传播整合传递清晰一致的定位。有效的定位传播要求企业对通过各种渠道传播的信息进行整合，通过传递清晰、一致的声音来确立公司独特和强有力的定位。

第二，通过价值提供物传播定位。有效的定位传播还必须通过提供物的差异化来实现。如果说传播信息主要是从概念和心理上传播定位，那么通过提供物的差异化向顾客提供差别利益，则是从实物和需求满足上传播定位。

（3）传播定位的差异化工具

传播定位的差异化工具主要有：

①产品差异化。

产品差异化主要包括产品质量、特色、设计等方面的差异化。

第一，产品质量差异化：产品质量必须以满足顾客的需要为出发点，以顾客对质量的认同为最终点。如果顾客要求较高的性能、可靠性、耐用性和可维修性，那么符合顾客要求的产品就是高质量产品。因此，为了确保顾客对质量的认同，制造商必须就新产品设计、制造、销售和使用过程听取和尽可能地接纳顾客的意见。

第二，产品特色差异化：率先推出产品和持续不断地为产品增加特色，也是传播特色定位的一个有效途径。例如，海尔对"变频空调"的持续不断的宣传。

第三，产品设计差异化：产品设计是产品差异化的基础。产品设计与市场定位的相辅相成，对成功地开发和传播定位有着至关重要的作用。

②服务差异化。

这里的服务主要指产品支持性服务。良好的服务，不仅会增加顾客从产品购买和使用中获得的实际利益，而且会成为公司利益的重要来源。公司可选择的服务差异化工具主要有：方便、高效率的订货；准确、及时的交货；高质量、高效率的安装调试；有效的客户培训；方便、及时的顾客咨询和能确保产品正常使用的维修保养等。

③人员差异化。

企业可以通过聘用或培养比其竞争者更为优秀的人员获得人员差异化优势。公司拥有足够诚实、称职、可靠和负责任的销售、设计和制造人员本身，就是在向顾客传递有效的差异化信息，并且优秀的人员队伍也是实施产品差异化和服务差异化的人才保证。

④渠道差异化。

公司还必须通过渠道差异化传播定位。不同的分销渠道或销售场所，可以向顾客传达不同的定位信息。如美国天美时公司通过杂货店销售其价格极低的手表，从而准确、有效地传递出了"物美价廉"的定位信息。

⑤形象差异化。

形象通常是一种综合性的识别标志。良好的企业或品牌形象，能使顾客产生有利的联想、记忆和提示，促进公司定位的传播和实现。

一些高度标准化产品，如钢材、清洁剂等很难差异化。对于这类产品，形象差异化、人员差异化和服务差异化等可能在传播定位中担任更重要的角色。此外，许多差异化工具极易为竞争对手模仿，而持续不断的产品创新和服务改进，能让企业始终保持差异化的领先地位，从而有利于市场定位的有效传播。

29.市场开发策略

成功地经营一家企业，单凭"小聪明"是不够的。一些市场开发策略是专门为初创企业设计的，并被实践证明非常有效，它们能够帮助初创企业改善生存环境，避免与大企业直接竞争，而且能帮助企业另辟蹊径，寻找一条适合自身发展的道路。

（1）市场补缺策略

初创企业在选择或进入细分市场时，要避免为追求暴利而与大企业直接竞争，要学会在大企业的夹缝中生存，积极寻找市场的空白点，选择开发无竞争或少竞争市场，以争取实际的生存和发展机会。

①寻找空白，开发与创造新的市场。

补缺市场是指那些被同行忽略的特定的细分市场，或者尚未有竞争者涉足的空白市场。补缺市场常常是竞争的"世外桃源"，其特征是细分市场规模小，大企业因难以实现规模经济而忽略它或不愿意为其专门提供产品，因而顾客的需求未被满足或未被很好地满足，即空白市场或大企业市场中的薄弱环节。

无论是空白市场还是未被很好满足的市场，都可能成为初创企业的发展机会。初创企业可以有选择地为该细分市场专门设计并提供适用的新产品或改进型产品，以赢得该市场。这通常被认为是用较新的产品满足新市场。如果企业没有开发该类市场的经验，通常风险会很大。细致的市场调研和周密的计划将有助于企业成功地进入该类细分市场。

要减少风险，企业可以为现有产品（成熟产品）寻找新市场，或者为现有顾客提供新产品或改进型产品，或者为现有顾客提供企业有能力提供的相关产品。这些策略都有助于减少经营风险、增加销售份额或提高顾客需求的满足程度。

②发现市场空当，进入无竞争领域。

市场空当是指不同企业在不同产品或同一类产品的不同型号或品种之间所形成的空隙地带。市场空当产生的原因与市场空白相似，也是初创企业发展的重要领域。初创企业要善于发现和开发市场空当，从竞争对手认为无利可图甚至不可能开发的市场中、从对顾客需求的细微满足中获得发展和赢得机会。例如，以生产安全刮胡刀片著称的美国吉列公司曾做出一个"荒唐"的举动，推出面向女性的雏菊牌专用"刮毛刀"，同行都认为吉列公司发疯了，但结果却是一炮打响，产品畅销全美。

发现市场空当的方法有很多，如通过增加现有产品的其他功能，满足顾客对复合产品的需求，如为传真机增加打印功能；通过减少产品的功能，降低产品价格，更好地满足某些顾客的需求；在满足顾客需求的同时，关注顾客是否有其他未被满足的需求，如日本某厂商发现家庭主妇在熨烫衣服时会因熨斗电线缠绕而烦恼，于是开发出了极受欢迎的无线电熨斗。

③寻找市场缺口，乘虚而入。

市场缺口就是一家企业或一种产品进入一个已经存在且竞争较为激烈的市场的通道，也称突破口。发现市场缺口，会使企业面对的困难和障碍小很多，即进入壁垒较低，成功进入的机会比较大。这些缺口大多是大企业不关注的市场缝隙，初创企业善加利用可以避免与其正面对抗。

初创企业在异地市场寻找和瞄准市场缺口时，可采用两种策略：一种是从市场空间上发现市场缺口，另一种是从商品类别上发现市场的薄弱环节。

④关注小产品和小市场。

不为大企业注意的小产品，如人们日常生活需要的小五金、小电器、小百货等往往蕴藏着巨大的商机。例如，以小图钉为主导产品的青岛制钉厂，每年生产74个花色、281个规格的出口图钉，并在竞争中赢得了差异优势，获利可观。大连一家生产发卡的小企业，产品已销往10多个国家，从每只仅赚2厘钱的发卡上积聚了上千万元资产。此外，大企业往往也忽略或无暇顾及一些小的特殊细分市场，而对资金和技术力量都十分有限的小企业来说，这可能正是其进入和赚钱的好机会。

（2）补缺专业化

初创企业要成功地进入某一市场并非易事，要成功地占领市场和捍卫已经占领的市场则更加困难。要做到这一点，在进入市场后应尽快实施补缺专业化，使企业成为专业化的补缺者。补缺专业化可从以下几方面考虑：

第一，成为最终用户专家，即专门为某一类顾客提供专业化服务。例如，一家小型计算机公司专门为50平方米以下的独立零售店提供商品进销存管理的软、硬件集成和维护服务。它可以专门开发特殊的软件，以满足该类顾客的特殊需要；设计和提供高附加值产品，以取得比竞争者更多的优势。它的销售人员甚至被训练成了解决该类顾客问题的专家，初创企业也因此而获得了溢价收益。

第二，成为顾客规模专家。初创企业应集中力量为小型、中小型客户提供产品和服务。因为这类顾客往往被大公司忽视，或不愿意为他们提供其需要的服务。

第三，成为特定顾客的专家。初创企业也可以把销售对象锁定在一个或少数几个主要的顾客上。例如，一家小型企业专门为沃尔玛印制塑料包装袋。

第四，成为地理区域专家，即企业将全部产品集中于某个地方或地区销售，因而可以为用户提供即时的送货服务和快速响应服务等。

第五，成为某一产品或产品线专家，即企业只生产一种产品或只有一个产品线。例如，专门为零售店的廉价饰品提供包装物或陈列盒架。

由于补缺者往往是弱小者，所以这类企业必须连续不断地开发新的补缺市场。因为多个补缺市场比单一补缺市场能让企业有更多的生存和发展机会。

（3）市场追随策略

市场领先者通常拥有较高的市场占有率和投资回报率，但在开发市场时却要承担相当高的费用和风险。初创企业在市场显露成功迹象后及时跟进虽然有许多不利因素，诸如研发落后、缺少进入市场的声望、存在进入壁垒和进入初期规模小、投入高等，但充分利用其灵活机动、模仿能力强的优势，可以在仿制、模仿和对领先者的依附与配合中，争取到发展的有利机会。

①仿制和模仿。

仿制指合法地完全复制领先者的产品和包装；模仿是在产品的主要方面仿效领先者，而在价格、广告和包装上有所区别。仿制和模仿领先者具有市场风险小、研发成本低、可为今后做大企业积累经验和资金等优点。日本、韩国和我国台湾、香港、广东等地的企业，都有许多模仿成功的案例。地区经济高速增长，模仿功不可没。仿制和模仿的主要策略包括：

第一，选准对象高起点模仿，即在开发新产品时，以最先进的产品为仿制或模仿的对象，经过消化、吸收和创新，开发出有自己特色的产品。一般来说，高起点虽然难度大，但更有利于企业发展。

第二，结合公司和本地特点进行效仿，这样也许更实际，市场风险也会小一些。

第三，博采众长，推出更新颖或更完善、更有特色的产品，甚至超过领先者，这对初创企业的能力要求很高。

第四，从管理、营销等方面进行模仿。这是许多初创企业发展的瓶颈，重视对营销、管理的经验和技术的模仿，在创造发展机遇上并不亚于对先进产品的模仿。

②依附和配合。

依附，就是把本企业的生产经营与发展相对固定地纳入或嫁接到大企业的发展计划中，成为大企业经营的一部分。

对许多初创企业来说，依附和配合大企业，借助大企业的优势来弥补自己在研发制造技术和市场开发能力方面的不足，常常能给初创企业带来稳定的发展机会。其形式可以是承包加工、贴牌生产、租用分销渠道等。

在依附和配合中，初创企业要受到大企业的制约，独立性较差，甚至不得不接受一些不公平的条件。初创企业应当逐渐积累经验并增强自己的开发能力，通过专业化发展提供高质量、高信誉的产品和服务，逐步摆脱大企业的控制和歧视，争取平等的合作权益。在企业发展到一定规模和具备一定的实力以后，还可以考虑实施战略转移，以谋求长远发展。

任务实施

请将案例中涉及的事项分析与整理后，填写到表3-4中。

表3-4　　　　　　　　　　企业市场营销策略组合分析表

任务内容	1.企业采用了哪些具体的市场营销组合策略？
产品（Product）： 渠道（Place）： 价格（Price）： 促销（Promotion）：	
任务内容	2.企业采用了哪种市场定位的类型？又是如何进行市场定位与差异化营销的？差异化表现在哪些方面？采用了哪种目标市场选择模式？
市场细分（Segmenting）： 目标市场选择（Targeting）： 市场定位（Positioning）：	
任务内容	3.Zippo是如何另辟蹊径进行市场开发的？采取了哪些具体策略？
Zippo的市场开发策略：	
任务内容	4.关于你的创业项目，请写出相应的市场开发策略。

课后思考|

未来在哪个行业发展？

"三百六十行，行行出状元"，此话的确不假，但古话也说过"男怕入错行"啊，不论男女，怕的都是入错行，特别是在专业化日益明显的知识经济时代，选择好你要进入的行业尤为重要。新东方俞敏洪老师说过，你要在你的专业领域内做到全国前十，这样你才有竞争力。这是什么意思呢？这是长尾理论还是推崇二八法则？俞老师是告诉我们要做到专业化，因此，我们一定要清楚，在哪个行业或领域我们能做到行业前列。这就涉及行业的选择问题。但是，如果不清楚行业的具体情况，又如何做出正确的选择呢？第一步，知彼，即了解相关的行业状况。图书馆、互联网及相关行业人士都是我们了解情况的渠道。第二步，知己，即了解自己的兴趣爱好、特长优势，通过职业测评等方法可以实现。兵法有云：知己知彼，百战不殆。在不了解行业或领域实际情况的条件下，是没办法做出正确选择的。管理学中讲充足的信息是制订正确决策的依据，确实如此。

图 3-11 是一幅关于目标市场的趣味漫画。

图 3-11　目标市场

任务三 如何开展网络营销策划？

工作任务

今天，一个新产品的上市过程可能是这样的：一个消费者偶然通过微信朋友圈了解到这个产品的功能、造型、价格，然后在某个娱乐视频看到某位名人使用这个产品，于是产生兴趣，上网搜索看专家如何点评、媒体怎么报道，再回到朋友圈听听大家的评价，此时恰好看到了某个热播视频中对这个产品的插播或者植入，于是决定购买。网络经济时代的到来，已经形成了一个依托互联网、与传统市场的游戏规则和竞争手段有明显不同的网络虚拟市场。互联网使市场范围无限化、信息传播敏捷化、支付手段多样化、市场调查网络化、售后服务网络化。因此，初创企业必然要思考一个重要问题：如何运用互联网技术与手段进行深度市场营销？一是了解互联网及互联网技术，二是运用网络营销手段进行精准的市场营销。这里，我们以花西子网络营销策划案例为背景，探讨以下四个问题：

1. 花西子网络营销采用了哪些策略？
2. 花西子运用了哪些网络营销方法？其特点是什么？
3. 花西子网络营销存在哪些问题？有什么风险？你有什么好的建议？
4. 你的公司将采取哪些网络营销策略？

请结合以下案例，完成上面的任务：

【案例3-3】跻身"国潮"顶流，揭示花西子营销密码

2017—2020年是新锐国货彩妆品牌成长的窗口期，在此之前大家更多的是选择欧美大牌或者日韩大众平价品牌，这些品牌在口红、粉底遮瑕等规模大、高需求的品类占据优势，在消费者已对这些均超过30年的国际品牌拥有品牌认可和品牌锁定消费的背景下，新锐国货品牌花西子是如何突出重围切入市场的呢？

2017年，花西子诞生于中国杭州，是一个以"东方彩妆，以花养妆"为理念的彩妆品牌。作为一个主打"东方美学"的彩妆品牌，花西子凭借着差异的品牌定位、独特的产品标识及多维度的渗透营销，跻身国潮顶流并走红海外。

在品牌方面，花西子从一开始就重押中国风的这条线，打国民荣誉感和情怀，投入了资金和时间去做"中国风彩妆品牌"的品牌建设和文化内容价值塑造。"花西子"品牌名称由来：花西子中的"花"，是指"以花养妆"。"西子"指西湖亦指西施。"西子"二字，取自苏轼的诗句"欲把西湖比西子，淡妆浓抹总

相宜"。"西子"亦是对西施的尊称，她是中国古代四大美女之首。花西子品牌希望中国女性无论浓妆还是淡抹，一如西子般美丽动人。花西子从产品形态、品牌故事、周边都在立足和扎根中国风，并以此提高整体品牌溢价。

营销沟通分为两种类型：左手品牌传播，右手效果投放。两者结合是品效营销。品牌传播，目的是品牌塑造，建立的是品牌认知、形象、信任、感知和联想等。效果投放则是更注重效果和销售，带来的是直接的数字转化。基于这个拆分，观察花西子从2017—2020年的大部分动作，可从四个维度拆解：新品动作、效果投放、品牌传播、运营活动。花西子在很早就开始埋入了一条品牌产品和品牌传播的暗线，以加强品牌文化的输出。除了品牌单品还有中国文化传承的一系列话题动作。翻阅它过去3年的所有微博，可以发现它从代言、跨界、礼盒、单品、节日、周边都在很努力地紧扣中国风的主题。除了常规的标品，花西子也一直有一条品牌产品线来夯实它的品牌理念和它作为中国风彩妆的基底——从2019年4月的雕花口红，到2019年末的百鸟朝凤盘，再到2020年的同心锁礼盒和2021年"双十一"刚上线的苗族礼盒。

花西子在节日营销上也做得非常到位。自2017年起，花西子就在某几个中国节日做特意的宣传，比如七夕。每年七夕，花西子都会做一系列的话题和互动来呼应这个东方的情人节。比如"七夕画眉"。花西子更是把品牌文化和单品依靠节日营销与送礼场景做了结合。近年来，一些新品牌渐渐通过短视频平台走进大众的视野与消费选择，而花西子也是这方面的优等生。在此借用营销理论AIPL模型对花西子的营销策略进行解读：

（1）第一步：认知

花西子2017年成立后提出"东方彩妆，以花养妆"的品牌理念，整个品牌诠释花西子"花卉之形，时尚之美""古典之窗，东方之韵""融汇共生，平衡之美"，让品牌自带"文化资产"，搭着国潮的崛起，激发国人对国货美妆的重新认识，同时也打造国人对花西子的品牌定位认知。

邀请有高冷气质、东方韵味的中国模特——杜鹃做品牌代言，告诉国人花西子要为世界打开一扇东方之窗。

打造品牌定位后选择以"国风水墨"设计的"散粉类目"作为主品类，邀请美妆顶级网红李佳琦在抖音短视频种草推荐，让"花西子"这个国潮品牌走进了大众视野，让大众听到花西子在脑海中立刻闪现"国潮""散粉"两个关键词。

（2）第二步：兴趣

各种国潮品牌的兴起潜移默化地提升了大众对国货美妆的接纳。

例如，李佳琦给粉丝们疯狂"洗脑""花西子散粉"，说"我每一天都在用，什么叫比烟还要细的散粉，321……哇哦！烟雾缭绕""双十一爆款散粉来了，搭在脸上像开了美颜一样的质感，鼻子上锃亮锃亮的，让你的底妆，咻~~变成雾感哑光""当场演示花西子散粉与水搅拌后绝缘体似的分离"。再加上其古典含蓄外观、亲民的价格、各大美妆主播对它的一致好评，让粉丝们自发相信"花西子散粉"就可以平替三四百的纪梵希四宫格和 NARS 等一线定妆品牌。

（3）第三步：购买

通常我们购买一个商品的过程是"种草-决策-下单"。花西子选择超级流量平台——抖音、美妆百度平台——小红书，通过无数个可触达用户的营销方式疯狂种草，培养用户对产品和品牌的认知和兴趣后，直接选择带货能力最强的渠道直播，让用户没有购物决策的时间。

某天，你进入佳琦直播间，发现他在直播"花西子散粉"，宣传"149元的花西子定妆粉比一般的大牌便宜100~200元不等，今晚在直播间领券购买可优惠10元仅限量2万件"，你大概率不会经过大脑思考现在缺不缺，而是认为不抢就后悔、不买就亏了，于是果断完成了花西子的首单。

（4）第四步：忠诚

讲到花西子购买人群对其的忠诚和口碑传播，本人深有体会。

花西子（如图3-12所示）爆火那段时间有网友被使用了花西子定妆粉的朋友疯狂安利，换花西子吧，便宜又好用，现在还有佳琦和花西子的联名款，花西子同心锁浮雕雕花哑光口红简直不要太美，花西子东方佳人妆奁彩妆套装天作之盒不要太帅，他们家的眉笔也不错，没必要花个大几百买欧美那些牌子，省钱好用不香吗？于是，为了物美价廉，不少网友成为花西子的客户，并且越来越忠诚，花西子产品取而代之则变得顺理成章。可以说，花西子完美地利用 AIPL 营销思路搭上了"潮流"这趟车，成为美妆国货的黑马。

图3-12　花西子产品

资料来源　作者根据相关资料改编.

任务分析|

　　网络营销的精髓是在做营销时有一个正确的营销思路，并且这个思路必须以带来有效流量、提高转化率为目的。没有正确的营销思路，一切都是空谈，而且在面对众多的互联网平台时，由于没有正确的营销思路，你的具体工作也会变得漫无目的，慢慢地你也就迷失在了网络中，所做的一切也就变得没有任何意义。那么正确的营销思路是什么呢？"互联网+"的主要途径是什么？如何实现线上线下的融合？做网络营销策划应该注重哪些问题呢？让我们结合案例进行分析。

　　第一步，花西子的网络营销采用了哪些策略？网络策划的原则与流程是什么？

　　第二步，花西子运用了哪些网络营销方法？其特点各是什么？如何制订网络营销策划方案？其核心是什么？

　　第三步，花西子的网络营销存在哪些问题？有什么风险？

　　第四步，通过分析，总结出网络营销与传统营销的区别、网络营销的优势及特点。你对花西子网络营销策划还有什么创新性的建议？

　　第五步，结合实际情况，说说你的公司将采取哪些网络营销策略。

相关知识|

30.消费者行为理论 AIPL 模型

　　"以消费者为中心的精细化运营"，似乎成为营销行业里最正确的一句话。

　　因为互联网人口红利用尽，存量时代来临，企业的增长必须靠消费者的精细化运营来实现。但大部分企业还都是"知行不一"的：市场费用的投入还是一种粗放模式，看不到增长效果，也找不到发力的突破口，只能再投，最终形成恶性循环。

　　说好的"消费者精细化运营"只能变成一句空话。而在传统市场部工作的营销人，还是摆脱不了"只会乱花钱，不产粮"的刻板印象。为什么明明都知道要做"消费者精细化运营"，但却无能为力呢？

　　这背后其实缺少了很重要的"仪表盘"来指导市场营销应该如何有的放矢。比如：要实现增长目标，最重要的决策因子有哪些，市场费用就可以重点往这些因素上投入；经过计算距离成交总额（GMV），还有多少人群缺口，费用就应该着重放在这些人群的运营上。目前，在互联网企业中使用 AIPL 模型制定营销策略较为常见。

　　AIPL 模型（如图 3-13 所示）是来源于美国的一个营销模型，AIPL 的意思分别是认知（Awareness）、兴趣（Interest）、购买（Purchase）和忠诚（Loyalty），就是用户"看到你-点你-产生兴趣-购买-复购"的过程，它也是衡量品牌与消费者距离远近的一个概念模型。

图 3-13 消费者行为理论 AIPL 模型

A（Awareness，认知）：品牌认知人群，包括被品牌广告触达和品类词搜索的人。

I（Interest，兴趣）：品牌兴趣人群，包括广告点击、浏览品牌/店铺主页、参与品牌互动、浏览产品详情页、品牌词搜索、领取试用、订阅/关注/入会、加购收藏的人。

P（Purchase，购买）：品牌购买人群，指购买过品牌商品的人。

L（Loyalty，忠诚）：品牌忠诚人群，包括复购、评论、分享的人。

AIPL 模型，即首次实现品牌人群资产定量化、链路化运营。

31.网络营销的功能

一般来说，凡是以互联网为主要手段开展的营销活动都可称为网络营销。网络营销是企业营销的组成部分，是电子商务的基础和核心。它是以互联网媒体为基础，以其他媒体为整合工具，并以互联网的特性和理念去开展营销活动，更有效地促成品牌的提升或个人和组织实现交易的一种营销模式。

网络营销产生于 20 世纪 90 年代，是以互联网为核心平台，以网络用户为中心，以市场需求和认知为导向，利用各种网络应用手段去实现企业营销目的的一系列行为。与网络营销概念相似的词语包括：网上营销、互联网营销、在线营销、网路行销等。网络营销是由科技进步、顾客价值变革、市场竞争等综合因素促成的，是信息化社会的必然产物。网络营销不等于网上销售，它是为了实现最终产品的销售、提升品牌形象而开展的营销活动；而网上销售是网络营销发展到一定阶段产生的结果，但不是唯一的结果。网络营销也不等于电子商务：首先，二者研究的范围不一样。电子商务的内涵很广，其核心是电子化交易；而网络营销注重的是以互联网为主要手段的营销活动。其次，二者的关注重点不同。电子商务的标志之一就是实现电子化交易，而网络营销是交易前一阶段的推广和宣传。网络营销不是孤立存在的，它是企业整体营销的一个组成部分，网络营销活动不可能脱离一般营销环境而独立存在。网络营销注重对经营环境的改造，和传统营销并不冲突。

随着互联网技术的逐步成熟以及联网成本的降低，互联网好像是一种"万能胶"，将企业、团体、组织以及个人跨时空地联结在一起，使得他们之间信息的交换变得轻而易举，进而对传统商业模式产生了颠覆性的改变。

网络营销的功能不仅表明了网络营销的作用和网络营销工作的主要内容，同时也说明了网络营销所实现的效果。对网络营销功能的认识有助于全面理解网络营销的价值和内容体系。

（1）信息发布

网站是一种信息载体，通过网站发布信息是网络营销的主要方法之一；同时，信息发布也是网络营销的基本功能。所以也可以这样理解：无论哪种网络营销方式，结果都是将一定的信息传递给目标人群，包括顾客/潜在顾客、媒体、合作伙伴、竞争者等。

（2）网络品牌

网络营销的重要任务之一就是在互联网上建立并推广企业的品牌，知名企业的网下品牌可以在网上得以延伸，一般企业则可以通过互联网快速树立品牌形象，并提升企业的整体形象。网络品牌建设以企业网站建设为基础，通过一系列的推广措施，实现顾客和公众对企业的认知和认可。在一定程度上，网络品牌的价值甚至高于通过网络获得的直接收益。品牌文化的背书可以获得消费者的购买信任。

（3）网站推广

网站推广是网络营销最基本的功能之一，在几年前，很多人甚至认为网络营销就是网站推广。相对于其他功能来说，网站推广显得更为迫切和重要，网站所有功能的发挥都要以一定的访问量为基础，所以，网站推广是网络营销的核心工作。目前，不同客户、不同产品定位的第三方网站越来越多，我们也可以根据自己的特点去进行选择。国内的如：淘宝、京东、拼多多、淘特、美团、叮咚买菜等，跨境的有亚马逊、ebay、速卖通、wish等。

（4）销售渠道

一个具备网上交易功能的企业网站本身就是一个网上交易场所，网上销售是企业销售渠道在网上的延伸。网上销售渠道建设也不限于网站本身，还包括建立在综合电子商务平台上的网上商店及与其他电子商务网站不同形式的合作等。多场景的销售渠道随时渗入消费者的生活，使营销变得方便。

（5）销售促进

营销的基本目的是为增加销售提供帮助，网络营销也不例外。大部分网络营销方法都与直接或间接地促进销售有关，但促进销售并不限于促进网上销售，事实上，网络营销在很多情况下对促进网下销售起着十分重要的作用。

（6）在线调研

企业通过在线调查表或者电子邮件等方式，可以完成网上市场调研。相对传统市场调研，网上市场调研具有高效率、低成本的特点，因此，网上市场调研成为网络营销的主要功能之一。

（7）顾客关系

良好的顾客关系是网络营销取得成效的必要条件，通过网站的交互性、顾客参与等方式在开展顾客服务的同时，也增进了顾客关系。抽奖、红包、互动小游戏、优惠券、分享服务等方式极大地提高了用户体验。

（8）顾客服务

互联网为顾客提供了更加方便的在线服务，从形式最简单的 FAQ（常见问题解答）到邮件列表，再到 BBS、MSN、聊天室等各种即时信息服务，其所支持的作用愈加显著。另外，随着语音技术的发展，在线语音及时服务越来越方便。

开展网络营销的意义就在于充分发挥各种功能，让网上经营的整体效益最大化。网络营销的各个功能之间并非相互独立的，同一个功能可能需要多种网络营销方法的共同作用，而同一种网络营销方法也可能适用于多个网络营销功能。

32.网络营销的常用方法

在网络营销活动中，常用的网络营销方法包括企业网站、搜索引擎、电子邮件、网络实名/通用网址、即时信息、浏览器工具栏等客户端专用软件、电子书、博客、RSS 等。借助这些方法，企业可以实现营销信息的发布、传递，与用户之间的交互。网络营销的常用方法主要有：

（1）搜索引擎营销（SEM）

让用户搜索相关的关键词，并点击搜索引擎上的相关广告链接进入网站/网页，进一步了解他所需要的信息，然后通过拨打网站上的客服电话、与在线客服沟通或直接提交页面上的表单等来实现自己的目的。

（2）搜索引擎优化（SEO）

通过对网站结构、三要素描述、高质量的网站主题内容、丰富而有价值的相关性外部链接进行优化，使网站为用户提供更高效的服务，以及使搜索引擎更加友好，以获得在搜索引擎上的优势排名，为网站增加流量。

（3）电子邮件

以订阅的方式将行业及产品信息通过电子邮件提供给用户，以此建立与用户之间的信任与信赖关系。

（4）即时通信营销

顾名思义，是利用互联网即时聊天工具进行推广、宣传的一种营销方式。

（5）病毒式营销

这种营销模式利用了口碑传播的原理，是用户之间自发进行的费用较低的一种营销方法。

（6）BBS 营销（论坛营销）

这种应用已经很普遍了，大部分用户到门户网站论坛"灌水"的同时留下了自

创视说 3-5
永辉超市的新
零售

己网站的链接，每天都能带来新的访客。

（7）博客营销

建立企业博客或个人博客，用于企业与用户之间的互动交流，以宣传企业文化，一般以行业评论、工作感想、心情随笔和专业技术等作为企业博客内容。博客营销使用户更加信赖企业，同时也强化了企业品牌影响力。

（8）微博营销

通过微博平台为商家、个人等创造价值的一种营销方式，也是商家或个人通过微博平台发现并满足其各类需求的商业行为方式。

（9）微信营销

它是网络经济时代企业营销模式的一种创新，是伴随着微信的火热而兴起的一种网络营销方式。微信不存在距离的限制，用户注册微信后，可与朋友圈的"朋友"形成一种联系。用户订阅自己所需的信息，商家通过提供用户需要的信息，推广自己的产品，从而实现点对点的营销，比较突出的如体验式微营销。

（10）视频营销

随着现在小视频APP的崛起，视频营销的做法也变得越来越简单，它是将公司的产品或者介绍视频或品牌做成一个视频文件，通过当下流行的视频APP进行传播。视频营销的优势有成本低廉、形式内容多样、传播速度快等。它以创意视频的方式，将产品信息移入视频短片中，通常不会造成用户群体太大的排斥性，容易被用户群体所接受。

（11）软文营销

顾名思义，软文是相对于硬性广告而言的，是由企业的市场策划人员或广告公司的文案人员撰写的"文字广告"。与硬性广告相比，软文的精妙之处就在于一个"软"字，好似绵里藏针，收而不露，克敌于无形。等到你发现这是一篇软文的时候，你已经掉入了被精心设计的"软文广告"陷阱。软文营销追求的是一种春风化雨、润物无声的传播效果。如果说硬性广告是外家的少林功夫，那么，软文则是绵里藏针、以柔克刚的武当拳法，软硬兼施、内外兼修，才是最有力的营销手段。

（12）SNS营销

SNS，即Social Networking Services的首字母缩写，意指社会性网络服务。例如，人人网、开心网等都是SNS型网站，这些网站能为客户提供社会性互联网应用服务。SNS营销，即利用SNS网站的分享和共享功能进行营销，是随着网络社区化而兴起、备受广大客户欢迎的一种网络营销方式。

（13）体验式微营销

以用户体验为主，以移动互联网为主要沟通平台，配合传统网络媒体和大众媒体，通过有策略、可管理、持续性的O2O线上线下互动沟通，建立和转化、强化顾客关系，实现客户价值的一系列过程。体验式微营销是从消费者的感官（Sense）、情感（Feel）、思考（Think）、行动（Act）、关联（Relate）五个方面重新定义、设计营销的思考方式。这种思考方式突破了传统上"理性消费者"的假设，认为消费者消费时是理性与感性兼具的，消费者在消费前、消费时、消费后的体验，才是研究消费者行为与企业品牌经营的关键。体验式微营销以SNS、微博、微电影、微信、微视频、微生活、微电子商务等为媒介，为企业或个人实现传统广告推广形式之外的低成本传播提供了可能。

（14）O2O立体营销

基于线上（Online）、线下（Offline）的全媒体深度整合营销。它以提升品牌价值为导向，利用信息系统移动化，帮助品牌企业打造全方位的立体营销网络，并根据市场大数据分析，制定出一整套完善的多维度立体互动营销模式。O2O立体营销以全方位视角，针对受众的需求进行多层次分类，选择性地运用报纸、杂志、广播、电视、音像、电影、出版、网络、移动终端等各类传播渠道，以文字、图片、声音、视频、触碰等多元化的形式进行深度互动融合，涵盖视、听、光、形象、触觉等人们接受资讯的全部感官，对受众进行全视角、立体式的营销覆盖，帮助品牌企业打造多渠道、多层次、多元化、多维度、全方位的立体营销网络。

（15）直播营销

是指在现场随着事件的发生、发展进程同时制作和播出节目的营销方式。该营销活动以直播平台为载体，达到企业获得品牌提升或销量增长的目的。

任务实施

请将案例中涉及的事项分析与整理后，填写到表3-5中。

表3-5　　　　　　　　　　**网络营销策划分析表**

任务内容	1.花西子网络营销采用了哪些策略？
产品（Product）：	
渠道（Place）：	
价格（Price）：	
促销（Promotion）：	
任务内容	2.花西子运用了哪些网络营销方法？其特点是什么？
任务内容	3.花西子网络营销存在哪些问题？有什么风险？你对花西子网络营销策划还有什么创新性的建议？

续表

花西子网络营销的风险： 对花西子网络营销的创新性建议：	
任务内容	4.你自己的创业项目适合采用哪些网络营销方法？

课后思考

将如何制定营销策略？

企业的发展，除了依靠其良好的管理外，更要依靠公司优质的产品。产品是否成功主要表现在产品的销量因素上，那么如何打好产品销量战呢？如何提高企业市场份额呢？企业应该意识到市场的重要性，应该成立专门的市场部，专门进行市场分析和市场调研。收集产品数据，想办法将产品打入相关市场，先区域市场，再到国内市场，最后进入国际市场，有效地进行产品的销售。

企业应该学会在新市场中寻找更多的潜在客户，避免对老客户变着花样地进行压榨，类似图3-14的漫画中的VIP。很久之前，计算机一般是销售给一些科研机构和学校等，根本不会考虑进入个人家庭，而随着科技的发展，计算机的普及率也越来越高，普通人家中也开始使用计算机了，潜在客户变成了实际客户。

企业对产品的销售不应该是单一渠道销售，之前，葡萄酒厂都会把生产的葡萄酒交给经销商去销售，而后来发现，这种单一渠道并不能更好地解决产品的销售问题，于是葡萄酒商就开始寻找新的销售渠道，也就是后来出现的葡萄酒商直接成立葡萄酒直销店，直接把葡萄酒卖给消费者、饭店和酒店。

图3-14　如何对待客户

项目练习

一、综合自测

随堂测3

1.企业在经营过程中主要采用的销售模式有（　　　）。

A.交易型销售模式　　　　　　　　B.顾问型销售模式

C.企业型销售模式　　　　　　　　D.贸易型销售模式

2.一般来说，选择销售渠道宽窄的策略有（　　　）。

A.广泛分销策略　　　　　　　　　B.选择性分销策略

C.独家分销策略　　　　　　　　　D.集中性分销策略

3.企业商品定价的主要依据有（　　　）。

A.产品成本　　　　　　　　　　　B.市场供求状况

C.需求价格弹性　　　　　　　　　D.企业的预期定价目标

E.竞争对手的产品和价格　　　　　F.产品质量、季节变化影响

G.政府法规

4.4P营销组合策略是指（　　　）。

A.产品策略　　　　　B.价格策略

C.渠道策略　　　　　D.促销策略　　　　　E.公关策略

5.促销策略包括（　　　）等形式。

A.人员推销　　　　　B.广告宣传

C.公共关系　　　　　D.营业推广　　　　　E.上门推销

6.有效的市场定位应具备（　　　）等特点。

A.重要性　　　　　　　　B.清晰性　　　　　　　C.优势性

D.易传播性　　　　　　　E.盈利性　　　　　　　F.不易模仿性

7.传播定位的差异化工具主要有（　　　）。

A.产品差异化　　　　　　B.服务差异化

C.人员差异化　　　　　　D.渠道差异化　　　　　E.形象差异化

8.产品生命周期包括（　　　）。

A.引入期　　　　　　　　B.成长期

C.成熟期　　　　　　　　D.衰退期　　　　　　　E.导入期

9.初创企业的市场开发策略有（　　　）。

A.市场补缺策略　　　　　　　　　B.补缺专业化

C.市场追随策略　　　　　　　　　D.渠道差异化策略

10.新产品的定价策略主要有（　　　）。

A.撇脂定价策略　　　　　　　　　B.渗透定价策略

C.满意定价策略　　　　　　　　　D.平价定价策略

二、实训项目

创视说3-6
艺福堂茶业

　　请以小组团队为单位，就近选择一家农产品相关企业，进行课外实地调研，了解该企业的产品特色与营销策略，比较同类企业情况，运用市场营销相关理论分析并撰写调研报告。参考案例如下：

一片叶子的传奇——以杭州艺福堂茶业公司为例

　　"茶为国饮，杭为茶都。"生活在杭州的日子，茶是一项重要元素。杭州艺福堂茶业有限公司（以下简称"艺福堂茶业"）便是一家用"互联网+茶叶"来为人们提供惬意福利的企业，"数字经济第一城"的天然优势也推动这家杭企连续10年领跑茶叶电商行业。

　　艺福堂茶业创立于2008年，是一家集生产、销售、科研为一体，产品涵盖名优茗茶、花草养生茶、药茶及现代创新茶产品的中国茶业领军企业，年销售额近5亿元，也是2015年国家高新技术企业、2017—2018年度国家级电子商务示范企业、2017—2020年中国茶业百强企业、2020年度茶业创新十强企业、浙江省名牌、杭州2022年亚运会官方指定用茶。艺福堂茶业品牌实力雄厚，连续13年稳坐天猫、京东等各大电商平台销量宝座。

　　从互联网上跑出来的茶叶冠军

　　李晓军上大学时试着在淘宝上购物，发现可选择的商家并不多，购买过程也有些复杂，但是他发现这是一个卖茶叶的好地方——当时几乎没人在网上卖茶。

　　在投身创业前，李晓军做了一个市场调研。发现茶叶和其他农副产品不同，国家和市场没有一个标准的定价，价格普遍被哄抬。"茶叶从茶农到消费者手中，中间的层级太多了。"李晓军发现：从茶农到商贩到市场大户再到品牌企业，利润被一级级增加。

2006年，大学毕业后的李晓军，在启动资金较少的情况下，他揣着1 200元钱到了杭州，开始了这门茶叶的网销之路。2008年创立艺福堂茶业，凭借高品质、高安全、高标准的实在好茶的定位，2012年取得电商平台1个亿的销售额突破，艺福堂茶业的模式获得成功。当时艺福堂茶业主要经营的茶叶品类是西湖龙井、碧螺春、黄山毛峰等名优茗茶和药食两用的花草茶。

做茉莉花茶，是李晓军的情结，儿时浙江茉莉花茶的味道，一直回味在嘴里心间。"如果艺福堂茶业要做茉莉花茶，一定要用最好的浙江绿茶做最好的茉莉花茶，要做就做浙江茉莉花茶的金名片。"茉莉花茶是艺福堂茶业战略性品类，连续多年斩获全国茉莉花茶产品质量特别金奖等大奖。艺福堂茶业在2021年度全国茉莉花茶十大品牌推选活动中荣获"2021年全国茉莉花茶十大创新品牌"。经历9年的深耕与运营，艺福堂茶业茉莉香珠累计热销108万罐216吨，成为珠形茉莉花茶市场的领军品牌。

10余年的发展，艺福堂茶业显然已经不再仅仅是艺福堂茶业，它已经衍生出了多个品牌——雅集、五谷聚、以美，分别销售茶具、冲饮谷物、养生花茶，且销量不错。

目前，艺福堂茶业已经在淘宝、天猫、阿里巴巴等30余家垂直电商平台建立自己的销售渠道（如图3-15所示），成为中国茶行业为数不多的年销售额过3亿的茶企之一。

图3-15　艺福堂茶业的销售网络

饮法创新，引领茉莉花茶消费新时尚

随着新式茶饮的兴起，艺福堂茶业洞察到茉莉花茶在新式茶饮中的广泛运用，率先在小红书平台发起以茉莉花茶原叶茶为基底的新消费、新场景、新时尚的饮用方法。比如，以茉莉香珠茶汤为基底加水果制成的茉莉百香果、茉莉青柠、茉莉沙冰等颜值高、口感冰爽、茉莉香浓郁的夏日冰饮水果茶，以茉莉香珠茶汤做成果冻、布丁、棒冰，以茉莉茶汤+酒做成非常有情调的果味朗姆酒，用茉莉香珠茶汤在家自制茉莉奶绿、海盐茉莉、茉莉奶盖、茉莉拿铁、茉莉初雪等网红饮品等，一时之间开创了茉莉花茶时尚饮法的风潮。

饮用方法上的创新，带动了消费场景创新，也带动了整个行业的发展。艺福堂茶业茉莉花茶产品线逐渐丰富起来，2018年更方便日常调饮使用的三角袋泡系列诞生，2021年艺福堂茶业成为杭州2022年亚运会官方指定用茶后，含茉莉花茶的亚运会定制系列——十连冠潮玩扭扭茶、雅韵缤纷茶上市，越来越多的年轻人开始喜欢上茉莉花茶。"好一朵美丽的茉莉花，是中国的茉莉花；好一杯美丽的茉莉花茶，是浙江的茉莉花茶。"艺福堂茶业李晓军说，2022年亚运会在杭州举办，来自浙江的茉莉花茶也将随着杭州亚运会的东风再次美丽绽放，香飘世界。

"线下布点"+"中央工厂"踏实走路

近年来，随着单个平台的流量红利逐渐消失，艺福堂茶业开始更多地挖掘渠道红利。

2018年4月，艺福堂茶业与三江购物达成深度战略合作，共同甄选5款产品入驻三江购物160多家线下商超。不难看出，这家连续10年领跑茶叶电商行业的杭企，开始全面启动线上线下共同发展的发展策略，逐渐从单一线上销售转型为全方面场景化销售。

"现在还在探索期，无论是卖点、包装、内容形式，我们都在探究如何'去电商化。'"公司相关负责人表示，"后期的成本控制、投产比有多大等，线下的玩法都和线上的有所区别，需要摸索。而线下市场也会面临一批新的竞争者，这将是又一个新的开始。"

下一步会不会自营实体店铺？"不排除这种可能，无论是线上，还是线下商超，都是借助第三方渠道，自营店铺，才是真正意义上的自建渠道。"公司相关负责人表示。

这个成立13年的茶企不仅仅在互联网上卖茶叶，还在浙江桐庐建立中央智慧工厂。2017年，艺福堂茶业桐庐中央智慧工厂正式投入使用，一期占地30亩，涵盖原料甄选、包装制造、生产分装、物流发货（如图3-16所示）、中央办公等5个区块，部分厂房内常温仓库、冷库、智能搬运车、生产运输系统等设施、设备已投入使用。上月底，艺福堂茶业又搬了新的办公地。

艺福堂茶业在桐庐中央智慧工厂专门投资一条茉莉花茶生产线，包含从原料色选、挑选、精制、分装等工艺流程。每年4—5月，艺福堂茶业将精制、色选后的高山绿茶，从浙江桐庐的中央智慧工厂发运到千里之外的中国茉莉花茶之乡——广西横州窨花。

图3-16 艺福堂物流车间

未来，艺福堂茶业将在全国建立区域仓库，在所有产茶大区建立自己的茶叶原产地基地，将现代管理模式贯通整个产业链，建立集团公司总部、电子商务运营中心、研发中心、茶叶国际交流中心、培训中心、现代化茶叶生产展示中心，向世界一流茶叶品牌迈进。

（案例来源 杭州市艺福堂茶业有限公司，参编：云墨、萝兰）

考核评价

本项目考核评价参考见表3-6。

表3-6 项目三考核评价参考表

评价指标	评价标准	完成情况（100分）	评估成绩	所占比例
课堂学习	1.团队合作程度	10		55%
	2.上课互动情况	10		
	3.现场讨论、书面记录	15		
	4.答案的准确率	20		
课外学习	1.网上自测	10		35%
	2.实训项目	20		
	3.师生互动交流	5		
平时表现	1.出勤与纪律	5		10%
	2.按时完成作业情况	5		
综合得分				

● 完成情况：也可用"优、良、一般、差"来评价。

项目四　初创企业的人力资源管理

人力资源是现代企业中的核心资源，是企业获取和保持竞争优势的源泉，是企业的兴盛之本。卓越的人力资源管理往往是其他企业最难以复制、模仿的管理。作为一个初创企业，如何有效地吸引并留住人才是极为关键的，从一定意义上讲，这将决定企业的命运。

需要掌握的知识：主要包括组织结构的含义及构成、工作分析的含义与作用、工作说明书的编制；招聘的渠道、计划和招聘测试；绩效考核的含义、作用、内容，绩效指标设计的内容、要求，绩效考核的过程与常用方法；薪酬的含义及构成、薪酬体系设计理论、薪酬管理。

需要具备的技能：能够结合实际情况进行合理的组织结构设计与工作分析，编制工作说明书，有效地进行人员招聘，并设计绩效考核制度和薪酬制度，更好地调动员工的积极性。

需要具备的素质：主要包括对人才的分辨能力、对事物的调查能力、对问题的分析和判断能力、对社会的观察能力，并具备一定的创新思维。

任务一　如何搭建组织结构和进行工作分析？

工作任务

初创企业要不要建立组织结构？答案无疑是肯定的。就像建造房屋一样，无论是大是小，都需要先有结构框架，再添砖加瓦，才能建成像样的房子。如果想要企业做大做强，搭建清晰、合理的组织结构是不可或缺的；同时，还应该进行工作设计和工作分析，否则可能导致出现职责不明、分工混乱、沟通不畅、工作绩效低下等问题。这里，我们以杭州JZ公司为例，探讨以下四个问题：

1.JZ公司组织结构类型发生了什么变化？

2.JZ公司原先的组织结构对企业发展产生了怎样的制约？

3.JZ公司的组织结构调整以及工作分析能为企业带来哪些好处？你怎样设计自己公司的组织结构？

4.谈谈你的公司的组织结构如何搭建，有哪些重要岗位。

请结合以下案例，完成上面的任务：

【案例4-1】JZ公司的组织结构调整

杭州JZ公司成立于2012年10月，是一家致力于电子产品销售、软件开发、计算机系统集成的高科技企业。总部位于美丽的钱塘江畔，同时在北京、深圳、成都等地设有分支机构或研发中心。公司以软件技术为核心，立足于公安、司法、金融、电力、交通等行业，通过软件与服务的结合、软件与制造的结合、技术与行业管理能力的结合，提供行业解决方案和产品工程解决方案。公司除了为用户提供网上技术咨询、24小时电话热线支持、远程诊断支持、现场服务外，还提供项目的需求分析、方案设计、顾问咨询、设备安装、网络实施、售后服务、人员培训、二次开发等服务。公司目前拥有一批具有多年从事行业信息化建设经验的优秀人才，技术、市场、管理型人才占90%以上，主要员工先后参与了许多重要项目，拥有较深的技术功底和行业实践经验，在大型数据库处理、网络应用、软件开发和系统调试方面拥有较高水平。

JZ公司创立初期，实行的是总经理负责制，相关制度均采用总经理一支笔的处理方法，公司各个部门均由总经理亲自参与管理，所有工作由总经理统一安排。公司组织架构如图4-1所示。

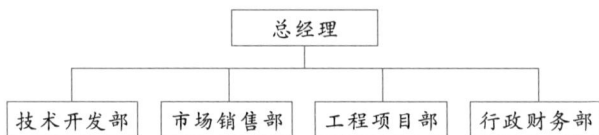

图 4-1 JZ公司的组织结构

JZ公司成立之初的组织结构设置相对简单，基本上是总经理一支笔，公司大大小小的事情均由总经理一人负责。从某种意义上讲，除了总经理是管理者，其他人均为员工。这就导致了分配工作不够精准、汇报流程不够明确等问题。而且随着公司人员规模的扩大，这样的组织结构也势必会对企业的战略规划、员工积极性等产生极大的影响，将严重制约企业的发展。

因此，JZ公司对原先的组织结构进行了重构，规范了部门设置：

（1）增加副总经理岗位，副总经理根据分工负责不同的业务工作。技术副总负责产品研发、技术研究及部分管理工作，销售副总负责市场销售及部分管理工作。此外，两位副总还需分担总经理的事务性工作。总经理主要负责公司的总经办和财务中心，对公司的核心职能进行监督管理。

（2）设置总工程师岗位。总工程师负责公司的工程技术及东北项目中心，主要涉及公司工程项目的实施、维护及客户方的技术交流等工作。除此之外，总工程师还需分担总经理的部分项目评审和审批工作。

（3）行政财务部拆分为总经办和财务中心，由总经理直接管理，使得公司人、财、物等关键要素能在总经理的整体把握下进行分配。

（4）技术开发部按照区域及所负责的工作不同拆分成几个中心，各中心设主任一名，全面负责本中心的日常工作及管理。

（5）工程项目部拆分为工程技术中心和东北项目中心，各设主任一名，根据总工程师的统一部署开展工作。

（6）各中心及总经办为平级关系，可以减少工作上的矛盾，对横向部门合作有很好的促进作用。

调整后的组织结构如图4-2所示。

除了对组织结构进行调整外，JZ公司还进行了工作分析，对部门职责、岗位职责进行重新设计。工作分析后，JZ公司对部门职责和功能的各个关键方面进行了清晰的界定，重点界定重叠或模糊的部门职责，在描述部门职责时用词准确、简单明了、通俗易懂。另外，公司对各岗位的职责也进行了重新界定，完整的岗位职责包括岗位信息、上下级关系、主要职权等核心指标。最后，在工作分析的基础上，公司制定了各岗位工作说明书。各岗位人员按照该说明书在日常经营过程中履行相应的职责，并按照上下级关系进行工作的分配和汇报。

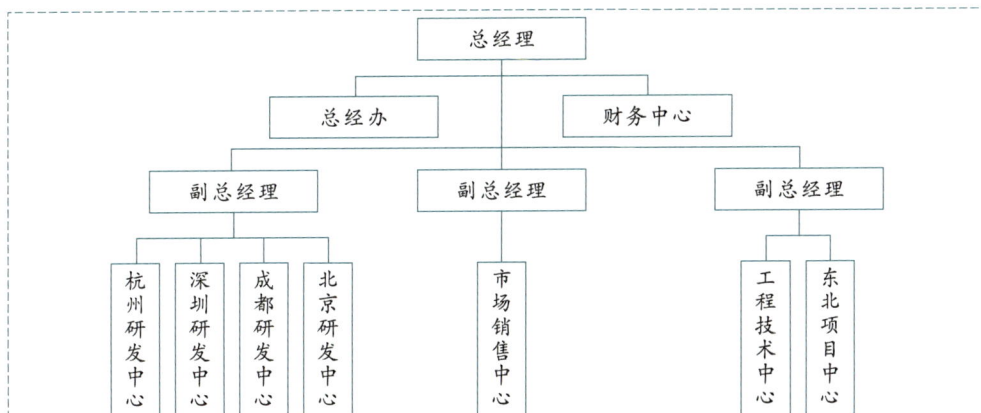

图4-2　调整后的组织结构

资料来源　张雷森. JZ公司初创期人力资源管理体系设计［D］. 杭州：浙江工业大学，2014.

任务分析

企业的组织结构不是一成不变的，需要根据企业不同发展阶段的组织特点和管理要求进行调整。因此，初创型企业在不断发展壮大后，必须对自身的企业规模、员工数量、业务及产品类型等进行分析，判断目前组织结构对企业的适应性，并进行相应的调整。通过对JZ公司的案例进行细致的分析，我们能够学习到如何根据企业的现实情况设计、调整组织结构，这也是人力资源管理的一个基础。

第一步，分析JZ公司的主营业务是什么，公司处于什么阶段，原先的组织结构有什么特点，是什么类型，经过调整后的组织结构又有什么特点，是什么类型。

第二步，在调整前，JZ公司的组织结构存在着怎样的问题？对管理者和员工有怎样的影响？它将给公司的发展带来哪些制约？

第三步，JZ公司的组织结构调整有哪些特点（遵循的原则）？工作分析又是一项怎样的工作？组织结构调整和工作分析将给JZ公司带来哪些影响？

第四步，学习后面的知识，对上面列举出来的事项分门别类地归纳，最后给出上述几个问题的完整答案。

创视说4-1
人力资源六大
模块

相关知识

33.组织结构设计的含义

所谓组织结构，是指组织的框架体系，是对完成组织目标的人员、工作、技术和信息所做的制度性安排。就像人类由骨骼确定体形一样，组织也是由结构来决定其形状。组织结构设计，就是通过对组织资源（如人力资源）的整合和优化，确立企业某一阶段最合理的管控模式，实现组织资源价值最大化和组织绩效最大化。

企业的组织结构设计是这样的一项工作：在企业中，对构成企业组织的各要素进行排列、组合，明确管理层次，分清各部门、各岗位之间的职责和相互协作关系，并使其在企业的战略目标实现过程中获得最佳的工作业绩。

组织结构可以用复杂性、规范性和集权性三种特性来描述。尽管组织结构日益复杂、类型演化越来越多，但任何一个组织结构都存在三个相互联系的问题，即职权如何划分、部门如何确立、管理层次如何划分。由于组织内外环境的变化影响着这三个相互关联的问题，组织结构的形式始终围绕这三个问题发展变化。

34.组织结构的类型

企业内部各部门是承担某种职能的载体，按一定的原则把它们组合在一起，便表现为组织结构。常见的组织结构主要有以下几种类型：

（1）直线制

直线制是最早也是最简单的一种组织形式。它的特点是企业各级行政单位从上到下实行垂直领导，下属部门只接受一个上级的指令，各级主管负责人对所属单位的一切问题负责。直线制组织结构的优点是：结构比较简单，责任分明，命令统一，信息沟通简捷方便。缺点是：它要求行政负责人通晓多种知识和技能，亲自处理各种业务。适用于规模不大、职工人数不多、生产和管理工作都比较简单的企业。

（2）职能制

职能制组织结构是按职能来组织部门分工，即从企业高层到基层，均把承担相同职能的管理业务及其人员组合在一起，设置相应的管理部门和管理职务。如在厂长下面设立职能机构和人员，协助厂长从事职能管理工作。这种结构要求行政主管把相应的管理职责和权力交给相关的职能机构，这样各职能机构就有权在自己的业务范围内向下级行政单位发号施令。因此，下级行政单位的负责人除了接受上级行政主管的指挥外，还必须接受上级各职能机构的领导。职能制组织结构的优点是：能充分发挥职能机构的专业管理作用，减轻直线领导人员的工作负担，有利于业务专精和提高管理工作的精细化程度。其缺点是：不便于行政组织间各部门的整体协作，容易形成部门间各自为政的现象，妨碍必要的集中领导和统一指挥，形成多头领导，在上级行政领导和职能机构的指导和命令发生矛盾时，下级无所适从，影响工作的正常进行。由于职能制组织结构具有明显的缺陷，现代企业一般不采用。

（3）直线-职能制

直线-职能制也叫直线参谋制，是在直线制和职能制的基础上取长补短，吸取这两种形式的优点而建立起来的。目前，绝大多数企业都采用这种组织结构形式。这种组织结构形式把企业管理机构和人员分为两类：一类是直线领导机构和人员，按命令统一原则对各级组织行使指挥权；另一类是职能机构和人员，按专业化原则从事组织的各项职能管理工作。直线领导机构和人员在自己的职责范围内有一定的决定权和对所属下级的指挥权，并对自己部门的工作负全部责任；而职能机构和人员则是直线指挥人员的参谋，不能对直属部门发号施令，只能进行业务指导。直线-职能制组织结构的优点是：既能保持统一指挥，又能发挥参谋人员的作用，分工精细，责任清楚，不仅效率较高，而且组织稳定性较高。其缺点是：直线部门与职能部门之间目标不统一时，上层主管的协调工作量大，难以从组织内部培养熟悉全面情况的管理人才，系统刚性大，容易因循守旧，对新情况不易及时做出反应。适用于产品单一、销量大、决策信息少的中小型企业。

（4）事业部制

事业部制是分级管理、分级核算、自负盈亏的一种组织结构形式，即一个公司按地区或按产品类别分成若干个事业部，从产品的设计、原料采购、成本核算、产品制造一直到产品销售，均由事业部及所属工厂负责，实行单独核算、独立经营。公司总部只保留人事决策以及预算控制和监督大权，并通过利润等指标对事业部进行控制。也有一些事业部只负责指挥和组织生产，不负责采购和销售，实行生产和供销分立，但这种事业部正在被产品事业部所取代。还有一些事业部则按区域来划分。事业部制的优点是：集中决策，分散经营，有利于管理高层人员从日常行政事务中摆脱出来，集中精力考虑重大战略问题，各事业部集中从事某一方面的经营活动，实现高度专业化。其缺点是：各事业部独立性强，考虑问题时容易忽视企业整体利益。适用于规模大、业务多样化、市场环境差异大、具有较强适应性的企业。

（5）模拟分权制

这是一种介于直线-职能制和事业部制之间的组织结构形式。所谓模拟分权，就是模拟事业部制的独立经营、单独核算，而不是真正的事业部，实际上是一个个生产单位。这些生产单位有自己的职能机构，享有尽可能大的自主权，负有"模拟性"的盈亏责任，目的是调动他们的生产经营积极性，达到改善企业生产经营管理的目的。需要指出的是，各生产单位由于生产上的连续性，很难将它们截然分开。以连续生产的石油化工行业为例，甲单位生产出来的"产品"可能直接就成为乙单位的生产原料，这当中无须停顿和中转。因此，它们之间的经济核算，只能依据企业内部的价格而不是市场价格。也就是说，这些生产单位没有自己独立的外部市场。这也是模拟分权制与事业部制的差别所在。

（6）矩阵制

在组织结构上，把既有按职能划分的垂直领导系统，又有按产品（项目）划分的横向领导关系的结构，称为矩阵制组织结构。矩阵制组织结构是为了改进直线-职能制横向联系差、缺乏弹性的缺点而形成的一种组织结构形式。它的特点表现在围绕某项专门任务成立跨职能部门的专门机构上，如组建一个专门的产品（项目）小组从事新产品开发工作，在研究、设计、试验、制造的各个阶段，由有关部门派人参加，力图做到条块结合，以协调各有关部门的活动，保证任务的完成。这种组织结构形式是固定的，人员却是变动的，需要谁谁就来，任务完成后就可以离开。项目小组和负责人也都是临时组织和委任的。任务完成后就解散，有关人员回原部门工作。因此，这种组织结构非常适用于横向协作和攻关项目。

企业组织结构没有统一的标准要求，需要根据企业自身的实际情况设计与运行，并不断优化。由于初创企业存在规模劣势，经营能力有限，管理水平较低，竞争能力差，要想获得更大的发展，其组织结构应该逐渐跨越传统的单一边界，健全以架构为基础的运行机制，使科学设计与规范运行有机结合起来，避免因组织结构不完善而带来的风险，使企业形成更强大的竞争力，从而实现持续稳定的发展。

（7）二元性组织

在动态复杂的环境中，在位企业一味固守维持性创新无法抵御来自后发企业破坏性创新的威胁，极易丧失原有的竞争优势。然而在位企业的组织、制度、文化更适应维持性创新的要求，如何破除组织在面对不同创新要求时的悖论，在适宜维持性创新的环境中发展破坏性创新是核心问题。针对这一点，为解决组织悖论而产生的二元性组织可能是一种有效的应对方案。关于二元性组织的研究来源于对"组织悖论"的关注——组织既寻求灵活、追求适应环境变化，又需求稳定、希望降低不确定性。罗伯特·邓肯（Robert Duncan）1976年在管理矛盾研究中就提出了二元性组织（Organisational Ambidexterity）的概念。他提倡采用这种二元结构来解决组织的创新悖论，将有利于探索式创新和利用式创新的两类组织结构和管理过程整合在一个组织中，在需要探索式创新产生时以一种有机的组织惯例方式运行，在需要利用式创新时以一种机械的组织结构方式运行。

华为公司成立于1987年，是全球领先的信息与通信技术（ICT）解决方案供应商，目前共有17万多名员工，业务遍及全球170多个国家。任正非是华为公司的创始人，他是华为毋庸置疑的灵魂人物，他的思想、行为深深注入到华为的每一项制度中、体现在华为的每一个决策上。

任正非具有大局观和战略眼光，其身上既有以自我为中心、坚持己见的一面，也有宽待下属、听取员工意见的一面，很好地体现了矛盾型领导特征。在华为的成长过程中，既有开拓新市场、研发新技术、提供新服务等探索性活动，又有巩固已有市场、提升已有技术和服务等开发性活动，能充分体现组织二元性的特点。

任正非通过行使否决权对轮值CEO、董事会和委员会的工作和决策进行辅导和监督，保持了对重大事项的控制，有利于把控华为在实现组织二元性过程中的方向，避免出现重大决策失误；同时赋予一线员工自主决策权，让"听得见炮火的人来呼唤炮火"，有利于员工采用新思维、新方法，灵活地解决在实现组织二元性具体的执行过程中遇到的问题。

35. 工作分析的含义及作用

工作分析也称职位分析、岗位分析或职务分析，是对组织中某个特定职务的设置目的、任务或职责、权力和隶属关系、工作条件和环境、任职资格等的相关信息进行收集与分析，并对该职务的工作做出明确规定，且确定完成该工作所需的行为、条件、人员的过程。工作分析是指对工作进行整体分析，包括对工作内容及岗位需求的分析，对岗位、部门和组织结构的分析，对工作主体员工的分析三部分内容，以便确定每一项工作的6W1H：用谁做（Who）、做什么（What）、何时做（When）、在哪里做（Where）、如何做（How）、为什么做（Why）、为谁做（Whom）。

工作分析是人力资源管理工作的基础，其分析质量对其他人力资源管理模块具有举足轻重的影响。

首先，工作分析为人力资源开发与管理活动提供了依据：

①工作分析为人力资源规划提供了必要的信息。

②工作分析为人员的招聘录用提供了明确的标准。

③工作分析为人员的培训开发提供了明确的依据。

④工作分析为科学的绩效管理提供了帮助。

⑤工作分析为制定公平合理的薪酬政策奠定了基础。

其次，工作分析为组织职能的实现奠定了基础。

①工作分析有助于员工本人反省和审视自己的工作内容和工作行为，以帮助员工自觉、主动地寻找工作中存在的问题，圆满实现职位对组织的贡献。

②在工作分析过程中，人力资源管理部门能够充分了解组织经营的各个重要业务环节和业务流程，从而有助于人力资源管理职能真正上升到战略地位。

③借助于工作分析，可以发现职位之间的职责交叉和职责空缺现象，并通过职位的及时调整，提高组织的协同效应。

工作分析会对工作的性质、结构、要求等基本因素做一个全面的评价，这个过程包括：准备阶段、调查阶段、分析阶段、结果形成阶段和应用反馈阶段五个阶段。这五个阶段相互联系、相互影响。其中，准备阶段主要包括以下工作：确定工作分析目的、制订工作分析计划、组建工作分析小组、建立有效的沟通体系、确定调查和分析对象的样本。工作分析的信息包括：工作名称、工作数目、工作单位、职责、工作知识、智力要求、熟练及精确度、经验、教育与训练、身体要求、工作环境、与其他工作的关系、工作时间与轮班、工作人员特性、选任方法。

36.工作说明书

工作分析的结果或直接成果是工作说明书。工作说明书作为组织重要的文件之一，是指用书面形式对组织中各类岗位（职位）的工作性质、工作任务、责任、权限、工作内容和方法、工作环境和条件，以及本职务任职人资格条件所作的统一要求（书面记录）。它应该说明任职者做些什么、如何去做和在什么样的条件下履行其职责。一份名副其实的工作说明书必须包括该项工作区别于其他工作的信息，提供有关工作是什么、为什么做、怎样做以及在哪里做的清晰描述。

工作说明书包括两大块内容：工作描述和工作规范（任职说明）。其一般用表单形式编制，通常分七大部分设计表单：

①基本信息：职位名称、部门、直接上级、所属下级、职位发展方向、职责分析日期、编写日期等。

②职位目的：对为什么设置该职位的原因进行概述。

③职责和权限：对任职者应该完成的工作、承担的责任及其完成工作、承担责

任而被赋予的权力、可以调动的资源进行概述。

④考核指标：对工作完成情况的衡量标准进行概述。

⑤工作关系：分内部关系和外部关系，包括联系的部门、人员。

⑥工作环境及条件：对工作环境及完成工作所需的工具设备进行概述。

⑦任职资格：对任职者完成工作所需具备的学历水平、知识内容、工作经验、工作技能、个性和品质等进行概述。

在编制工作说明书时，要注意以下几个编制要点：①对职位的描述，不是任职者的现工作；②不局限于现状，应着眼于组织设定岗位的需要；③针对岗位而不是人；④归纳而非罗列。

表4-1是某公司区域经理工作说明书。

表4-1　　　　　　　　示例：某公司区域经理工作说明书

岗位名称	区域经理	岗位定员	5
直接上级	零售事业部省区经理	所在部门	零售事业部
直接下级	分管区域店负责人及柜组长	所辖人员	分管区域所有人员
本职：作为公司掌控各地分店的重要一环，负责所辖区域的日常管理工作、各连锁店的协调工作、督促指导工作，确保区域系统的有效、有序运行				
职责与工作任务：				
职责一	职责表述：制订和执行所辖区域的整体销售计划			
职责二	职责表述：培训、指导下属工作，提高团队能力，培养连锁店管理人才			
职责三	职责表述：执行、监督各店的运营管理制度、流程，并提出完善建议			
职责四	职责表述：负责分管区域的旧店改造项目			
职责五	职责表述：负责分管区域困难连锁店的销售额提升			
职责六	职责表述：负责分管区域的竞争对手分析并定期递交报告			
职责七	职责表述：指导并督促分管区域的商品管理员对区域库存进行合理调配，对区域的库存周转负责			
职责八	职责表述：做好连锁店顾客投诉处理的指导工作			
权力：				
区域内各类报表审批权				
人员调动审批权				
进价调整审批权				
考勤信息审批权				
人员调动审批权				
工作关系协调：				
内部关系协调	公司内各部门、各下属连锁店			
外部关系协调	政府机构、媒体等			

续表

任职资格：	
教育水平	大专以上
专业	市场营销专业或管理相关专业
培训经历	接受过经理人职业培训，财务、人事、法律知识培训
经验	5年以上工作经验、2年以上连锁店管理经验
知识	企业管理、人力资源管理、公司经营管理、零售经营、办公自动化等方面的知识
技能技巧	领导技巧和才能；有敏锐的商业触觉、判断与决策能力、人际沟通能力、影响力、计划与执行能力
个人素质	诚信、进取意识、成就感
其他：	
使用工具/设备	计算机、一般办公设备（电话、传真机、打印机、Internet/Intranet）及通信设备
工作环境	经常出差
工作时间特征	经常需要加班
所需记录文档	汇报文件、总结、调研报告
考核指标：	
销售目标达成率、利润达成率	
费用节约，运营制度执行	

任务实施

请将案例中涉及的事项分析与整理后，填写到表4-2中。

表4-2　　　　　　　　**组织结构设计及调整的分析表**

任务内容	1.JZ公司组织结构类型发生了什么变化？
主营业务：	
公司所处阶段：	
原先组织结构的特点及类型：	
调整后的组织结构特点及类型：	

续表

任务内容	2.JZ公司原先的组织结构对企业发展产生了怎样的制约？
原先组织结构的问题： 对管理者和员工的影响： 对企业发展可能的制约： 	

任务内容	3.JZ公司经过调整后的组织结构有什么优点？
组织结构调整的特点（所遵循的原则）： 工作分析是一项怎样的工作： 组织结构调整和工作分析给JZ公司的影响： 	

任务内容	4.你的公司的组织结构如何搭建？有哪些重要岗位？

课后思考

有自己的创业团队吗？

　　创业团队对于企业的成功创立、提高企业的生存率及企业的发展潜力具有非常重要的影响。俗话说"三个臭皮匠顶个诸葛亮"，"臭皮匠"们胜过足智多谋的"诸葛亮"的原因就是因为三个或多个"皮匠"们相互协作的结果。图4-3的漫画中的主人公如果存在于现实生活或工作中会是什么样呢？一个高效团结的团队是如今这个日渐复杂的商业社会所必需的。对创业者来说，还处在创业起步阶段时，成功地组织起一个有效的创业团队将对创业成功起着至关重要的决定作用。在竞争日益激烈的创业环境下，单打独斗显然是不明智的，团队作战才是创业者最好的选择。

我们已经了解了不少成功创业者，虽然他们都是自己选择的创业之路，但在这条路上他们不是一个人，还有人一起并肩作战。所以，一个创业者要想真正走向成功，光凭一己之力是不能做大做强的。在前进的道路上，如果有合作伙伴的帮助和支持，将会走得更加顺利，发展更加迅速。

查阅有关资料，了解Facebook公司的创业团队是怎样的，为什么年轻创始人扎克伯格可能管理这样一批有经验的员工？试想一下，你作为一名想创业的大学生，身边是否有人可以帮助你一起创业。

图4-3　合作伙伴

任务二　企业如何进行人才招聘?

工作任务

每个组织都有其独特的一面，对用人的标准与要求也不相同，因此，成功的人才招聘必须符合组织自身发展的需求。对于如何吸引、留住人才，成功企业有一些独具特色的做法值得借鉴，主要体现在招聘方案、招聘流程、招聘要求、招聘测试等具体工作上。这里，我们以宝洁公司的校园招聘为例，探讨以下四个问题：

1.宝洁公司的校园招聘有哪些独特之处？

2.选择宝洁公司的某一个岗位，谈谈如果要招聘这一岗位的员工，你会设计怎样的招聘测试方法。请说明理由。

3.总结在初创企业招聘中应该注意哪些问题。

4.你的创业公司将如何招聘人才？

请结合以下案例及相关知识，完成上面的任务。

【案例4-2】 不同岗位选用人才的方式

（一）通用电气公司（GE）接班人的内部选拔

杰克·韦尔奇是通用电气（GE）董事长兼CEO。在短短20年间，这位商界传奇人物使GE的市场资本增长30多倍，达到了4 100亿美元，排名从世界第10提升到第1。他所推行的"六西格玛"标准、全球化和电子商务，几乎重新定义了现代企业。2001年9月退休，他被誉为"最受尊敬的CEO""全球第一CEO""美国当代最成功最伟大的企业家"。

韦尔奇的伟大之处，不仅在于对通用电气公司的管理革命，还在于对接班人的选择。

在选接班人这方面，韦尔奇坚持应从公司内部选择，并为此做了不懈的努力。

早在1994年6月，韦尔奇就开始与董事会一道遴选接班人，而且几乎事必躬亲。在秘密敲定十几位候选人名单后，他会经常性地安排他们与董事会成员打高尔夫球，或聚餐跳舞，让董事们有更多的感性认识。娱乐活动轻松活泼，看似不经意，但座次安排、组合配对等细节都是韦尔奇亲自安排。当然，对候选人也有多种明察暗访的考核。

周五，他邀请伊梅尔特和妻儿从南卡罗来纳飞到自己在佛罗里达棕榈滩的寓所共度感恩节，但并不让他乘坐通用电气公司的飞机，而是搭一架与其他公司合用的商务飞机绕一圈后才到达佛罗里达，以避免公司内部人员的议论。韦尔奇与伊梅尔特在周六谈了一整天，晚餐就在韦尔奇家中进行。周日上午，伊梅尔特一家坐上一架与他人合用的商务飞机直奔纽约。下午，韦尔奇通知自己的飞行员改变飞往纽约的计划，改飞辛辛那提。在雨夜中着陆后，韦尔奇在飞机库一个隐秘的房间里，与詹姆斯·麦克纳尼详谈了一会儿。回到飞机上后，他再次令飞行员感到惊奇的是，还不能去纽约，而是与罗伯特·纳尔代利见了面，并交谈了一阵。晚上10点钟，韦尔奇终于飞到纽约。此时他百感交集："为我的继任者感到高兴，为他把坏消息告诉朋友而伤心。同时也觉得松了口气。"

周一上午8点，通用电气公司在纽约宣布，44岁的杰弗里·伊梅尔特将成为全世界最有价值的公司下任CEO。

3周后，在通用电气公司董事、高级主管及配偶于曼哈顿通用电气"彩虹室"聚餐和跳舞时，麦克纳尼和纳尔代利与伊梅尔特一样，得到大家的起立鼓掌。

（二）宝洁公司的校园招聘流程

宝洁公司（Procter & Gamble）创始于1837年，是全球的日用消费品公司巨头之一。公司总部位于美国俄亥俄州辛辛那提，全球员工近110 000人。宝洁在日用化学品市场上知名度相当高，其产品包括洗发用品、护发用品、护肤用品、化妆品、婴儿护理产品、妇女卫生用品、医药用品、织物用品、家居护理用品、个人清洁用品等（如图4-4所示）。

图4-4 宝洁公司旗下部分品牌

宝洁公司招聘的员工90%以上是应届毕业生，但法律部、公共关系部的员工例外，因为这些人的知识和技能很难在公司内部培养，只能招聘既成人才。宝洁公司每年都要在我国重点大学举办大规模的招聘会，通过严格有序的招聘，来吸引大批富有才干的年轻人。因此，宝洁的招聘工作主要是校园招聘。宝洁招聘主要包括以下步骤：

1.前期的广告宣传。

2.邀请大学生参加其校园招聘介绍会。

3.网上申请。

毕业生通过访问宝洁中国的网站，点击"网上申请"来填写自传式申请表及回答相关问题。这实际上是宝洁的一次筛选考试。

4.笔试。

笔试主要包括3个部分：解难能力测试、英文测试、专业技能测试。

（1）解难能力测试。这是宝洁对人才素质考察的最基本的一关。在中国，使用的是宝洁全球通用试题的中文版本。

（2）英文测试。这个测试主要用于考核母语不是英语的人的英文能力。

（3）专业技能测试。并不是所有申请者都需要经过该项测试，它主要是考核申请公司一些有专业限制的部门的同学。这些部门如研究开发部、信息技术部和财务部等。宝洁公司的研发部门招聘的程序之一是要求应聘者就某些专题进行学术报告，并请公司资深科研人员加以评审，用以考察其专业功底。对于申请公司其他部门的同学，则无须进行该项测试，如市场部、人力资源部等。

5.面试。

宝洁的面试分两轮。第一轮为初试，一位面试经理对一个求职者面试，一般都用中文进行。面试人通常是有一定经验并受过专门面试技能培训的公司部门高级经理。一般这个经理是被面试者所报部门的经理，面试时间为30~45分钟。

通过第一轮面试的学生，宝洁公司将出资请应聘学生来广州宝洁中国公司总部参加第二轮面试，也是最后一轮面试。为了表示宝洁对应聘学生的诚意，除提供免费往返机票外，面试全过程在广州最好的酒店或宝洁中国总部进行。第二轮面试大约需要60分钟，面试官至少是3人，为确保招聘到的人才真正是用人单位（部门）所需要和经过亲自审核的，复试都是由各部门高层经理亲自面试。如果面试官是外方经理，宝洁还会提供翻译。

（1）宝洁的面试过程主要分为以下4个部分：

第一，相互介绍并创造轻松交流的气氛，为面试的实质阶段进行铺垫。

第二，交流信息。这是面试中的核心部分。一般面试人会按照既定8个问题提问，要求每一位应聘者能够对他们所提出的问题做出一个实例的分析，而实例必须是在过去亲身经历过的。这8个问题由宝洁公司的高级人力资源专家设计，无论应聘者如实还是编造回答，都能反映应聘者某一方面的能力。宝洁希望得到每个问题回答的细节，高度的细节化要求让个别应聘者感到不能适应，没有丰富实践经验的应聘者很难很好地回答这些问题。

第三，讨论的问题逐步减少或合适的时间一到，面试就引向结尾。这时面试官会给应聘者一定的时间，由应聘者向主考人员提几个自己关心的问题。

第四，面试评价。面试结束后，面试人立即整理记录，根据求职者回答问题的情况及总体印象作评定。

（2）宝洁的面试评价体系。宝洁公司在中国高校招聘采用的面试评价测试方法主要是经历背景面谈法，即根据一些既定考察方面和问题来收集应聘者所提供的事例，从而来考核该应聘者的综合素质和能力。

根据以上几个问题，面试时每一位面试官当场在各自的"面试评估表"上打分：打分分为3等：1~2分（能力不足，不符合职位要求，缺乏技巧、能力及知识），3~5分（普通至超乎一般水准；符合职位要求；技巧、能力及知识水平良好），6~8分（杰出应聘者，超乎职位要求；技巧、能力及知识水平出众）。具体项目评分包括说服力/毅力评分、组织/计划能力评分、群体合作能力评分等项目评分。在"面试评估表"的最后一页有一项"是否推荐栏"，有3个结论供面试官选择：拒绝、待选、接纳。在宝洁公司的招聘体制下，聘用一个人，须经所有面试经理一致通过方可。若是几位面试经理一起面试应聘人，在集体讨论之后，最后的评估多采取一票否决制。任何一位面试官选择了"拒绝"，该应聘者都将从面试程序中被淘汰。

6.公司发出录用通知书给本人及学校。

通常，宝洁公司在校园的招聘时间大约持续两周，而从应聘者参加校园招聘会到最后被通知录用大约有一个月。

资料来源　陈振华. 企业如何进行有效的招聘——宝洁公司校园招聘的启示 [J]. 消费导刊，2016（12）.

任务分析|

由于岗位类型不同，招聘的来源与方法也不相同，企业应根据自身的实际，决定采用什么样的方式、方法招聘不同岗位的人员，为单位及时地提供优秀人才。因此，初创企业在招聘人才时，也必须根据企业现实情况，树立正确的人才观，并将其内化到具体的招聘工作中，为企业甄选合适的人才。

第一步，分析具体的招聘工作包括哪些；根据案例，分析宝洁公司的招聘在具体工作中是怎么做的，有哪些独特之处。

第二步，招聘测试的方法有哪些？进入宝洁公司的招聘网站，选择一个比较熟悉的岗位，根据你对这一岗位的调查及了解，结合公司的人才观，对其进行招聘测试方法的设计，并说明这些方法能够测试应聘人员的哪些特质。

第三步，分析初创企业的整个招聘流程（制度建立、需求分析、渠道选择、测试方法等），并总结初创企业在招聘中需要注意的要点。

根据上述分析，写出你的观点。

创视说 4-2
岗位与人才的
匹配

相关知识|

37.招聘的渠道

招聘，是招募与聘用的总称。企业的招聘，即指企业为了发展的需要，根据人力资源规划和工作分析的要求，寻找、吸引那些有能力又有兴趣到该企业任职的人员，并从中选出适宜人员予以录用的过程。

招聘的渠道，总的来说包括内部招聘渠道和外部招聘渠道。初创企业一般人才储备较少，欠缺内部招聘的条件，应主要考虑外部招聘。外部招聘的渠道主要有以下几种：

（1）校园招聘会

每年都有成千上万的学生从大专院校毕业，随着形势的发展和企业管理理念的提高，国内企业越来越重视校园招聘这一重要渠道。从个体差异假说来看，校园招聘中的应聘者普遍是年轻人，学历较高，工作经验少，可塑性强。这类员工进入工作岗位后能较快地熟悉业务、进入状态，所以这个招聘渠道一般适用于招聘专业职位或专项技术岗位人员。如果招聘企业重在员工知识结构的更新和人力资源的长期开发，则校园招聘是首选。当然，刚毕业的年轻人由于缺乏工作经验，公司在将来的岗位培训上成本较高，且不少学生由于刚步入社会，对自己的定位还不清楚，工作的流动性也可能较高。

（2）职业中介机构

随着经济的发展、社会的进步，人才流动现象越来越普遍、越来越活跃。

为了适应这种需求，就出现了人才交流中心、职业介绍所等机构。这些机构既为企业、单位选人，同时也为求职者选工作单位。专业机构推荐的人员一般都经过筛选，因此招聘成功率比较高，上岗效果也比较好。一些规范的人才交流中心还提供后续服务，使招聘企业感到放心。其中，猎头公司是职业中介机构中比较特殊的一种，通过这一渠道招聘的多是公司中高层职位。通过猎头公司招募的人员特点是工作经验比较丰富，在管理或专业技能上有着独特之处，在行业中和相应职位上是比较难得的人才。

（3）现场招聘会

现场招聘会是公司招聘常用的一种方式，在招聘会上，用人企业和应聘者可以直接进行接洽和交流，节省了企业和应聘者的时间，还可以为招聘负责人提供不少有价值的信息。随着人才交流市场的日益完善，招聘会也呈现出向专业化方向发展的趋势，如中高级人才洽谈会、应届生双向选择会、信息技术人才交流会等。由于应聘者集中、人才分布领域广泛，企业在现场招聘会上的选择余地较大。通过参加招聘会，企业招聘人员不仅可以了解当地人力资源的素质和走向，还可以了解同行业其他企业的人事政策和人才需求情况。

（4）内部推荐

内部推荐也是公司招募新员工的渠道之一，在现实中也很常见。这是比较有效的一种渠道，主要表现为新员工进入公司后离职率低，工作满意度较高，工作绩效较好。这类应聘者多数是公司内部员工熟知的亲人或朋友，所以他（她）们对公司的内部信息和岗位要求有比较清楚、准确的认识；另外，公司内部员工对被推荐者较为熟悉，会根据岗位要求考虑他（她）们是否具备相应的条件。此外，这类应聘者进入公司后能更快地融入内部关系网络，得到更多的帮助和指导，因而在短时间内工作可能会有较好的表现。但使用该渠道时也应注意一些负面影响，如推荐人没有考虑被推荐人是否合格或者形成小团体等，可能影响公司正常的组织架构和运作。

（5）媒体广告

在报纸、杂志或电视上刊登、播放招募信息受众面广，一般会收到较多的应聘资料，同时也可以宣传企业的形象。通过这一渠道应聘的人员分布广泛，但高级人才很少采用这种求职方式，所以招聘公司中基层和技术职位的员工时，媒体广告比较适用。

（6）网上招聘

网上招聘是近些年新兴的招聘方式，主要有两种类型：通过人才交流公司或中介机构进行网上招聘、企业直接网上招聘。网上招募渠道成本较低廉，且不受时空限制，受众时效性强。招聘网站的类型包括综合性网站、行业性网站、地方性网站、政府性网站、服务性网站等。另外，行业、专业网站及论坛，特定人群（MBA、专业人士、校友、网络发烧友）组织的网站，聊天室（群、组）等是伴随网络普及、网络市场日益细分而产生的新型、非主流的招聘渠道。其优点类似人才网站招聘，快速简捷，更胜一筹的是可以通过网络与对方及时、深入地进行交流甚至是视频沟通。网上招聘没有地域限制，受众人数多，覆盖面广，但是其中充斥着许多虚假信息和无用信息，因此网上招聘对简历筛选的要求比较高。

（7）自荐

自荐，即应聘者直接找上门求职。这一渠道在实践中应用较少。但随着市场的发展，自荐也会逐渐成为公司的重要招聘渠道之一。由于自荐的应聘者一般对公司有较深入的了解，对应聘的职位做了系统准备，因此这类人员在入职后的工作中也会有较好的表现。在西方，这是成功率较高的招聘方式之一。考虑到文化、就业环境等方面的差异，该种方式在国内的效果并不太好。此外，多数企业往往也不太鼓励自荐。

综上所述，企业在进行员工招聘时，最好不要局限于采用单一渠道，而应考虑各种渠道的特点，并灵活使用。结合企业自身特点，包括财务状况、紧迫性、招聘人员素质等，同时考虑招聘职位的类型、层次、能力要求等，来选择适当的招聘渠道。处于成长期的企业对人才需求量很大，对于公司高级管理人员，应该采用内部招聘的方式；对于中低层次的人才，应该考虑采用见效快的招聘渠道，如现场招聘以及时效较长的网上招聘。来自不同招聘渠道的应聘者适应公司的不同岗位，因此企业在招聘过程中根据需要有所侧重，会取得比较好的招聘效果。

38.招聘计划

招聘计划是指人力资源部门根据用人部门的增员申请，结合企业的人力资源规划和工作说明书，明确一定时期内需招聘的职位、人员数量、资质要求等因素，并制订具体的招聘活动的执行方案。

招聘计划通过定期或不定期地招聘、录用组织所需的各类人才，为组织人力资源系统充实新生力量，实现企业内部人力资源的合理配置，为企业扩大生产规模和调整生产结构提供人力资源方面的可靠保证；同时，弥补人力资源的不足，避免人员招聘中的盲目性和随意性。

其中，招聘信息的拟定是招聘工作中一个非常重要的环节。举例来讲，有一家成长型企业，由于业务发展的需要，公司拟招聘一名采购经理。公司人事部门拟订了一份招聘启事，其主要内容如下：

A外资公司招聘采购经理的启事

大专以上学历，3年相关工作经验，较好的英语和计算机能力，有高度工作责任感和沟通协调能力。主要工作职责是联系供货公司，及时准确地在规定时间内将企业各部门所需货物发送至指定地点，并确保货物的质量和价格符合企业的要求。

看似一则短短的招聘启事，其中却透露出一些招聘以外的信息。在中小企业中有很多这样的招聘启事：大专以上学历，2年相关工作经验，能熟练操作OFFICE者优先。

两种招聘启事是有本质差别的。A外资公司招聘启事中有较详细的工作职责，明确告诉了应聘者今后的职责范围和应负责任，同时，对应聘人员的四条要求也是"有根有据"的。而另一则招聘启事却没有对职责做出详细规定。

A公司找到合适人选，关键得益于这份成功的招聘启事，严格规定了岗位要求，显示出非常强的针对性。

因此，制订招聘计划是非常重要的，其内容主要包括：

◎人员需求清单，包括招聘的职务名称、人数、任职资格要求等内容。

◎招聘信息发布的时间和渠道。

◎招聘小组人选，包括小组人员姓名、职务、各自的职责。

◎应聘者的考核方案，包括考核的场所、大体时间、题目设计者的姓名等。

◎招聘的截止日期。

◎新员工的上岗时间。

◎招聘费用预算，包括资料费、广告费、人才交流会费用等。

◎招聘工作时间表，应尽可能详细，以便于他人配合。

◎招聘广告样稿。

示例：某科技开发有限公司招聘计划书

1.招聘目标（需求分析）（见表4-3）：

表4-3   **某科技开发有限公司招聘需求分析**

职务名称	人员数量	职位要求
软件开发工程师	3	计算机及相关专业本科以上学历；要求熟悉和掌握各种计算机软硬件基础知识；有较强的沟通和领悟能力，能够独立地完成工作；勤奋好学，工作积极努力；有责任感和团队精神，能承受工作压力。35岁以下，有两年独立研究开发经验
销售代表	5	大专以上学历。3年以上工作经验，且有带销售团队的经验，具备管理能力，计算机、市场营销、经济学、管理学等相关专业；具备良好的职业形象、职业素质及心态，言谈举止得体大方；有相关行业知识，熟悉培训流程；具备良好的沟通能力；能独立开展工作并能承受较大的工作压力；积极、自信、敬业，具有开拓精神；有团队精神和人员管理经验，有亲和力，具有一定的文笔写作能力，具有较强的随机应变能力及处理突发事件的能力。有培训工作经验者优先，男女不限
会计	3	会计、财务管理类相关专业大专以上学历，持证上岗；受过财会专业资格认证、财务管理技能等方面的培训；1年以上财会类工作经验；能熟练使用财务软件及其他办公软件；熟悉企业会计工作流程及国家财政法规；有较强的工作独立性、主动性，开拓意识强，有良好的团队合作精神；本地户口

2.招聘方式及信息发布时间（根据招聘岗位的性质确定招聘渠道）：

（1）《_____日报》；　　　　　　　（3月8日）

（2）《_____晚报》；　　　　　　　（3月8日）

（3）本公司网站，网址：_____　（3月8日）

（4）××人才网，网址：_____　（3月8日）

3.招聘小组成员名单：

组长：_____（公司人力资源部经理）对招聘活动全面负责

成员：_____（销售部经理）　　_____（研究开发部经理）　　_____（财务部经理）

具体参与面试、录用工作

_____（人力资源部薪酬管理人员）具体负责应聘人员接待、求职资料整理

_____（人力资源部招聘专员）具体负责招聘信息发布以及安排面试、笔试

招聘地区：北京、上海、广州、武汉、西安、成都

4.招聘工作方案及时间安排（根据人员到岗时间计划每一环节需要的时间）：

（1）软件开发工程师

负责人：研究开发部经理

资料筛选：研究开发部副经理　　　　　　截止到3月15日

初试（笔试）：研究开发部命题小组　　　　3月17日

复试（面试）：研究开发部经理　　　　　　3月19日

（2）销售代表

负责人：_____销售部经理

资料筛选：销售部经理　　　　　　　　　截止到3月15日

初试（笔试）：销售部经理　　　　　　　3月17日

复试（面试）：分管销售副总经理　　　　3月19日

（3）会计

负责人：_____财务部经理

资料筛选：财务部经理　　　　　　　　　截止到3月15日

初试（笔试）：财务部经理　　　　　　　3月17日

复试（面试）：财务部经理　　　　　　　3月19日

5.员工上岗时间：

预计4月1日

6.招聘预算（根据自己的招聘渠道和方式来制定预算）：

A.《×××日报》广告刊登费用4×8 000+2×6 000=44 000（元）

B.××招聘网站信息刊登费8 000元

C.《××晚报》广告刊登费4×6 000+2×4 000=32 000（元）

合计：84 000元

7.招聘工作时间（时间安排亦可用表格列明）：

3月5日：撰写招聘广告

3月6日：进行招聘广告版面设计

3月7日：与报社、网站联系

3月8日：到报社、网站刊登广告

3月9日至3月15日：接待应聘者、整理应聘资料、对资料进行筛选

3月17日：通知应聘者参加笔试

3月19日：进行面试

3月20日：录用决策

3月21日：发放录用通知

3月25日至3月30日：新员工入职教育培训

4月1日：正式上班

39.招聘测试

在企业员工招聘的过程中，招聘测试是重要的一环。招聘测试是指在招聘过程中，运用各种科学方法和经验方法对应聘者加以客观鉴定。人与人之间是存在差异的，这种差异可以通过各种方法加以分辨，这为招聘测试奠定了基础。在招聘测试中，企业主要运用以下方法进行员工的甄选：

（1）对个人申请表以及简历资料进行审查与筛选

了解应聘者的基本信息、求职态度、工作经历，考察申请表中一些可疑的地方。

（2）笔试

笔试是用人单位的主考部门根据需要测试应试者的知识和能力，主考方事先拟定好试题，让应试者笔答试题，根据应试者作答的正确程度评定成绩，以此作为选拔依据的一种人才测评方法，也是招聘人才的初步筛选方法。

（3）面试

根据面试组织过程的结构化程度，面试可分为非结构化面试、结构化面试和半结构化面试。非结构化面试，是一种随意性较强的面试，面试中的问题没有一个事先安排好需要遵守的框架，面试考官可以根据应聘者的特点和需要重点了解的信息有针对性地提问。结构化面试，是事先设计好面试的内容、程序以及评分标准，面试考官只需按照确定的问题逐一提问的标准化的面试过程。半结构化面试，是介于非结构化面试和结构化面试之间的一种面试方式，既兼有两种方式的优点，又可以弥补单一方式的缺陷。

根据组织方式的不同，面试可分为一对一面试、小组面试和集体面试。

此外，在面试中，还有其他一些面试类型：①压力面试，是在面试过程中，面试考官通过各种方法刻意增加应试者的心理压力，以考察其心理承受能力，以及面对压力时的应变能力和人际关系处理能力的面试方式；②行为描述面试，是基于行为连贯性原理而发展起来的面试方法，即通过应试者对行为的描述来预测其未来在本组织中的发展；③情境面试，是指通过查看应试者在某些假设情境下的反应情况，对应试者进行评价。

（4）心理测试

心理测试是通过一系列的心理学方法来测量被试者的智力水平和个性方面差异的一种测试方法。通过心理测试，可以了解一个人的潜在能力以及是否符合该企业某一岗位的需要。心理测试包括：①智力测验（智商IQ）：观察力、记忆力、想象力、思维能力等；②职业能力倾向测验；③个性测验（人格测验）；④职业性向测验，如霍兰德职业兴趣测验；⑤心理健康测验等。

（5）评价中心测试

评价中心测试的核心是情境模拟测试，即通过创设一种逼真的模拟管理情境或工作情境，将候选人放入情境中，要求其完成各种各样的工作。它不同于传统的纸笔测验、面试等测试工具，主要通过无领导小组讨论、公文筐测试、角色扮演、工作样本法等情景模拟技术，对人的知识、能力、个性、动机进行测量，从而在静动态环境中提供多方面、有价值的评价资料和信息。

　● 无领导小组讨论

无领导小组讨论是指由一组求职者（通常为5～7人）组成一个临时工作小组，讨论给定的问题，并做出决策。其目的在于考察求职者的表现，尤其是看谁会从中脱颖而出，成为自发的领导者。

无领导小组讨论能有效地测试应试者是否具备以下能力和素质：①团队工作能力，包括个人沟通能力、人际交往能力、合作精神、组织协调能力等；②问题解决能力，包括理解能力、逻辑推理能力、想象创新能力以及信息收集和提炼能力等；③求职者的个人风格，包括主动性、自信心、决断性和独立性等个人特质。

　● 公文筐测试

公文筐测试又叫公文处理测试，是评价中心测试中最常用的工具之一，使用频率通常能达到95%。它主要测试应聘者掌握和分析资料、处理各种信息以及做出决策的能力，一般用于管理岗位人员的选拔。

　● 角色扮演

角色扮演是指模拟实际工作组织一项管理性质的活动，多个应试者共同参与，每个人扮演其中的一个角色，根据分配角色的职责，努力达到目的或共同完成任务。

　● 工作样本法

工作样本法是选取一些工作任务作为拟聘岗位的一个工作样本，然后请被测评者现场操作，根据其实际表现来测评其管理效率的一种方法。它是一种较直接、自然的测试方法。

任务实施

请将案例中涉及的事项分析与整理后，填写到表4-4中。

表4-4 　　　　　　　　　　　　　**企业招聘工作分析表**

任务内容	1.宝洁公司的招聘有哪些独特之处？
具体招聘工作包括： 宝洁公司在具体的招聘工作中是怎么做的： 宝洁公司的招聘的独特之处： 	
任务内容	2.选择宝洁公司的某一岗位，如果要招聘这一岗位的员工，你会设计怎样的招聘测试方法？请说明理由。
招聘测试方法有哪些： 所选择的岗位： 所设计的招聘测试方法： 阐述理由： 	
任务内容	3.总结在初创企业招聘中应该注意哪些方面。
初创企业招聘应注意哪些方面： 写出你的公司有哪些招聘方法： 	

课后思考

该怎样分析商业机会？

凡是有利于促进企业生产，有利于企业产品开发和市场开拓，能促进企业经济效益的提高，有利于企业摆脱困境等方面的信息、条件、事件等，都可称为商业机会。商业机会通常体现为市场上尚未满足和尚未完全满足的有购买力的消费需要，也称为市场机会。

商业机会客观存在于市场过程之中，是一种有利于企业发展的机会或偶然事件，是还没有实现的必然性。商业机会的捕捉就是对市场信息的调查研究，是商业机会管理的首要环节。对企业而言，市场信息就是各种可能转化为商业机会的情报。及时收集、传递市场上的热点、难点问题以及零售客户的意见、办法、建议等，对企业管理者做出经营决策具有积极的参考意义。

除了市场信息的收集和分析之外，创业者还可以从多种途径、采取多种方法来寻找和识别商业机会。商业机会往往来源于企业内部和外部人员的意见和建议，因此，企业要注意和各方面保持信息渠道畅通，经常倾听他们的意见，以期发现新的商业机会。企业可以通过询问调查法、德尔菲法、座谈会法、课题招标法和头脑风暴法等来获得意见和建议。

任务三　企业如何进行绩效考核？

工作任务

企业情况不同，绩效管理和绩效考核的做法就不同。在进行绩效考核时，企业应该思考：绩效考核的目的是什么？基于该目的，对员工应考核什么？提取哪些指标？采取哪些方法？这样做的导向是否和原先的预期一致？对初创企业而言，也许要走很多的弯路才能找到对企业最合适的绩效考核模式，因此借鉴优秀企业的经验就非常重要。

这里，我们以海底捞的绩效考核为例，探讨以下四个问题：

1.海底捞的绩效考核关注的是什么？为什么？

2.在海底捞的绩效考核中，如何才能使定性的考核指标得到公平准确的考评？请举例说明。

3.海底捞的绩效考核收到了怎样的效果？这又需要哪些管理制度的配合？

4.你的公司怎样进行绩效考核？

请结合以下案例，完成上面的任务。

【案例4-3】海底捞的绩效考核

● 海底捞不考核绩效

张勇考核海底捞每个分店的方法不是有点怪，而是很怪。海底捞总部对分店的考核内容都不包括利润指标，不仅如此，张勇对海底捞总公司每年要赚多少钱也没有目标要求。

我问他："你为什么不考核利润？"他说："考核利润没用，利润只是做事的结果，事做不好，利润不可能高；事做好了，利润不可能低。另外，利润是很多部门工作的综合结果；每个部门的作用不一样，很难合理地分清楚。不仅如此，利润中还有偶然因素。比如，一个店如果选址不好，不论店长和员工怎么努力，也做不过一个管理一般、位置好的店。可是店长和员工对选址根本没有发言权，你硬要考核分店的利润，不仅不科学，也不合理。"

我说："利润多少同成本也有关，各店起码对降低成本还是能起一定作用的吧？"张勇说："对，但店长以下的管理层能起到的更大作用是什么？是提高服务水平，抓住更多的顾客！相对于创造更多营业额来说，降低成本在分店这个层次就是次要的了。随着海底捞的管理向流程和制度转变，我们也开始推行绩效考核。结果，有的小区试行对分店进行利润考核，于是就出现了扫厕所的扫把都没毛了还用，免费给客人吃的西瓜也不甜了，给客人擦手用的手巾也有洞了等问题。为什么？因为选址、装修、菜式、定价和人员工资这些成本都由总部定完了，分店对成本的控制空间不大。如果你非要考核利润，基层员工的注意力只能放在这些'芝麻'上。我们及时发现了这个现象，马上就停止了对利润指标的考核。其实，稍有商业常识的干部和员工，不会不关心成本和利润。你不考核，仅仅是核算，大家都已经很关注了；你再考核，关注必然会过度。"

关于绩效考核有句名言："考核什么，员工就关注什么。"看来，海底捞员工的绩效同海底捞的考核也有关系。

图4-5是海底捞餐厅示意图。

图4-5　海底捞餐厅

绩效考核是锄头

我问张勇："你们连每个火锅店的营业额也不考核？"张勇说："对。我们不仅不考核各店的利润，而且不考核营业额和餐饮业经常用的一些KPI，如单客消费额等。因为这些指标也是结果性指标，如果一个管理者非要等这些结果出来了才知道生意好坏，那黄瓜菜早就凉了。这就等于治理江河污染，你不治污染源，总在下游搞什么检测、过滤、除污泥，有什么用？"

刚刚成为长江商学院EMBA学员的张勇，上完绩效考核课后跟我说："黄老师，我觉得公司把结果指标作为目标分解到每个部门和员工身上，然后按此进行考核、激励和惩罚的做法，听起来科学，很有道理，但做起来太难了。因为企业绩效是所有员工协作劳动的结果，每个部门和员工的作用不同，指标就应不一样。确定这些指标，必须要懂行的人做才行，否则一定会捡了芝麻丢了西瓜甚至考歪了。我说的懂行，可不是懂人力资源，而是懂得做生意和管理。我们现在对每个火锅店的考核只有三类指标：一是顾客满意度；二是员工积极性；三是干部培养。"

我说："这些指标可都是定性的，你怎么考核？"张勇说："对，是定性的指标。定性的东西，你只能定性考核。黄老师，我真不懂这些科学管理工具为什么非要给定性的指标打分。如客户满意度，难道非要给每个客人发张满意度调查表？你想想看，有多少顾客酒足饭饱后，愿意给你填那个表？让顾客填表，反而使顾客不满意。再说，人家碍着面子勉强给你填的那张表，又有多少可信度？"

我说："那你怎么考核顾客满意度？"他说："我们就是让店长的直接上级——小区经理经常去店中巡查。不是定期去，而是随时去。小区经理和他们的助理不断同店长沟通，顾客哪些方面的满意度比过去好，哪些比过去差；这个月熟客是多了还是少了。我们的小区经理都是服务员出身，他们对客人满意情况的判断当然都是内行人的判断。"

"对员工积极性的考核也是如此，黄老师你去考核肯定不成，因为你看到每个服务员都是跑来跑去，笑呵呵的，没什么不一样。可是我就会跟你说，你看那个男生的头发长得超出了规定；这个女生的妆化得马马虎虎；有几个员工的鞋脏了；那个员工站在那里，眼睛睁着，但已经走神了。这不就是员工积极性不高的表现吗？店长对组长、组长对员工的考核也是如此，都是这种定性的考核。"

我又问："他们的奖金就根据这些定性的考核来决定？"张勇说："不仅是奖金，他们的升职和降职也都根据这三个指标来决定。你想想看，一个不公平的店长，手下的服务员怎么可能普遍有积极性？服务员的积极性不高，客户的满意度怎么可能高？在这种情况下，你不会等到这家店的营业额和利润数字出来后再提醒他或撤换他，因为结果一定不会好，即使好也不是他的原因。我们就有很赚钱的店，但是店长就是提不起来，因为他培养人的能力不行。他一休假，店里就出乱子。那么即便他的店很赚钱，他也可能被降职。"

我又说："按照你的考核方式，下级的命运全由直接主管来决定，这样是否足够公平和客观？"张勇说："不是全部，而是主要由上级来决定。你想想看，上级同自己的直接下级在一起的时间最长，工作交往最多，也最了解下级的工作状态和为人。如果他不对下级的升迁起决定作用，谁更有资格来决定呢？把大多数人拍脑袋做出的判断，用数据表现出来就客观了吗？我看不一定。其他人的意见只能起参考作用，如果其他同事对这个人有意见，平常就会不经意地表现出来，作为经常同他在一起的上级，很容易就会发现，这也是上级考察下级的一个方面嘛。"

"当然我们的定性考核不是上级说你行，你就行。我们也逐渐摸索出了一些验证流程和标准，如用抽查和神秘访客等方法对各店的考核进行复查。对于这些考核结果，要经过上一级以上管理者的验证通过。同时，我们还有越级投诉机制，当下级发现上级不公平特别是存在人品方面的问题时，下级可以随时向上级的上级直至大区经理和总部投诉。"

"什么叫客观？我看这种用懂行的管理者的'人'的判断得出来的结论，比那些用科学定量化的考核工具得出来的结论更客观，至少在我们火锅行业是这样。你说对不对，黄老师？"张勇挑战性地问我。

听完张勇的绩效评估方法，我想起30多年前我从城里中学毕业下乡当知青的经历。第一年，城里来的知青只拿了干同样活儿的农村青年一半的工资，我们申诉为什么不同工不同酬。队长说："别人拿锄头铲的是草，留的是苗；可是你们铲的是苗，留的是草，给一半工资都是照顾你们！"我们哑口无言，因为在城市长大，刚下乡，分不清草和苗。

原来绩效评估工具就是锄头，懂行的管理者拿到手里就能铲草，不懂行的拿到手里铲的就是苗。难怪张勇的心病是培养人。他要的人，不仅要能用锄头，而且要能分清苗和草。

● 如何考评一个管理者对人的培养能力

海底捞考核管理者培养人的能力的做法很有意思，既简单直观，又相当细致复杂。一个总的指标是看你能否使80%的直接下属的能力在一定时间内得到提升。比如，一个小区经理管5个分店，这5个分店今年都是二级店。如果在一定时间里，你能让其中4个分店达到一级店标准，就说明你80%的直接下属的能力有了提升，因为这4个二级店的店长在你手下成了一级店的店长。

只有成为一级店的店长，才有资格培养新店长；只有成为一个能培养店长的店长，你才有可能成为小区经理；只有成为小区经理，你才有可能成为大区经理……

能下蛋的母鸡才值钱。在海底捞，能培养干部的干部晋升得最快。有些店长兢兢业业，每天都早来晚走，可是做了店长好几年，他的店就是评不上一级店；有潜力的人不愿意在他手下干，不是辞职，就是调到其他店。这说明什么？说明你是"公鸡"，你只能自己干，不会用人和培养人；人家跟着你，没有大出息。2010年，张勇一口气免了3个这样兢兢业业的"公鸡"店长，其中一个店长听

到消息后当场昏倒。在海底捞当干部真累，仅仅忠诚正直、积极肯干、任劳任怨还不够，还必须能培养人！

*　　资料来源　黄铁鹰. 海底捞你学不会 [M]. 北京：中信出版社，2011.*

任务分析

对初创企业来讲，进行绩效考核体系设计必须符合企业自身的实际，方能取得效果。生搬硬套书本上的理论或完全照搬其他企业的做法，无法设计出有效的绩效考核体系。海底捞的绩效考核，就是基于其所处行业及企业文化所创造的独特的考核模式。在此，我们将通过分析海底捞的绩效考核方法及效果来探讨绩效考核问题。

创视说 4-3
和 HR 面对面

第一步，分析绩效考核的目的是什么；海底捞的绩效考核为了达到这个目的，在过程和结果方面更关注什么，原因是什么。

第二步，海底捞门店的绩效考核指标是定性的，具体有哪些？定性的指标考核是否就意味着没有标准？海底捞在对这些指标进行考评时，如何才能使结果更加公平？举例阐述如何公平地考评定性指标。

第三步，查看案例资料，分析海底捞的这种绩效考核方法能给企业带来怎样的效果，并分析在海底捞的绩效考核中，在流程、标准、沟通反馈、奖惩制度等方面需要怎样的配合。

根据上述分析，写出你的观点。

相关知识

40.绩效考核的内涵

人力资源管理的核心是绩效管理，绩效考核是企业绩效管理中最重要的一个环节。绩效考核是指企业在既定的战略目标下，运用特定的标准和指标，对员工过去的工作行为及取得的工作业绩进行评估，并利用评估结果对员工将来的工作行为和工作业绩产生正面引导的过程和方法。绩效考核的作用主要有：

创视说 4-4
海底捞的绩效
考核

（1）达成目标

绩效考核本质上是一种过程管理，而不仅仅是对结果的考核。它是将中长期目标分解成年度、季度、月度指标，不断督促员工实现、完成的过程。有效的绩效考核能帮助企业达成目标。

（2）挖掘问题

绩效考核是一个不断地制订计划、执行计划、改正计划的循环过程，体现在整个绩效管理环节中，包括绩效目标设定、绩效要求达成、绩效实施修正、绩效

面谈、绩效改进、再制定目标的循环。这也是一个不断发现问题、解决问题的过程。

（3）分配利益

与利益不挂钩的考核是没有意义的，员工的工资一般都会分为两个部分：固定工资和绩效工资。绩效工资的分配与员工的绩效考核得分息息相关，所以一说起考核，员工的第一反应往往是绩效工资的发放。

（4）促进成长

绩效考核的最终目的并不是单纯地进行利益分配，而是促进企业与员工的共同成长；通过考核发现问题、解决问题，找到差距进行提升，最后达到双赢。

绩效考核根据时间不同，可分为日常考评和定期考评。日常考评是主要针对被考评者的出勤情况、产量和质量实绩、平时的工作行为所做的经常性考评。定期考评是按照一定的固定周期所进行的考评，如年度考评、季度考评等。绩效考核根据内容不同，可分为特征导向型、行为导向型和结果导向型考核。其中特征导向型考核的重点是员工的个人特质，如诚实度、合作性、沟通能力等，即考量员工是一个怎样的人；行为导向型考核的重点是员工的工作方式和工作行为，如服务员的微笑和态度，待人接物的方法等，即对工作过程的考量；结果导向型考核的重点是工作内容和工作质量，如产品的产量和质量、劳动效率等，侧重点是员工完成的工作任务和生产的产品。

41.KPI绩效考核法

现代企业普遍采用KPI（Key Performance Indicator）绩效考核法，又称"关键绩效指标"考核法，是企业绩效考核的方法之一。这种方法的优点是标准比较鲜明，易于做出评估。它的缺点是对简单的工作制定标准难度较大，缺乏一定的定量性。KPI绩效考核主要包括两大部分：

（1）KPI（关键绩效指标）

KPI是通过对组织内部流程的输入端、输出端的关键参数进行设置、取样、计算、分析，衡量流程绩效的一种目标式量化管理指标，是把企业的战略目标分解为可操作的工作目标的工具，是企业绩效管理的基础。KPI可以使部门主管明确部门的主要责任，并以此为基础，明确部门人员的业绩衡量指标。建立明确、切实可行的KPI体系，是做好绩效管理工作的关键。关键绩效指标是用于衡量工作人员工作绩效表现的量化指标，是绩效计划的重要组成部分。

KPI来自对公司战略目标的分解，其第二层含义在于，KPI是对公司战略目标的进一步细化和发展。公司战略目标是长期的、指导性的、概括性的，而各职位的关键绩效指标内容丰富，针对职位而设置，着眼于考核当年的工作绩效，具有可衡量性。因此，关键绩效指标是对真正驱动公司战略目标实现的具体因素的发掘，是公司战略对每个职位工作绩效要求的具体体现。

（2）行为考核

考核包括工作业绩、工作能力、工作态度三大部分，不同部门和不同职位的员工，其考核权重也不同，各部门应根据各职位的要求来确定其权重所占比例的大小。

①工作业绩。

● 任务绩效：与具体职务的工作内容或任务紧密相连，是对员工本职工作完成情况的体现，主要考核其任务绩效指标的完成情况。

● 管理绩效：主要针对行政管理人员，考核其对部门或下属人员管理的情况。

● 周边绩效：与组织特征相关联，是相关部门服务结果的体现。

②工作能力。

细化为个体的岗位知识、技能、能力是否合格，能得多少分。

③工作态度。

工作态度主要考核员工对待工作的态度和工作作风，可以从工作主动性、工作责任感、工作纪律性、协作性、考勤状况五个方面设定具体的考核标准。

④附加分值。

附加分值主要是针对员工日常工作的奖惩记录而设立的。

同时，绩效指标的设定必须符合SMART原则：

S：（Specific）——明确的、具体的。绩效指标要清晰、明确，使考核者与被考核者能够准确地理解目标。

M（Measurable）——可量化的。绩效指标要可量化，"比较好""还不错"这种词都不具备可量化性，将导致标准的模糊。没有数字化的指标，是不能随意考核的，一考核就容易出现误差。

A（Attainable）——可实现的。目标、考核指标，都必须是付出努力能够实现的，既不过高也不偏低。比如，对销售经理的考核，去年销售收入为2 000万元，今年要求达到1.5亿元，且不给予任何支持，这就是一个完全不具备可实现性的指标。指标的目标值应结合个人情况、岗位情况、过往历史情况来设定。

R（Relevant）——实际性的、现实性的，而不是假设性的。现实性的定义是具备现有的资源，且存在客观性，是实实在在的。

T（Time Bound）——有时限性的。目标、指标都要有时限性，要在规定的时间内完成，时间一到，就要看结果。

此外，绩效考核时要避免以下误区：

（1）过分相信绩效考核，认为一考就灵

绩效考核只是众多管理工具中的一种或管理工作的一部分，只有系统地做好经营和管理的梳理工作，如战略、模式、组织、人员匹配、制度、流程等，才能让绩效考核的作用发挥出来。

（2）用考核代替管理

绩效考核管理的重点不在考，而是利用考核进行管理，但却不能用考核代替管理。使用这个工具的管理者可以和员工明确其任务和目标，及时发现员工实现目标过程中的偏失，以便及时对员工给予必要的支持、帮助和管理。

（3）设计过分复杂的考核体系

过于复杂的考核指标和考核体系，会让管理者和被管理者都为了得到综合高分而失去工作重点。

（4）激励个人主义

绩效考核体系本质上是一个激励机制，即把一个人的部分所得和他的业绩挂上钩。由于绩效要细分到个人，很多公司绩效体系的根本是激励个人业绩，而不是激励一个人关心他的团队和整个公司。这样的激励可能导致错误的导向。

（5）重短期，不重长期

绩效考核的另一个误区是只重短期，不重长期。若没有正确的引导，员工可能会为了短期利益而牺牲公司的长期利益，一个办法就是设计相应的晋升体系，把员工的长远利益和公司的长远利益结合起来。

（6）只考业务，不考支持

大部分企业的绩效考核只针对业务人员，不考核支持人员，如技术、财务、人事、服务人员等。企业的绩效考核应该是全面的。

（7）考核频率太高或太低

考核频率过高，无法及时发现考核对象的问题并进行指导。考核频率过低，考核对象的工作无法和其工作成果对上，这两种情况的考核都没有意义。通常业务人员的考核频率应该比较高，可按月考核或按季度考核，支持人员的考核频率应该较低，按季度考核或按半年考核。

42.OKR目标与关键成果法

随着时代的变化，绩效考核的方法也发生了变化，这里介绍一种有别于KPI的OKR（Objectives and Key Results）方法，即目标与关键成果法，它是一套明确和跟踪目标及其完成情况的管理工具和方法，1999年由英特尔公司创始人安迪·葛洛夫（Andy Grove）发明。并由约翰·道尔（John Doerr）引入谷歌使用，1999年OKR在谷歌发扬光大，在Facebook、Linkedin等企业广泛使用。2014年，OKR传入中国。2015年后，百度、华为、字节跳动等企业都逐渐使用和推广OKR。

OKR中的"O"是指目标，通常是在一定时间内可以通过努力达到的，具有鼓舞性；"KR"是指关键成果，是达成目标的"阶梯"，通常一个目标下会设3～5个具有挑战性的关键成果，需要用简单明了的定量方式描述。

OKR的主要目标是明确公司和团队的"目标"以及明确每个目标达成的可衡量的"关键成果"。OKR强调基层群策群力，重视员工主观能动性、创造性。OKR体系下的目标，是由个人提出，然后由组织确定，这点与常规的KPI自上而下的方式不同。这种管理法与德鲁克大师在1954年就提出的目标管理法十分类似。德鲁克1954年提出"目标与自我控制管理"。德鲁克认为，并不是有了工作才有了目标，而是相反，有了目标才能确定每个人的工作。

OKR工作法是一套严密的思考框架和持续的纪律要求，旨在确保员工紧密协作，把精力聚焦在能促进组织成长的、可衡量的工作上。该工作法的本质是从人性的角度激发员工内在动机，进而产生自主性、积极性，且具有简明易懂、高度聚焦、快速迭代、促进沟通等特点。OKR工作法的运用场景通常分为企业层面、团队层面、个人层面。

43.绩效考核的过程

绩效考核全过程包含计划、实施、结果应用三大部分。

（1）计划

①确定工作要项：工作要项是指工作结果对组织有重大影响的活动，或虽然不很重要却是大量重复的活动。对一项工作来说，其要项的选择一般为4~8个，抓住了工作要项，就等于抓住了工作的关键环节，也就能够有效地组织考核。

②确定绩效标准：要对考核要项逐一进行分解，形成考核的判断基准。在确定绩效标准时，应注意绩效标准要明确、可衡量、切合实际、难度适中，且要有区分度。

（2）实施

①绩效沟通：主要工作涉及计划跟进与调整，以及绩效实施过程中对员工的辅导与激励。

②数据收集：要收集进行绩效评估的事实依据、进行绩效改进的有利依据，发现优秀绩效和不良绩效产生的原因。

③考核实施：

首先，应确定被考核者，考核的主要信息来源包括其直接上级、直接下级、同事、顾客以及被考核者本人，应根据实际情况选择合适的被考核者。

其次，应确定考核周期和考核办法。考核周期的确定与企业的实际情况、被考核者在企业中的职位等因素有关。

④绩效反馈：目的就是要让员工了解自己的工作情况，肯定员工所取得的成绩，确认其仍然存在的问题，并在查清造成这些问题的原因的基础上制订出解决这些问题的行动计划。

（3）结果应用

①应将绩效考核结果运用于薪酬、培训、职业生涯规划等人力资源管理模块。值得关注的是，绩效考核的结果应用重点在薪酬上。薪酬与绩效在人力资源管理中，是两个密不可分的环节。在设定薪酬时，一般将薪酬分解为固定工资和绩效工资，绩效工资正是通过绩效予以体现的，而对员工进行绩效考核也必须体现在薪酬上，否则绩效和薪酬都失去了激励作用。

②制订绩效改进计划。考核不是为了考核而考核，其最终目的在于员工和企业绩效的提高，因此，必须重视绩效改进计划的制订与实施。绩效改进计划应切合实

际，要有时间约束，且应具体明确。

③绩效计划修订。考核后，还需要对绩效计划进行修订，主要包括三点：一是绩效计划中的绩效考核内容，包括工作要项、关键绩效指标等；二是绩效计划目标值，包括关键绩效指标中的目标指标与挑战指标，以及工作目标的完成标准；三是绩效指导与考核方法，即对指导及考核方法进行全面的验证分析，剔除不合理的因素，并进行修正。

绩效考核操作流程如图4-6所示。

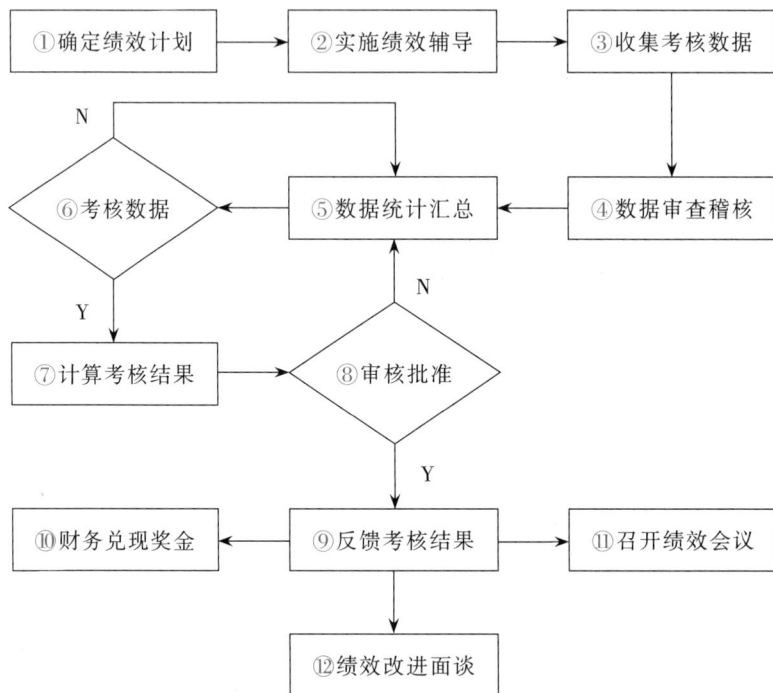

图4-6　绩效考核操作流程

任务实施

请将案例中涉及的问题分析与整理后，填写到表4-5中。

表4-5　　　　　　　　　　企业绩效考核分析表

任务内容	1.海底捞的绩效考核关注的是什么？为什么？
绩效考核的目的：	
海底捞的绩效考核更关注什么：	
说明理由：	

续表

任务内容	2.在海底捞的绩效考核中，如何才能使定性的考核指标得到公平、准确的考评？请举例说明。
海底捞对门店的考核指标有哪些：	
海底捞如何公平、准确地考评定性指标：	
举例具体阐述：	
任务内容	3.海底捞的绩效考核收到了怎样的效果？这又需要哪些管理制度的配合？
海底捞的这种绩效考核能使企业取得怎样的效果：	
企业在流程、标准、沟通反馈、奖惩制度等方面应怎样配合：	
任务内容	4.写出你的公司的绩效考核思路。

课后思考

我的商业模式是什么？

　　商业模式是创业者创意及商业创意来自机会的丰富和逻辑化，并有可能最终演变为商业模式。其形成的逻辑是：机会是经由创造性资源组合传递更明确的市场需求的可能性，是未明确的市场需求或者未被利用的资源或者能力。

　　在所有的创新之中，商业模式创新属于企业最本源的创新。离开商业模式，其他的管理创新、技术创新都失去了可持续发展的可能和盈利的基础。所有成功的经济英雄都是从小企业秉持成功的商业模式一步步走过来的。沃尔玛其实是开杂货店的，可口可乐是卖汽水的，微软是卖软件的，国美是开电器店的，小肥羊是开火锅店的。这些普通行业的成功说明什么？其实说明一个道理：无论高科技、低科技，都能成功，关键是你要找出成功的商业模式，并把商业模式的赢利能力快速发挥到极致。商业模式决定企业的现在和未来。

百度的竞价排名、蒙牛的虚拟经营、国美的多成分系统模式、海尔的专注服务、联想的多元经营、李宁的运动员品牌经营、娃哈哈的渠道联营……每个成功的企业，都是找到了适合自己发展的独特的经营思路和商业模式才能发展壮大，并不断随着经营环境、竞争因素以及消费者变化来调整和升级自己的商业模式。

图4-7是一幅关于商业模式的漫画。

图4-7　商业模式

任务四　企业如何进行薪酬管理？

工作任务

激励是管理的核心，而薪酬激励又是企业激励中最重要的也是最有效的激励手段。如何通过薪酬管理提高员工工作的积极性，并在此基础上促进效率的提高，最终促进企业的发展，也是初创企业人力资源管理的关键工作之一。顺丰公司的薪酬制度可以说是顺丰激励员工、留住人才的秘密武器。通过学习、总结顺丰在薪酬管理中的有效做法，我们能更好地理解、运用薪酬激励手段，使组织中的成员更愿意待在这个组织里，让这个组织得以存续和发展。

阅读案例，探讨以下四个问题：

1.顺丰快递员的薪酬体系属于哪种薪酬体系模式？

2.顺丰的薪酬机制对快递员的积极性起到了怎样的作用？

3.结合顺丰的薪酬激励体系，谈谈对初创企业而言，如何设计薪酬制度才能使员工有更高的积极性。结合你的创业项目，谈谈你将如何设计薪酬机制。

4.说说你的公司员工薪酬机制如何设置。

请结合以下案例，完成上面的任务。

【案例4-4】顺丰HR是如何让数万快递小哥心甘情愿拼命的？

随着网购平台的快速发展，快递行业也是如日中天，而快递行业中的领军者"顺丰"更是将快递服务做到了极致。大家都知道，顺丰的快递员真的很拼，送快递的时候在路上出了车祸，爬起来一看没事，还是要继续送快递。你可能很好奇，一个送快递的，怎么这么拼命？就单单是为了钱？很多高薪资的工作也没看到那些人那么拼命啊？其实，"顺丰小哥"之所以这么拼，是因为企业会管理。顺丰的员工管理模式可简单地总结为：精神上重视你，物质上不亏待你。

图4-8是顺丰速运航空运输服务示意图。

图4-8　顺丰速运航空运输服务

● **顺丰的人性之刀：大公司里的个体户**

其实，在顺丰发展的早期，很多人对顺丰模式是有质疑的甚至是不屑一顾的，因为顺丰做了一件在当时看来石破天惊的事情，就是把快递公司通行的加盟制变为直营制。

在快递业发展的早期，大家都采取加盟模式发展，顺丰也一样。什么是加盟模式？快递公司每进入一个陌生的地区，都会找一家当地的公司作为加盟商，由这家公司来跑业务，公司的资产归地方老板个人所有，总部提供的是统一的品牌、物流、管理，然后收取加盟费。加盟制的好处在于，在快递业开疆拓土的时候，扩张非常迅速。

顺丰创始人王卫最早也这样做，但是他很快发现，这样的快递公司服务不行。因为在加盟模式下，快递员的直接老板是地方公司老板，说白了就是"强诸侯、弱中央"的模式。在这种情况下，管理很难规范起来。于是王卫大刀阔斧地搞了一场"削藩"运动，在2000年年初，他就把顺丰彻底改造成了一家直营快递公司。这个模式在当时的中国，除了"国家队"EMS，顺丰是独一个。

改成直营，意味着公司不可能像加盟制公司那样广铺网点，大肆扩张。快递员由公司总部发工资，运营成本一下重了不少。但是，顺丰在提高快递员积极性上下足了功夫。其发明了两个方法：

第一，承包。像当年包产到户的农民一样，每个快递员在城市里都有自己的片区，别人不会来抢你的，但是，如果你的片区业务量增长缓慢，一定时间内没有起色，就换人。

第二，计件工资。快递业有句行话叫收一派二，就是一个快递员收一个快件的同时，应该派两个快件。我们所说的送快递，实际上更多的是指派件。真正挣钱的也是这个部分。在顺丰，你送得越多，挣得越多，而且上不封顶。这样一来，实际上每个快递员在顺丰公司都是给自己打工，每个人都是大公司里的个体户，听起来是不是有点像出租车司机的活法？其实还不一样，出租车司机犯懒的时候可以不拉活，但是如果一个快递员的片区来了快递员不动，只要一打投诉电话，这个快递员就要受罚了。而且在承包制下，每个快递员都会非常积极地去拓展客户、服务好客户，这个片区客户越多，他自己挣得越多。

● 顺丰在薪酬激励上是怎么做的

顺丰快递的全面薪酬体系，包括直接薪酬和福利两方面。其中，直接薪酬又包括工资和奖金，福利又包括经济性福利和非经济性福利（如图4-9所示）。在全面薪酬体系设计过程中，顺丰做到了以下三点：

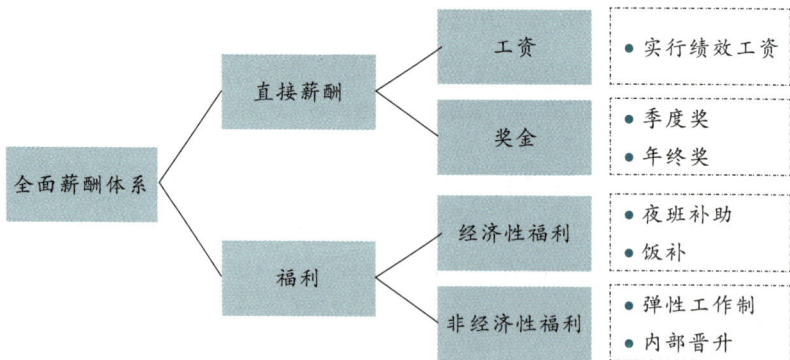

图4-9　顺丰快递的全面薪酬体系

首先，直接薪酬保证内部公平性和外部竞争性。

在直接薪酬的设计过程中贯彻多劳多得的原则，实行绩效工资，设置合理的绩效考核指标，如业务量、客户满意度、快件投递准确率等。考虑到快递员工作的特殊性，公司提高浮动工资的比例，以保证快递员的工作效率。同时，设置季度奖、年终奖等，给予优秀员工精神上的表扬和物质奖励，留住优秀员工。

其次，制定完善福利制度，保障快递员的工作环境。

针对快递员恶劣的作业环境，公司提供人文关怀式的经济性福利，如高温高寒补助，为夜班人员提供夜班补助、饭补等。在非经济性福利方面，充分尊重员工，通过弹性工作制、提供更多的内部晋升机会等方式满足其更高层次的需求。另外，顺丰每年都定期组织员工集体旅游、节日聚餐，过生日的员工还会收到温馨的生日礼物，基层领导和员工对公司有着强烈的归属感。

最后，充分利用企业文化，激发员工的工作激情。

顺丰利用企业文化中的人文关怀和企业愿景的构建，让员工感觉自己不仅仅是一个快递员，还是受到企业重视、为企业愿景一起努力的公司必不可少的一员。王卫非常清楚，顺丰的核心资产就是一个个快递员。在某年的顺丰公司年度大会上，王卫在给优秀的快递员颁奖时鞠了一个90度的深躬，他对台下说，谁是顺丰最可爱的人，就是快递员。有这样的老板，精神上重视你，物质上不亏待你，你能不好好干吗？

另外一个新的挑战是，王卫起家的时候，快递员主要是"60后""70后"，现在"90后"都出来工作了，老快递员年龄越来越大。顺丰虽然发展很快，却从来不希望他的老员工掉队，做电商、做"嘿客"便利店，都是顺丰为老员工寻找出路的举动。论创新精神，王卫和他的团队走在了前面。

● **管理者应该如何反思**

管理者应该好好想想：当我们要求员工忠诚的时候，我们爱护他们了吗？当我们要求员工爱岗敬业的时候，我们关心他们了吗？当我们要求员工奉献高绩效的时候，我们培养他们了吗？当员工犯下错误的时候，我们有没有想过他因为什么犯错，是能力不足还是态度问题？这就是人性和情怀，顺丰在这一点上做了非常好的诠释。总之，当管理者能够思考怎样做能让员工体会到你在精神上重视他、在物质上不亏待他的时候，员工还有什么理由不好好干，不去拼命打天下呢？

资料来源　佚名. 顺丰HR是如何让数万快递小哥心甘情愿拼命的？［EB/OL］.［2017-08-15］. http://www.sohu.com/a/164720904_660807.

任务分析

顺丰的这个案例，启示创业者们要去思考：我们的员工为什么跟着我们干，为什么会在我们的公司里面工作；体现在薪酬制度设计上，怎样才能将物质激励与精神激励结合起来，最大程度地调动员工的积极性。在此，我们通过分析顺丰的薪酬激励机制来探讨以上问题。

第一步，阅读案例，并实际调查顺丰的门店和快递员，深入地了解顺丰的薪酬激励机制。

第二步，分析顺丰的薪酬体系模式有哪几种，顺丰的薪酬体系有什么特点。

第三步，结合案例以及你实际调查的资料，分析顺丰快递员的薪酬由哪几部分构成，这样的薪酬机制对快递员的积极性起到了怎样的效果。

第四步，利用双因素理论等激励理论，分析如何使薪酬的激励效果更强，配套的管理制度应该怎样设计；你的创业项目是什么，你是怎样进行薪酬体系设计的。

根据上述分析，写出你的观点。

相关知识|

44.薪酬的含义及构成

薪酬作为联系企业与员工之间关系最重要的纽带，是人力资源管理工作的重要内容。企业如何设计一套合理的薪酬体系并对它进行有效的维系和管理，在很大程度上决定着企业能否吸引、留住一批高素质的员工并发挥人才的最大潜力，进而成为市场经济体制下企业成败的关键要素之一。

我们通常所说的薪酬指的是货币性薪酬（狭义的薪酬），它只是全部薪酬（广义的薪酬）的一部分。这部分内容涉及的主要概念包括：

（1）基本薪酬

基本薪酬指的是只要员工在企业工作，就能定期拿到的固定数额的劳动报酬。其数额基本固定，能为员工提供较稳定的收入来源，满足员工基本的生活需要。基本薪酬是根据员工的劳动熟练程度、工作复杂程度、责任大小、工作环境、劳动强度和不同岗位在企业中的相对价值，并考虑员工的工龄、学历、资历等因素，按照员工实际完成的劳动定额、工作时间或劳动消耗而计付的劳动报酬。它是员工薪酬的主要部分和计算其他劳动报酬的基础。基本薪酬中工资的形式包括基础工资、岗位工资、结构工资、技能工资、年功工资等。

（2）奖励薪酬

奖励薪酬又称效率薪酬或激励薪酬，是指组织对员工提供的超出正常努力的劳动或劳务而支付的报酬，具体包括红利、利润分享以及通常所说的奖金等。基本薪酬虽然能帮助员工避免收入风险，帮助企业减少薪酬成本，但由于它与员工的工作努力程度和劳动成果没有直接联系，不利于调动员工劳动的积极性，因而还必须设置奖励薪酬等。

（3）福利

福利是指企业支付给员工的除工资和奖金形式之外的其他劳动报酬，一般采用实物或服务的形式，如社会保险（医疗保险、失业保险、养老保险等），优惠住房，免费或低价提供的食堂、澡堂、俱乐部及其他服务等。

（4）津贴或补贴

津贴是指企业针对员工特殊的劳动条件、工作特性以及特定条件下现行工资或薪水难以完全、准确反映的情况所支付的一种经济补偿。如员工的工作环境危害身体健康（职业病），员工的工作人身伤害风险高（工伤事故发生率高），员工从事的工作社会认同度低等。人们通常将与工作相联系的经济补偿称为津贴，而将与生活相联系的补偿称作补贴。

目前，大多数企业支付薪酬的思维方式正在发生转变，越来越多的企业开始实行全面薪酬战略，以达到激励员工的目的。全面薪酬战略是指公司为达到组织战略目标、奖励做出贡献的个人或团队而制定的薪酬支付方式，不仅包括传统的薪酬项目，还包括一些非物质的奖励方案等。全面薪酬战略可划分为以下几部分：

第一，以现金方式支付的薪酬，包括基本工资、补贴和变动性收入。

第二，以物品发放形式或其他形式体现的福利，如休假、医疗等福利。这是全面薪酬战略的重要组成部分，但常常被企业忽视。

第三，学习机会和发展机会。

第四，工作环境。

第五，惠及广大员工的利益分享机制。例如，吸纳员工入股，形成开放、共享的利益结构等。

当然，本项目中研究的重点是薪酬中的工资、奖金等直接薪酬或称货币性薪酬。

薪酬管理，是在组织发展战略指导下，对员工薪酬支付原则、薪酬策略、薪酬水平、薪酬结构、薪酬构成进行确定、分配和调整的动态管理过程。薪酬管理包括薪酬体系设计、薪酬日常管理两个方面。薪酬体系设计主要包括薪酬水平设计、薪酬结构设计和薪酬构成设计。

45.薪酬体系设计理论

薪酬决定要素主要有四个：职位、业绩、技能和市场价格。对薪酬决定要素的不同组合就形成了不同的薪酬体系。历史上先后出现过三种典型的薪酬体系：职位工资体系、业绩工资体系、技能工资体系。在现代又出现了以职位、业绩和技能为基础的薪酬体系。所谓职位工资体系、业绩工资体系以及技能工资体系，顾名思义，就是指企业在确定员工的薪酬水平时所依据的是员工所从事工作的相对价值、员工的业绩和员工所掌握的技能。其中，职位工资体系是以工作为基础的薪酬体系，业绩和技能工资体系则是以人为基础的薪酬体系。

（1）职位工资体系

职位工资体系将职位相对于组织目标的重要性作为确定工资级别的唯一标准，并由此形成职位工资等级序列。在这种工资体系中，获取报酬的高低完全取决于职位（岗位）级别的高低。它的基本思路是将职位作为构建薪酬体系的基础，并根据职位相对于组织目标的重要性来确定职位级别，进而确定薪酬级别，最终确定员工薪酬构成中的基本薪酬（固定工资）。

（2）业绩工资体系

业绩工资体系是在职位工资体系基础上的一种创新，它把职位和业绩作为确定员工工资的重要依据，员工的报酬由职位工资和业绩工资两部分组成。职位工资的确定与前面职位工资体系中关于职位工资的确定一样，而业绩工资则根据企业效益和员工工作绩效的好坏来确定。业绩工资体系实现了职位工资体系不能实现的企业对员工完成组织目标的要求和有效地激励员工为更好地完成组织目标而付出最大努力，从而使组织目标的实现有了激励机制的保障。在这种薪酬体系下，对员工工作成果或业绩的衡量是通过设立一套考核指标来实现的。

业绩工资体系在确定员工工资时不仅考虑职位的重要性，还把员工工作成果和对组织贡献的大小作为付薪的重要依据，比仅以职位等级高低作为付薪依据的职位工资体系更具有科学性，是薪酬体系发展的一大进步。成长型小企业可以采用个人绩效与团队绩效、长期激励与短期激励紧密挂钩的灵活的薪酬体系，使薪酬与绩效紧密结合。从薪酬结构上看，可采用的薪酬形式包括绩效工资、收益分享计划等。

（3）技能工资体系

由于组织结构的扁平化趋势，管理职位相对减少，员工的提升计划也相应减少，技能工资体系成为新的员工激励机制。技能薪酬观认为，员工尤其是掌握多种技能的员工是公司竞争力的源泉，企业应该根据员工的技能水平来决定员工的薪酬。企业要采用以"投入"为衡量依据的薪酬制度，鼓励员工自觉掌握新的工作技能和知识，提高适应能力。与业绩工资体系相比，技能工资体系更强调对人的开发，更关注企业真正需要的技能，并与严格的技能鉴定管理体系相配套。

（4）以职位、业绩和技能为基础的现代薪酬体系

以职位、业绩和技能为基础的现代薪酬体系通过综合考虑职位、业绩和技能等薪酬决定因素来确定付酬的多少。它是在上述三种薪酬体系的基础上发展起来的，这种薪酬体系解决了职位工资和业绩工资对激励员工自觉提高技能、鼓励其学习的动力无能为力的问题。它适应了现代企业自身发展和员工个人发展的要求，是目前国内外先进企业普遍采用的一种薪酬体系。这种薪酬体系建立的基础可以简单地概括为"3P原则"，即将职位（Position）、绩效（Performance）、个人能力（Person's Ability）作为搭建薪酬体系的三块基石。

薪酬体系没有固定的模式，不同行业、不同地区、不同企业的薪酬体系是千差万别的。各企业应当结合自身的内外部环境设计具有各自特点的薪酬体系，以便使之与自己的使命、战略、技术和文化相符。

46.薪酬体系设计的主要原则

（1）与企业战略管理保持一致

公司想招到优秀的人才，除了公司管理氛围、公司品牌、文化等因素，对于人才吸引与保留无非是两个层面的激励：一是精神激励；二是物质激励。从管理的常态中总结与市场相关数据调查发现，目前处于物质激励的人才还是占绝大多数，因为人都是经济人，是利益的驱动体，当我们知道员工的真实需求时，在制定薪酬策略时一定要结合企业战略和市场薪酬水平两个方面。企业战略告诉我们公司往哪个方向发展与前进，在发展的过程与各个阶段中，人才的定位与标准也将随之修正与调整。而市场薪酬水平则直接告诉我们，公司的支付水平处在什么样的阶段，与行

业相比、与市场相比，公司差距在哪里，特别是一些重要、核心的岗位，公司将采取哪一种策略薪酬。

薪酬管理与企业战略管理保持一致，并不是指策略与战略完全相同。既然是战略、策略，就一定有所重点、有所突出，要让关键的、核心的岗位与人才先满意，留住企业的核心人才，发展可晋升的人才，这样才能在年度的薪酬调整中尽可能不造成严重震荡，以免让优秀的人才流失。

（2）薪酬调整应透明

绝大多数企业都认为薪酬的调整是公司管理层才有权限知道的，总是藏藏掩掩，严禁员工传播、打听、议论有关公司薪酬结构、职级工资标准、年度调薪幅度等，但公司薪酬未必真的保密得了。这种不透明度反而挫伤了优秀员工的工作积极性。将薪酬调整的情况公开透明化，能达到一种持久的激励作用。公开透明意味着相对的公平、合理、平衡，要告诉员工企业在什么时候为统一调薪时间，让员工有一个期盼。企业除了公开调薪的黄金时间，还要明确告知员工，公司调薪的范围是什么，依据标准由何而来，不同的级别所调整的比例，这样的公开透明有利于形成一个良性的竞争，多一些理解、少一些抱怨与不公开的公开议论，集中精力去努力工作，放弃一些恶性的行为与举止。正所谓，公开透明度就是企业管理的美誉度。

（3）薪酬预算的科学性

在薪酬调整当中，管理层清楚薪酬调整对员工产生的正面作用。他们不怕给员工加工资，就怕加的幅度与预算很难控制，最后超出企业的预期。这样的担心不无道理，因为企业在做薪酬调整方案的时候，预算不知道以什么标准来预测。建议以公司的年度销售增长额或净利润、市场薪酬水平、当年的GDP增长比例、当年最低工资上调幅度与各类保险基数上涨比例，预测增加薪酬总额以及公司人员晋升和离职比例、预增加招聘岗位与相对应的人数等。当然调薪一定与职级、岗位、能力相挂钩，按不同的岗位与级别设置不同的调薪比例也是合理的，千万不可所有员工一刀切，一个比例，调薪就应该显示出差异化，全都激励就等于没有激励。

（4）薪酬管理与绩效间的平衡性

在企业初期的时候，可能还是偏重看业绩、看发展，等企业发展稳定了，情况也就有所变化了，这个时候领导考虑的不是业绩如何增长，而是更看重稳定性。什么是人才，什么是工作表现好、绩效优异，受领导个人主观因素影响很大。所以在每一次的薪酬调整中，如果缺乏了公平性，员工理所当然不能接受，原因在于调整薪酬的需求点与评估重点没有做到位，没有以绩效产出、岗位胜任能力为基准。

（5）薪酬调薪需得到员工支持

薪酬管理本身最重要的作用就是激励员工的工作积极性，但是如果薪酬管理脱离员工，只是管理层之间较为封闭的决定。那么无论员工是否能够得到企业加薪的机会，作为企业管理者都应该有必要与员工进行一次面谈与交流。面谈与交流的基石应以企业的实际运营情况、此次加薪的一些条件与原则、员工本人的绩效表现是否符合等为依据。沟通就是要真实有效，不能让员工猜测。尽管有些员工有意见、有想法、有抱怨，但不至于影响到大面积员工的情绪。所以说必要的事前准备与事中面谈，有利于取得较好的结果。

（6）薪酬结构的合理性

很多企业都看到别的企业有着设计标准且有效的薪酬结构，喜欢直接省力地照搬照抄，但是却发挥不出同样的积极作用。要想设计一个好的薪酬结构，必须要深刻理解薪酬的保障因素与激励因素，二者缺一不可，所以作为企业领导及HR管理者，一定要根据自己所处的公司特点进行量身定做，其他公司方案无论多好，只有适合自己公司管理的才是最好的。盲目的设计与闭门造车，只会带来管理上更大的成本与代价。

47.薪酬日常管理

薪酬体系建立起来后，应密切关注薪酬日常管理中存在的问题，及时调整公司的薪酬策略、薪酬水平、薪酬结构，以实现效率、公平、合法的薪酬目标，从而保证公司发展战略的实现。薪酬日常管理是由薪酬预算、薪酬支付、薪酬调整组成的循环，这个循环可以称为薪酬成本管理循环。

薪酬预算是指企业在薪酬管理过程中的一系列成本开支方面的计划、权衡、取舍和控制行为。它规定了预算期内可以用于支付薪酬费用的资金。准确的预算可以保证企业在未来一段时间内的薪酬支付受到一定程度的控制。薪酬预算要求管理者在进行薪酬决策时，综合考虑企业的财务状况、薪酬结构及企业所处的市场环境，确保企业的薪酬成本不超出企业的承受能力。薪酬预算是组织规划过程的一部分，以确保未来支出的可调整性和可控制性，包括对未来薪酬系统总体支出的预测和对工资增长的预测。倒置法和最大限额法是两种预算方法。

薪酬支付是一个很敏感的话题，牵涉员工心理。所以，在进行薪酬支付时，要运用一定的技巧方能更好地激励员工。如何实现薪酬激励的最大化，需要管理者在薪酬支付的时机、方式、给付对象、途径、频率等方面采取合适的策略。例如，把握住薪酬支付的恰当时机，是维持员工工作热情的关键。对绩效优良的员工发放奖金，既是对员工过去努力工作的认同，又可以激励员工在以后的工作中再接再厉。但是奖金发放的时间要根据企业具体情况而定，若企业刚扭亏为盈，元气尚未恢复，应推迟发放年终奖金，而把有限的资金运用到企业发展最需要的地方；但如果考虑到企业在全员努力下扭亏为盈，员工对年终奖金的发放预期很高，此时推迟年终奖金的发放则会打击员工的积极性，对企业的后续发展极为不利；相反，如果企业及时发放年终奖金，则会极大地鼓舞士气，激励员工为企业多做贡献。

薪酬调整是指公司薪酬体系运行一段时间后，随着企业发展战略和人力资源战略的变化，现行的薪酬体系可能不太适应企业发展的需要，此时应对企业薪酬管理做出系统的诊断，确定最新的薪酬策略，同时对薪酬体系做出调整。薪酬调整是保持薪酬动态平衡、实现组织薪酬目标的重要手段，也是薪酬管理的日常工作。薪酬调整主要有两种：根据市场上薪酬水平的变化趋势、组织的发展状况、经营管理模式的调整以及战略重心的转移，对现行薪酬体系进行调整；根据职位变动、个人业绩、个人能力等，对员工个人的薪酬水平进行调整。薪酬调整包括薪酬水平调整、薪酬结构调整和薪酬构成调整三个方面。

薪酬设计是薪酬管理最基础的工作，如果薪酬水平、薪酬结构、薪酬构成等方面有问题，企业薪酬管理不可能取得预定目标；薪酬预算、薪酬支付、薪酬调整是薪酬管理的重点，企业应切实加强薪酬日常管理，以便实现薪酬管理的目标。

任务实施

请将案例中涉及的问题分析与整理后，填写到表4-6中。

表4-6　　　　　　　　　　　　企业薪酬机制分析表

任务内容	1.顺丰快递员的薪酬体系属于哪种薪酬体系模式？
薪酬体系模式有哪几种：	
顺丰薪酬体系有何特点：	
属于哪种薪酬体系模式：	
任务内容	2.顺丰的薪酬机制对快递员的积极性起到了怎样的作用？
顺丰快递员的薪酬构成包括：	
顺丰的薪酬机制对快递员积极性的影响：	

续表

任务内容	3.结合顺丰的薪酬激励体系，谈谈对初创企业而言，如何设计薪酬制度才能使员工有更高的积极性。
相关激励理论： 怎样使薪酬激励制度更有效： 	
任务内容	4.结合你的创业项目，谈谈你将如何设计薪酬机制。
你的创业项目： 你对创业项目薪酬机制的初步设计： 	

课后思考

如何撰写创业计划书？

　　创业是一个艰难的过程，中国的创业者失败率很高，其中一个重要的原因就是在动手创业之前，没有对创业的艰难做出全面的评估，没有认真做好一个创业计划，也称商业计划。一个组织的基本哲学思想对组织的作用比技术资源、经济资源、组织机构、创新和抓住时机的作用更大。那么，创业计划书要描述的正是这样的一个组织的基本哲学思想，它是将有关创业的许多想法，借由白纸黑字最后落实的载体。

　　创业计划书的质量，往往会直接影响创业发起人能否找到合作伙伴、获得资金及其他政策的支持。那么，如何撰写创业计划书呢？要依目标，即视计划书的对象而有所不同，譬如是要写给投资者看呢，还是要拿去银行贷款。从不同的目的来写，计划书的重点也会有所不同。

　　就像盖房子之前要画一个蓝图，才知道第一步要做什么，第二步要做什么，或是同步要做什么，别人也才知道需要配合做什么。而大环境和条件都会变动，事业经营也不只是二三年，有这份计划书在手，当环境条件变动时，就可以逐项修改，不断地更新。

图4-10是关于商业计划书的一幅漫画。

图4-10　商业计划书

项目练习

一、综合自测

1.（　　）是人力资源管理的基础性工作，人力资源管理的每项工作几乎都要用到这项工作的结果。

A.工作分析　　　　　　　　　B.员工培训

C.薪酬管理　　　　　　　　　D.绩效管理

2.工作分析的最终成果是制作出工作说明书，它包括（　　）。

A.工作描述　　　B.工资制度　　　C.工作规范　　　D.考勤制度

3.以下属于外部招聘方法的有（　　）。

A.工作轮换　　　　　　　　　B.自荐

C.内部推荐　　　　　　　　　D.职业中介机构招聘

4.在面试中，主考官向一位成绩较差的应届毕业生说了这样一句话："我们公司从来没有录用过成绩像你这样差的毕业生"，以考察其应变、心理承受能力等。这属于（　　）面试。

A.结构化　　　　　　　　　　B.非结构化

随堂测4

C.压力　　　　　　　　　　　D.行为描述

5.把几个应聘者组成一个小组,给他们一个议题(事先不指定主持人),让他们在规定时间内展开讨论并做出决策,测评者依据应聘者的表现进行评分,这种招聘方法属于(　　)。

A.评价中心测验　　　　　　　B.压力面试

C.无领导小组讨论　　　　　　D.角色扮演法

6.进行绩效考核时,通常要将考核结果反馈给被考核者本人,这种做法的最终目的是(　　)。

A.使员工了解自己的绩效水平并改善

B.计算并发放奖金

C.帮助员工了解自身的缺点

D.对员工的工作进行控制和管理

7.负责评价的主管把员工在完成工作任务时所表现出来的特别有效的行为和特别无效的行为记录下来,形成一份书面报告,这种考核方法是(　　)。

A.尺度考核法　　　　　　　　B.强制分布法

C.关键事件法　　　　　　　　D.行为锚定法

8.以下属于绩效考核方法的有(　　)。

A.因素计点法　　　　　　　　B.尺度考核法

C.强制分布法　　　　　　　　D.分类套级法

9.(　　)是把工作的构成要素进行分解,然后按事先设计好的结构化量表对每种工作要素进行评估的一种岗位价值评估方法。

A.分类套级法　　　　　　　　B.要素计点法

C.因素分析法　　　　　　　　D.排序法

10.薪酬体系设计主要是(　　)设计。

A.薪酬水平　　　　　　　　　B.薪酬预算

C.薪酬结构　　　　　　　　　D.薪酬构成

二、实训项目

请以小组团队为单位,就近选择一家企业,进行课外实地调研,了解该企业的组织管理模式,比较同类企业相关情况,运用组织管理、人力资源管理相关理论进行分析并撰写调研报告。参考案例如下:

守拙创新——海康威视的组织创新管理模式

杭州海康威视数字技术股份有限公司成立于2001年,公司总部(如图4-11所示)坐落于中国杭州滨江区。海康威视是以视频为核心的物联网解决方案提供商,面向全球提供综合安防、智慧业务与大数据服务。海康威视是全球最大的安防厂商,是视频监控数字化、网络高清化、高清智能化的见证者、践行者和重要推动者。

创视说4-5
海康威视的守拙创新

图 4-11　海康威视公司总部大楼

2010 年 5 月，公司在深圳证券交易所中小板上市，随着上市，公司治理也逐渐规范，除了营销中心、研发中心和供应链管理中心以外，相继成立了研究院、战略规划部、投资部、内控部、质量管理部、流程与 IT 部、品牌管理部等职能部门。同时在董事会层面成立了各委员会虚拟组织，包括审计委员会、提名委员会、薪酬委员会、战略决策委员会、变革委员会，分别由公司高中层管理人员兼任。海康威视是一家典型的国有资产的比例在 50% 以下的混合所有制企业，由国资、外资、管理团队持股及社会公众持股。海康威视打造"客户为中心"和"研发为核心"的内部组织结构，不断完善对用户的服务能力，同时制定出正确的发展创新战略和资源匹配规划。通过研发管理、销售管理、运营服务、售后技术支持网络等多个系统的运行，保证客户的满意程度，全面落实好公司制定的竞争发展战略。

近年来，海康威视继续推进管理变革，优化内部管理。由公司变革管理委员会牵头，持续加强全公司流程建设和流程优化；推进 BLM（业务领先模型）、IPD（集成产品开发）等体系建设；通过推进去中心化、去中介化、决策重心下移等政策，继续建设扁平组织；通过持续推进内部管理改善和优化，提升内部管理效率。其中最具创新特色之一的是构建了内部创业机制，搭建了跟投创新平台。

1.内部创业机制与模式

面对复杂的国内外环境，公司采取了有针对性的区域策略，坚持以客户需求为引领，以技术创新为驱动，继续推进有效益的增长。在创新层次、技术环境、市场环境、宏观环境、竞争环境、组织内环境六大因素的影响之下，海康威视走出了一条"守拙创新"的创新管理之路。总经理胡扬忠把这种低调的海康文化称为"守拙"，意指耐得住寂寞，把时间都花在田间地头上。公司通过制度激励，鼓励员工坚持把项目做好，把用户服务好。

根据创新理论对创新组织的分类，海康威视采取的是二元性组织模式。二元性组织模式是指在面临突破性创新时，企业可以通过二元组织结构来摆脱困境，即一方面继续在企业主流组织中运用渐进性创新来稳定发展，另一方面及时转换思路，成立相对独立的突破性技术研发机构。该模式强调在组织结构和文化上保持突破性创新与渐进性创新的隔离，使突破性创新组织独立于主流组织，形成新的文化价值取向。常见的从事突破性创新的组织形式有：内企业、新事业发展部、创新小组、新产品开发委员会、虚拟创新组织等。在相对稳定的环境中，企业的这种文化是它取得成功的主要因素。这种文化提供了一种不必改善或强化其正式的控制系统，就可以有效控制和协调员工的方式。该模式强调在组织结构和文化上保持突破性创新与渐进性创新的隔离，使突破性创新组织独立于主流组织，形成新的文化价值取向。

2.跟投创新平台

海康威视通过内部创业理论与创新组织建设，围绕安防视频监控的主营业务，将横向拓展和纵向整合相结合，设立了创新跟投平台，不仅探索出国有企业内部创业的新模式，而且通过员工持股的形式极大地激发了员工的积极性和创新探索精神，并且通过体制转型，克服了大企业病，解决了公司研发费用与日俱增的状态下依然创新不足的问题。

从2013年开始，海康威视就在围绕核心技术周边做了不少的业务拓展，除了安防领域之外还有金融软件平台系列产品、车载取证系统、网络储存产品、萤石系列产品等一些新业务。有一部分已经实现盈利并且发展较好，也存在一些产品，比如萤石、汽车电子等，未来的发展前景不错，但是由于产品配套没有完成，在近期还需要持续投入，并且将来并不一定能够成功。因此公司决定将一些发展前景存在较大不确定性的业务剥离出来，划分到创新业务平台之下。最终确定创新业务为公司已经设立的尚未成熟的，并且投资周期较长、业务发展前景不明朗、具有较高风险，目前还未盈利且需要继续投资探索，以便公司适时进入新领域的业务。这些业务的市场前景较广，如果能够成功，将会成为公司持续成长的新动力。

2015年海康威视成为国资委旗下员工跟投平台的首家试点企业。公司成立战略委员会，由公司高管组成，负责创新跟投平台业务。9月，《核心员工跟投创新业务管理办法（草案）》正式向外界公告并推出。在达成确立创新平台的意向之后，海康威视在当时已有专注民用安防的萤石、雄鹰系列无人机、探索机器视觉的工业相机等产品中选择了与消费者接触最紧密的萤石系列产品作为创新平台的试验者，进行改制。

根据管理办法，在对激励对象选择时，针对创新业务的员工不仅包括技术人员还把核心的销售、财务等人员也纳入激励范围，可以进一步激发员工的创造性和主动性。国资委规定国企员工不得持有其所在企业参股子公司的股权，在综合学习了华为、万科等公司的员工持股方案后，海康威视想出了一个折中的方案，通过设立信托基金，员工不直接持有股份，而是通过工会来购买信托的形式间接持有。不仅避免国有资产流失的风险，而且能最大数量地实现员工持股。为了防止国有资产的流失，海康威视不仅有内部审计做监督，并且还专门聘请外部专业审计机构德勤华永会计师事务所辅助监督，通过双重监督，将腐败扼杀在摇篮之中。

（案例来源　杭州海康威视数字技术股份有限公司，参编：心茹）

考核评价

本项目考核评价参考见表4-7。

表4-7　　　　　　　　　　项目四考核评价参考表

评价指标	评价标准	完成情况（100分）	评估成绩	所占比例
课堂学习	1.团队合作程度	10		55%
	2.上课互动情况	10		
	3.现场讨论、书面记录	15		
	4.答案的准确率	20		
课外学习	1.网上自测	10		35%
	2.实训项目	20		
	3.师生互动交流	5		
平时表现	1.出勤与纪律	5		10%
	2.按时完成作业情况	5		
综合得分				

● 完成情况：也可用"优、良、一般、差"来评价。

项目五　初创企业资金管理与业绩评价

　　资金是企业的命脉和血液，资金管理对企业的生存与发展具有极其重要的意义，抓住、抓好资金也就等于控制住了企业的生命线和生存线。本项目主要让读者了解与企业资金运作相关的三件事：第一，企业初创期应筹措多少资金，通用的筹资渠道有哪些；第二，筹集的资金到位后，如何有效地管理资金，如何避免资金链断裂；第三，资金投入使用一段时间后，对企业所取得的业绩如何进行评价，如何评价资金的使用效果。企业的正常运营离不开资金的保驾护航，如果企业资金链断裂，一切行动皆不可能。创业者必须具备一定的资金管理知识，通过学习，合理调配企业的资金。

需要掌握的知识：主要包括资金的类别、融资渠道、现金的预算、应收账款的管理、经营业绩评价指标等。

需要具备的技能：主要包括预算筹资需求、合理选择融资渠道、预算现金流量、合理评价企业的经营业绩。

需要具备的素质：踏踏实实地搜集相关资料，对其进行理解、计算、分析，能运用相关数据对业务经营效率的高低进行评判。

任务一　企业如何筹措资金？

工作任务|

大学生创业是一条艰难之路，影响其生死存亡的有多项因素，资金是其中的关键因素之一，因为资金是企业的血液，人无血会死，企无钱会亡。企业开展各项经营活动至少需要多少启动资金，从哪些渠道去筹集这些资金，如何顺利地筹集更多的资金等问题都需要企业关注。拓展一个项目必须配置适度的资金做保障，资金不到位，企业很快会陷入瘫痪状态。这里，我们以企业如何获取外部资金帮助为例，探讨以下四个问题：

1. 资金是否越多越好？创业初期需筹集多少资金较合理？
2. 筹集资金的渠道通常有哪些？它们各有什么特点？
3. 案例中企业筹资成功与失败的原因各是什么？
4. 你将怎样筹资？预计需要多少资金？

请结合以下案例，完成上面的任务：

【案例 5-1】初创企业融资背后的那些事儿

对刚刚起步的创业者来说，既拿不到银行贷款，又引不来风险投资，能否快速、高效地筹集资金，是创业企业能否站稳脚跟的关键，成功筹资更是其二次创业的动力。在这种情况下，创业者最想知道的是如何获得融资机会，当融资屡战屡败后创业者该怎么办。

案例一　哈米：陌生社交产品的融资秘诀

和众多创业者一样，陌生社交应用哈米的创始人李飞也是从打工无趣转向自主创业的。

2004 年毕业的李飞，在大大小小的公司混迹了 10 年后，决定从朝九晚五的体制中跳脱出来。2014 年，一次偶然的机会，李飞在某次分享会上听到一个做网络软件的励志故事，很受触动，于是毅然递上辞呈，利用打工的积蓄，创办了自己的工作室，主要开发陌生社交软件。

"国内有些陌生社交软件产品根据用户的好奇心不断改动，最后导致产品四不像、进展慢，但根本原因在于自身团队的浮躁跟风心理，模糊了产品方向或压根就还没摸清，甚至是远离了自己的初衷，产品越做越差，哪怕有用户量的高速增长，也会后劲不足，逐渐消亡。"李飞说。他利用闲暇时间做过市场调查，他发现做任何产品，都不能一味地迎合用户一时的喜好，而应该围绕用户内在的需求去做，了解用户最根本的动机。

在如今竞争激烈的社交领域，如何才能使自己的企业长足发展，同时获得资本的青睐？李飞认为，市场机会更多地出现在细分领域，只要有一个好的切入点，把握住某细分领域的用户需求，市场前景会很广阔。"任何社交产品解决的都是沟通、分享的问题，只有有价值的沟通和分享对用户来说才是有意义的，也只有这样才能形成社区的特定氛围和气质，才会有更长远的发展。"李飞说。

在做哈米的过程中，李飞及时调整产品形态，终获中国资本青睐，收获投资300万元。

李飞发现，用户最开始使用一款新的社交产品不是因为他觉得这款产品解决了他的根本需求，更多是因为无聊和好奇才下载的。"但好奇心是会逐渐消失的，当用户的好奇心消失时也是用户离开你的时候，这自然会导致你的产品的留存、活跃量的逐渐降低。如果此时没有大的资金背景，就很难继续维持高用户量增长，再加上流失的严重性，产品最后就没有市场了。"李飞说。他正是因为意识到了这一点，所以才对自己产品的要求更为苛刻，也正是因为如此，2014年年底，哈米获得了资本抛来的橄榄枝。

李飞表示，曾有一段时间用户量增长很快，但流失率也很高，留存和活跃量的提升完全靠每天大批量的新用户进来才得以保持，最后团队一起摸索，才明白在产品形态设计上和宣传核心功能点上出了问题。"随后我们对产品整个形态进行了调整，目前哪怕每天保持同样数量的用户新增，留存和活跃量也在不断增长。"在意识到问题之后，李飞和他的团队及时调整了方向，也使得产品获得了良性发展。"无论目的是什么，用户开展陌生社交都是由于熟人社交或现实关系已无法满足自身的日常需求，找到这个日常需求就知道用户打开陌生社交应用要做什么了，这也是你能留住用户的根本原因。"李飞说。

目前李飞正在准备下一轮的融资，他坚信，在"互联网＋"的大背景下，哈米的未来会更好。

案例二　快美购：无缘资本　倒在成功的边缘

有人说，创业是一种投资行为，成功了不但能收回成本，还能获得很好的利润，而失败了，或勉强回本、惨淡收场，或负债累累、一蹶不振。资本对创业者来说会关系到以后的发展，快美购3D平台创始人刘淇对资本的渴望更为热切。尽管其运作的项目取得了一定的业绩，但最终还是因为缺乏资本的支撑不得不放弃了自己的创业梦。

2014年年底，刘淇手握着刚刚卖掉一个连锁项目所获的3 000万元现金，正踌躇满志地欲开始一段新的事业旅程。通过经营连锁项目时对互联网的接触，以及利用互联网招商给连锁项目带来的极大增长动力，并由此赋予了项目极高的溢价，刘淇坚信，互联网绝对是未来的投资方向，他决定创造自己的蓝海。

刘淇带领策划团队，历经3个月的调查、走访与数据分析后，《快美购3D平台——您的美丽生活顾问》策划案终于出炉了。根据规划，快美购3D平台将分三步打造：第一步，差异化定位，建平台，筑巢引凤，构建快美购3D平台。第二步，加大招商与推广力度，造影响，跑马圈地。与一些招商网站合作，向合作的零售终端承诺，可根据签约时间与任务，获得1万～10万元不等的进货授信额度，以及年度3万～30万元不等的网络推广支持。第三步，寻求资本合作，抓速度，一跃成龙。刘淇知道，单靠自己的3 000万元现金，很难支撑起快美购3D平台的长期投入与快速增长，只能支持启动期的花销，而接下来的快速发展，则需要更巨大的资金投入。平台搭建、O2O渠道合作与消费者推广，已逐步按照自己的思路在实现。刘淇聘请了职业经理人团队负责平台的运营，自己则将主要精力放在项目的推广与资本运作上，他期待着VC们的关注与投入。

短短6个月时间，快美购3D平台日均独立IP访问量从0迅速增长到5万，注册会员达到50万人。可以说，快美购3D平台取得了不错的成绩，也吸引了不少投资者的目光，本以为凭借还算不错的业绩可以顺利获得融资，然而由于种种原因始终没能洽谈成功。刘淇介绍："在最初的几次接触中，谈判还算顺利，但是在涉及具体细节时出现了很多分歧，所以最终都没有谈拢，我想最重要的原因是双方对估值存在一定的分歧，很难达成一致，所以后来也就不了了之了。"

然而，当3 000万元的创始资金所剩无几时，VC的投资仍没有着落，快美购3D平台的O2O美梦未能成真，刘淇最终决定放弃。

案例三　关上"校园贷"之门

丽水的陈女士说，她现在一听到电话铃声和门铃声就觉得害怕，以至于记者联系她时，打了好几个电话她才敢接。害怕的原因跟女儿有关，女儿在外面借款8 000元，4个月不到，就变成欠款100多万元。

又是一个挑战法治、道德底线和公众敏感神经的"校园贷"事件。仅仅4个月，借款从8 000元变成了100多万元，一个家庭因此过上了胆战心惊的生活。类似情况甚至还有上百例，这种变相的高利贷，已成为引发社会矛盾和问题的罪恶之源。

法律规定民间借贷的利率最高不得超过银行同类贷款利率的4倍，但从该欠款案例可以看出，从欠8 000元到欠100多万元，利息翻了百倍不止，这种行为属于赤裸裸的以侵占他人经济利益为目的的非法高利贷行为，其利息的超出部分是不受法律保护的。

在明确的法制框架下，这种高利贷行为会有所收敛，但是被完全杜绝或者销声匿迹还不现实。诸如陈女士一家，现在正深受欠款的威胁。民间借贷的催款手段已到了令人发指的地步，不仅伤害了借款人的名誉，扰乱了其正常生活，甚至还严重威胁到了其人身安全。欠款者除了按放贷者的要求还款之外，好像并没有其他路可以走。

　　此次事件再次敲响了民间借贷监管的警钟，各职能部门应痛定思痛，以此为契机向高利贷亮剑，严格规范民间的借贷行为，明确高利借贷的行为界限，出台监管方案及整改措施，消除民间借贷的真空地带。唯有社会上下形成合力，关上高利借贷之门，民生之害才会消除，社会秩序才能更加平稳。

　　资料来源　佚名. 初创企业融资背后的那些事儿［EB/OL］.［2016-02-06］. http：//jiang-su.china.com.cn/html/finance/finances/3939645_1.html.

任务分析

　　资金短缺是大学生创业最常见的问题，面对复杂的资本市场，如何快速筹集资金呢？

　　第一步，创业是从无到有的过程，赚钱之前先花钱是难以避免的，那么钱应该花在哪里呢？是多花还是少花？如何恰到好处？如果你完全没有头绪，不妨看看湖南卫视的综艺节目《中餐厅》。那些明星们一起组队在国外经营一家中餐厅，从接手工作开始就要面对花钱的问题。无论如何，正确预算所需资金的数额是非常必要的，不然钱花光了，事没办成，创业也就失败了。

　　第二步，花钱的途径是多样的，也是可以分门别类的。比如，有些用于原材料购置，如餐厅要采购食材；有些用于日常办公，如支付水电费；有些用于市场推广，如支付广告费等。学会对资金用途进行归类，可以帮助管理者理性、科学地预测资金额度。

　　第三步，知道创业需要多少资金后，就要考虑去哪里筹到这些钱。最理想的是，你手头已经有了充足的资金。而现实往往是你自有的现金并不充足，那么是否有办法通过外部力量筹到这些钱呢？这就需要先了解有哪些筹资渠道，可以把你能想到的先列出来，然后一一排序，看看哪些是比较可行的。

　　第四步，学习下面的知识，自拟一个创业主题，对上面列举出来的任务，有针对性地进行思考、预测、推导、归纳，最后给出有关问题的最佳答案。

相关知识

48.创业资金需求预算

　　从办理营业执照起，各种支出犹如流水一般。你的企业到底需要多少资金才能启动？这件事一定要考虑，否则在创办企业中途很容易发生资金链断裂事故。经营性质不同的企业，对资金的需求存在很大差异。创业者在开始融资前，必须合理评估企业项目所需投入的各类资金，然后预估不稳定因素对项目可能造成的影响，再增加一部分风险储备资金，由此汇总资金总需求，启动创业项目的融资活动。

1）创业资金的分类

创业初期所需的资金也称为启动资金，一般分为两大类：长期投资资金与流动资金。

长期投资资金是企业的办公场所租用或建设，生产专用设备购置、开办等事项需投入的资金。这类资金单位价值高，占用时间长，回收时间也长。

流动资金是企业日常运行需投入的资金，资金需求频繁，占用时间相对较短，如员工的工资、原材料购置费用、办公费、广告费、水电费、赊销的货款等。

2）创业资金的分类预算

（1）长期投资资金的预算

企业创业初期长期投资资金主要用于场地建设、设备购买、开办费三个项目，前两者又称为固定资产投资，开办费则包括创业初期金额较大的培训费、加盟费、技术转让费、装潢装修费等。

企业需合理预算经营场地的建设费用，可以从买、租、建或在家创业等方面考虑，根据自身情况选择能够承受的场地建设费用。

设备包括办公设备和生产设备，企业应本着适用、节约的原则，选择购置、租赁等方式，对投入的办公设备和生产设备等项目的资金需求做出预算。

开办费一般涉及初期资金需求较大的培训、技术转让和装修等费用，也须审慎评估资金需求。

（2）短期流动资金的预算

在创业初期，企业没有销售收入，流动资金无法自给，因此企业必须在启动资金的预算中全面考虑流动资金的需求量。流动资金的预算主要包括三大类，即原材料或商品购置费用、工资、日常运营费用。

首先，预估流动资金需求的时间周期，可能是三个月，也可能是半年甚至更长时间。企业应根据产品投放市场后可回收货款的周期酌情确定。

其次，列举可能发生的一切流动资金项目，包括必须购置的原材料或商品数量，员工的人数及工资和保险费用，日常运行中办公、水电、广告、电话、交通等费用。

由于这类资金常常难以全面评估，企业必须保持一定量的流动资金"储备"，以备不时之需（如物价上涨、工资上涨、业务扩展等的需要）。

3）编制创业资金预算表

长期投资资金和短期流动资金预算做好后，再根据二者之和，预估一笔风险资金。风险资金可根据项目进展程度预估，项目进展慢，则提高资金比重；进展顺利，可降低资金比重。在融资过程中，长期投资资金和短期流动资金是必须筹集的，风险资金则可视资金宽裕情况而定。

下面以一家造型蛋糕企业初创资金预算表（见表5-1）为例进行说明。

表 5-1　　　　　　　　　　　造型蛋糕企业初创资金预算表　　　　　　　　　单位：元

长期投资资金	办公设备	桌椅	500
		空调	2 000
		房屋	10 000
	生产设备	工作台	600
		机器	5 000
	开办费	培训费	2 000
		技术转让费	1 000
	汇总		21 100
短期流动资金	原材料		3 000
	库存商品		
	工资		5 000
	办公费		800
	水电费		600
	广告费		1 000
	交通费		1 000
	流动储备资金		2 000
	汇总		13 400
风险储备金	不可预测项目		6 000
合计			40 500

49.企业常用融资渠道

融资渠道指企业的资金来源，主要包括内源融资和外源融资两个渠道。其中，内源融资主要是指企业的自有资金和在生产经营过程中的资金积累部分；外源融资，即企业的外部资金来源，主要包括直接融资和间接融资两种方式。直接融资与间接融资的区别主要在于是否存在融资中介。间接融资是指企业的融资通过银行或非银行金融机构渠道实现；直接融资即企业直接从市场或投资方获取资金。随着技术的进步和企业生产规模的扩大，单纯依靠企业内部资金已经很难满足企业的资金需求，因此外源融资成为企业获取资金的重要方式。

初创企业融资渠道，大体有三个方向：第一，靠创业者自身解决资金问题，如自己与合伙人出钱，或者向亲朋好友借款等。第二，靠外部债权人解决资金问题，如企业间的借贷、向金融机构举债、接受风险投资等。第三，靠业务合作方解决资金问题，如向供应商赊账、向客户收取预付款/保证金等。能否从上述渠道中的任何一个渠道融资，要看企业是否符合这些渠道和类型的风险判断标准。如银行贷款，银行资金雄厚，但是初创企业从银行贷款很难，且银行贷款周期长、成本高。因为银行的风控标准很高，一般来说，初创企业很难符合这个标准。

企业常用的融资渠道有以下几种：

（1）银行贷款

银行是企业最主要的融资渠道。按资金性质，银行贷款可分为流动资金贷款、固定资产贷款和专项贷款三类。对于经营状况好、信用可靠的企业，银行会授予一定时期内一定金额的信贷额度，企业在有效期与额度范围内可以循环使用。具体来说，现在银行提供的与企业融资相关的贷款包括如下五种：

①资产抵押贷款。中小企业将资产抵押给证券公司或商业银行，由相应机构发行等价的资产证券化品种，发券募集的资金由中小企业使用，资产证券化品种可通过专门的市场进行交易。担保基金来源于当地政府的财政拨款、会员自愿缴纳的会员基金、社会募集的资金、商业银行的资金等。信用担保机构大多实行会员制管理的形式，属于公共服务性、行业自律性、自身非营利性组织。会员企业向银行借款时，可以由中小企业担保机构予以担保。中小企业还可以向专门开展中介服务的担保公司寻求担保服务。当企业提供不了银行所要求的担保措施（如抵押、质押或第三方信用保证人等）时，担保公司可以解决这些难题。因为与银行相比，担保公司对抵押品的要求更为灵活。

②项目开发贷款。一些高科技中小企业如果拥有具有重大价值的科技成果转化项目，而初始投入资金数额比较大，企业自有资本难以承受，则可以向银行申请项目开发贷款。对于拥有成熟技术及良好市场前景的高新技术产品或专利项目的中小企业，以及利用高新技术成果进行技术改造的中小企业，商业银行会给予积极的信贷支持，以促进企业加快科技成果转化。对于与高等院校、科研机构建立了稳定项目开发关系或拥有自己的研发部门的高科技中小企业，银行除了提供流动资金贷款外，也可办理项目开发贷款。

③出口创汇贷款。对于生产出口产品的企业，银行可根据出口合同或进口方提供的信用证，提供打包贷款。对于有现汇账户的企业，银行可提供外汇抵押贷款。对于有外汇收入来源的企业，可凭结汇凭证取得人民币贷款。对于出口前景看好的企业，银行还可以提供一定数额的技术改造贷款。

④无形资产质押贷款。依据《中华人民共和国民法典》（以下简称《民法典》）的有关规定，依法可以转让的商标专用权、专利权、著作权中的财产权等无形资产都可以作为贷款质押物。

⑤票据贴现融资。它是指票据持有人将商业票据转让给银行，取得扣除贴现利息后的资金。在我国，商业票据主要是指银行承兑汇票和商业承兑汇票。这种融资方式的好处之一是银行不按照企业的资产规模而是依据市场情况（销售合同）来放款。企业自收到票据至票据到期兑现之日，往往少则几十天，多则300天，资金在这段时间处于闲置状态。企业如果能充分利用票据贴现融资，远比申请贷款手续简便，而且融资成本很低。票据贴现只需要带上相应的票据到银行办理有关手续即可，一般在几个营业日内就能办妥。

（2）民间借款

民间借贷是指公民之间、公民与法人之间、公民与其他组织之间的借贷。只要双方当事人意见表示真实，即可认定有效，因借贷产生的抵押相应有效，但利率不得超过中国人民银行规定的相关利率水平。民间借贷是一种直接融资渠道，银行借贷则是一种间接融资渠道。民间借贷也是民间资本的一种投资渠道，是民间金融的一种形式。我国《民法典》规定："禁止高利放贷，借款的利率不得违反国家有关规定。"同时，根据《最高人民法院关于人民法院审理借贷案件的若干意见》的有关规定，"民间借贷的利率可以适当高于银行的利率，但最高不得超过银行同类贷款利率的4倍"。但实质上民间所说的高利贷，远远不止这个水平。2020年9月18日《北京青年报》报道：小李想买一部最新款的手机，他通过QQ群的广告找到某公司的线上贷款平台，提供了相关资料，办理了一笔5 000元的贷款。小李无法按期归还贷款，利息越来越多，短短6个月，贷款从5 000元增长到十几万元。由于害怕，小李瞒着所有人，直到恐吓短信接连出现在家人、朋友的手机上，家门口也被泼上"欠债不还，天理不容"的油漆。小李在父母的帮助下选择报案。公安机关调查发现，该公司在短短一年时间内，"套路"了700多名在校大学生。放贷人诱骗在校大学生签订金额不实的借款合同，以审核费、保证金为由扣除先期款项，伪造银行流水虚增放款金额，并进行暴力追债。最终，法院以诈骗罪、敲诈勒索罪对该公司人员高某等11名被告人判处一年至八年不等有期徒刑。

（3）融资租赁

融资租赁是融资与融物的结合，兼具金融与贸易的双重职能，对提高企业的筹融资效益，推动与促进企业的技术进步，有着十分明显的作用。融资租赁包括直接购买租赁、售出后回租和杠杆租赁。此外，还有租赁与补偿贸易相结合、租赁与加工装配相结合、租赁与包销相结合等多种形式。融资租赁为企业技术改造开辟了一条新的融资渠道，采取融资、融物相结合的新形式，加快了生产设备和技术的引进速度，还可以节约资金使用，提高资金利用率。融资租赁有利于缓解初创企业的资金困难，有助于提高初创企业竞争力和经营效率，但同时要注意规避产品市场风险、金融风险、贸易风险和技术风险。

（4）典当融资

典当是以实物为抵押、以实物所有权转移的形式取得临时性贷款的一种融资方式。与银行贷款相比，典当融资贷款成本高、规模小，但灵活便捷。典当行对客户没有信用要求，只注重典当物品是否货真价实，动产与不动产均可作为质押物。典当物品起点低，千元、百元的物品都可抵押。典当行更注重为个人客户和中小企业服务。典当贷款的手续十分简便，大多立等可取，即使是不动产抵押，也比银行要便捷得多。典当行对客户贷款的用途没有要求，客户资金使用自由。其周而复始，大大提高了资金使用率。典当融资可以解决初创企业短期资金需求，典当融资除了要缴纳贷款月利率外，还要缴纳较高的综合费用，因此融资成本高于银行贷款。因此，初创企业选择典当融资时需要注意：①按需典当，按照实际资金需求额度来决定典当金，无须以当品的实际价值来典当；②比较多家典当行，每一家典当行收取的月综合费率不同，国家规定典当行收取的月综合费率是3%～5%；③当期越短越合算，当期越长，利息越多，相应的综合费也越多。通常典当融资的最长期限是半年。

（5）商业信用融资

商业信用融资是企业之间在买卖商品时，以商品形式提供的借贷活动，是经济活动中一种最普遍的债权债务关系。商业信用的存在对扩大生产和促进流通起到了十分积极的作用，但不可避免地也存在一些消极的影响。商业信用融资方式包括应付账款融资、商业票据融资及预收货款融资。对融资企业而言，应付账款意味着放弃了现金交易的折扣，同时还需负担一定的成本，因为往往付款越早，折扣越多。商业票据融资，也就是企业在延期付款交易时开具债权债务票据。对于财力雄厚和声誉良好的企业，其发行的商业票据可以直接从货币市场上筹集到短期货币资金。预收货款融资，是买方向卖方提供的商业信用，是卖方的一种短期资金来源，信用形式应用非常有限，仅限于市场紧缺商品、买方急需或必需商品、生产周期较长且投入较大的建筑业、重型制造等。

使用商业信用融资，首先，要具备一定的商业信用基础；其次，必须让合作方也能受益；最后，务必谨慎地使用商业信用。商业信用融资的优点是筹资便利、筹资成本低、限制条件少。但商业信用融资的缺点也不能小视，如期限较短、筹资数额较小、有时成本较高。

（6）风险投资

风险投资是一种高风险、高回报的投资，风险投资家往往以参股的形式进入创业企业。风险投资比较青睐高科技创业企业。风险资本的主要来源有富有的个人、政府、企业、机构投资者、商业银行、境外投资者等。风险投资家更关注创业企业的盈利模式和创业者本人。

（7）众筹融资

众筹融资即大众筹资或群众筹资。在中国大陆是指用"团购+预购"的形式，向网友募集项目资金的模式。众筹融资项目一般是一些有创意、有个性的项目，注重技术创新，科技含量高，能够体现生产模式的变革趋势。众筹融资的模式主要有股权模式、债权模式、回报模式和捐赠模式。众筹融资的出现，拓宽了初创企业的融资渠道，降低了初创企业的融资风险，有助于推动金融创新和生产模式变革。众筹融资的最大缺点是投资人数量众多，管理水平参差不齐，众筹缺乏创业指导。

（8）吸收投资

吸收投资是非股份制企业以协议等形式吸收国家、企业、个人和外商等直接投入的资本，形成企业投入资本的一种筹资方式。投入资本不以股票为媒介，适用于非股份制企业，是非股份制企业筹集股权资本的一种基本方式。在合伙企业中，两个及两个以上的人员共同出资可以看作吸收投资而成立。对于有限责任公司，吸收投资便成为吸收股东，但局限于50人以下。对于股份公司，发起设立人只能作为共同的投资方，一旦吸收投资，则吸收的投资性质将改变，直接成为发起人；对于募集设立，发起人只认购发行股份的一部分，其余部分向社会公开募集或者向特定对象募集，从而成立股份公司。当然，以上的合伙企业、有限责任公司、股份公司吸收的直接投资也可以是非股权参与，具体由协议来确定。

（9）债券融资

债券融资是指项目主体按法定程序发行，承诺按期向债券持有者支付利息和偿还本金的一种融资行为。债券融资可以有效避税，可以优化资本结构，不会分散企业的控制权，因此在国际成熟的资本市场很受企业欢迎。债券融资规模一般较大，并且期限较长，可以为企业筹集较多的资金。债券融资对发行主体的限制条件较严格，且公司债券融资的金额，不得超过公司自有资产的净值。目前债券融资的种类主要有国家发改委审核的企业债券、中小企业集合债，证监会审核的公司债券、中小企业私募债。

（10）发行股票

股票具有永久性、无到期日、不须归还、没有还本付息的压力等特点，因而筹资风险较小。股票市场可促进企业转换经营机制，真正成为自主经营、自负盈亏、自我发展的法人实体和市场竞争主体；同时，股票市场为资产重组提供了广阔的舞台，能优化企业组织结构，提高企业的整合能力。

50.大学生创业的主要融资方式

融资渠道单一是创业中的最大风险，如果没有广阔的融资渠道，创业计划只能是一纸空谈。大学生应合理选择融资方式，除了银行贷款、自筹资金、民间借贷等传统融资方式外，还可以充分利用风险投资、创业基金等多种融资渠道。

（1）政策基金

政府提供的创业基金通常被称为创业者的"免费皇粮"。其优势是：政府的投资一般都是免费的，降低或者免除了融资成本；劣势是：申请创业基金有严格的程序要求，政府每年的投入有限，融资者需面对其他融资者的竞争。

（2）高校创业基金

目前，大多数高校都设立相关的创业基金，以鼓励本校学生进行创业尝试。其优势是：对于大学生这个群体而言，通过此途径融资比较有利；劣势是：资金规模不大，支撑力度有限，面向的对象不广。

（3）亲情融资

亲情融资，即向家庭成员或亲朋好友筹款。其优势是：筹借资金速度快、风险低、成本低；劣势是：会给家庭成员或亲朋好友带来资金风险甚至是资金损失，如果创业失败而过久未归还借款，可能会影响彼此的感情。

（4）金融机构贷款

银行贷款被誉为创业融资的"蓄水池"。其优势是：银行财力雄厚；劣势是：贷款手续烦琐，需要跨过许多"门槛"，任何一个环节都不能出问题。

（5）合伙融资

合伙融资是按照共同投资、共同经营、共担风险、共享利润的原则，直接吸收单位或者个人的投资，合伙创业的一种融资途径和方法。其优势是：有利于对各种资源的利用和整合，提高企业信誉，能尽快形成生产能力，有利于降低创业风险；劣势是：很容易产生意见分歧，降低办事效率，也有可能因为权利与义务的不对等而使合伙人之间产生矛盾，不利于合伙基础的稳定。

（6）风险投资

风险投资是一种融资和投资相结合的全新投资方式，是指创业者通过出售自己的一部分股权给风险投资者，从而获得一笔资金，用于发展企业、开拓市场；当企业发展到一定规模时，风险投资者卖出自己拥有的企业股权获取收益，再进行下一轮投资。许多创业者就是利用风险投资使企业度过幼小阶段的。其优势是：有利于有技术含量、创新商业模式运营、有豪华团队背景、发展迅猛的有关项目融资；劣势是：融资项目有局限性。

（7）天使投资

天使投资是指自由投资者或非正式风险投资机构对处于构思状态的原创项目或小型初创企业进行的一次性的前期投资。其优势是：民间资本的投资操作程序较为简单，融资速度快，门槛也较低；劣势：很多天使投资者在投资的时候要求控股，因此容易与创业者发生一些矛盾。

51.大学生创业的融资流程

（1）撰写融资计划书

融资计划书既是说服投资人进行投资的书面文件，也是创业者理清经营思路的过程。融资计划书的核心包括：融资资金的金额和具体用途；取得经营业绩的方式和方法；以往的经营业绩；核心竞争力；核心经营团队。融资计划书的主要内容有资金规划、阶段目标、运营模式、财务预估、营销策略、风险评估等。

（2）寻找投资人

目前个人投资者和投资公司数量众多，初创企业在选择投资人的过程中要认真筛选，双方对投资项目应该有一致的目标，有的投资人除了资金还能带来管理经验，既能满足企业本身融资需求，又能为投资人带来丰厚的回报，达到双赢的结果。

（3）项目路演

项目路演是指在公共场所进行演说、演示产品、推介理念以及向公众或投资人推广自己的公司、团体、产品、想法的一种方式。项目路演的成功与否，直接影响投资人的投资和企业的发展。因此，项目路演应尽可能采取多样的形式，把路演变成讲故事，保持专注，准确介绍产品或服务的独特之处、主要的目标顾客群体、营收模式和投资人的退出策略等。除此之外，还要准确回答投资人关心的问题。

（4）融资谈判

融资谈判是企业融资过程中的关键环节，充分发挥融资谈判技巧，能让企业更好地掌握融资的主动性，争取更多有利自己的条件。谈判前要做好资料准备、团队准备、现场管理准备和模拟演练几项工作。正式谈判时要注意以下几个方面：请有经验的人员参与谈判；提前准备好多种合作模式；提前设计好有关合作框架；对涉及企业重大、长远利益的问题不要轻易拒绝或同意，以免陷入被动局面；不要轻易表态和放弃控制权；注意了解和询问出资方的想法和意见；注意展示团队形象。

（5）签订投资意向书

投资意向书是双方当事人就项目的投资问题，通过初步洽谈，就各自的意愿达成一致认识，表示合作意向的书面文件，是双方进行实质性谈判的依据，是签订投资合同的前奏。签订投资意向书时应注意明确投资人的投资数额，确定估值方法和利润保证条款等内容。

任务实施

请将前述需要解决的事项分析与整理后，填写到表5-2中。

表5-2　　　　　　　　　　　企业筹措资金分析表

任务内容	1.做出你所选定的创业主题的资金需求预算，并列出详细清单。
创业主题： 长期投资资金预算： 分类： 短期流动资金预算： 分类： 风险储备预算： 创业资金总预算：	
任务内容	2.你将选择哪些融资渠道，并说明理由。
融资需求： 融资中的自身优势： 选择的融资渠道： 选择的理由：	

续表

任务内容	3.结合前述案例，谈谈你对融资成败的思考。

融资成功的要素总结：

融资失败的原因思考：

任务内容	4.根据创业主题，撰写融资计划书，制作融资路演PPT。

融资计划书：

融资路演PPT：

课后思考

有足够的创业资金吗？

几乎每一个创业者都遇到过缺乏资金的问题，这时候，人们首先想到的，一般都是拿出全部的积蓄，或者向亲友借款、向银行抵押贷款。那么，自己的积蓄不够怎么办？亲友没有余钱怎么办？向银行贷款没有抵押物品怎么办？是不是就没有办法筹到创业资金了？其实，只要你广开思路，还是可以找到许多更有效、更合算的筹资方法的。

掌握资金的来源渠道以及各融资方的偏好与期望对创业者而言至关重要。如果不理解这些，创业者在寻找启动资金时就会显得很茫然。商业贷款、政府资助、融资租赁、私募筹款、风险投资、首次公开发行等，这些都是筹资的专业术语。但是，这些术语的准确意思是什么？创业者在申请这些资金时有什么条件？创业者又到哪里去找这些资金？图5-1是一幅关于融资难的漫画。

图5-1　为何融资难

任务二　企业如何加强资金管理？

工作任务|

　　资金筹措到位后，企业皆大欢喜，但各方的资金需求也纷至沓来，短短几个月后，就会发现账上资金所剩无几，企业又要面临新的资金需求，但新的融资方向还一片模糊。回想过去，好些资金本可以截留或收回，但由于缺乏资金管理意识，都慢慢流走了。本节将根据初创企业的经营特点，分两个阶段介绍初创企业日常资金管理知识：第一，初创企业起步期的资金管理；第二，初创企业成长期的资金管理。初创企业进入发展或成熟期后，已经不能算作初创企业，可划为一般企业，本文不作探讨。最后，对企业如何预防资金链断裂做一些论述。下面通过明星企业陨落的案例，探讨以下三个问题：

　　1.企业初创期的资金运作有何特点？应重点关注哪些事项？

　　2.企业成长期的资金运作有何特点？应重点关注哪些事项？

　　3.企业应如何预防资金链断裂？

　　请结合以下案例，完成上面的任务：

　　【案例5-2】明星企业的陨落

　　案例一　博湃养车

　　2016年4月5日凌晨，博湃养车在微信公众号上发布长文公告《认识这么久，第一次说再见》，正式宣布破产倒闭。消息一出，行业哗然，博湃养车曾是养车O2O类的明星公司，论规模全行业第一，估值曾高达6亿美元，距离成为独角兽公司仅一步之遥。

博湃养车创办于2014年，是最早的一批养车O2O创业公司。从各方面来看，这都是一家非常优秀的创业公司。

博湃养车的创始人吉伟在创业前做到了某汽车厂商的中层管理职位，对汽车市场非常熟悉。公司的第一笔启动资金是吉伟几个好朋友的共同集资，不到100万元。但公司发展势头很好，成立第二个月订单量就增长到500万元以上。此后，博湃养车的发展形势更是一片大好。

2014年7月，博湃养车拿到了1 000万元A轮投资。

2015年3月底，博湃获得了京东、易车共1 800万美元的B轮融资，估值高达6亿美元。它们带来的还不仅是钱，京东的导流对博湃的扩张起到了重要的助推作用。

一年不到的时间，博湃已经成为汽车养护行业的巨头，是当之无愧的NO.1，身上笼罩着知名投资机构、互联网大佬级战略投资者的耀眼光环。

但谁都没有想到的是，仅仅又过了一年时间，博湃养车就轰然倒下了。

回过头来看，博湃养车的问题根源其实早就埋下了。在资本的加持下，博湃养车的扩张堪称疯狂，采取了极端激进的补贴战略，客单价甚至低至1元。用补贴占据绝对的市场份额，再延伸至产业链的其他部分，实现自我造血，这是O2O创业者最爱讲的故事。

但现实并未如愿，上门服务本身没有利润，或者利润微薄，预计随后杀入的高附加值产业链项目——保养、维修、保险、救援等，客户转化率只有百分之几，远远达不到预期。

如果资本能继续跟进，也许博湃养车仍有机会。但博湃养车没有遇上滴滴、美团那样的天时，肇始于2015年下半年的资本寒冬，让博湃养车的融资希望破灭。2015年12月，博湃养车的业务几乎全线停止。号称汽车后市场占有率达到75%的博湃养车，就这样沉没于创业大潮之中。

案例二　美味七七

2016年4月7日，上海生鲜电商美味七七宣布关闭并申请破产清算。此后，其他生鲜电商有意收购但无果而终，现在登录美味七七官网，只能看到一则简短的公告："由于公司收购方的突然退出，公司资金流出现问题。管理层被迫在仓促中暂停营业。"

美味七七的倒闭非常突然，留下了约500万元的消费者预付卡余额，此外还拖欠了数百位员工的工资，欠下了供应商2 000万元的货款。

美味七七成立于2013年5月，以上海为中心，提供高品质的生鲜食材，并全程都以冷链配送。2014年5月，美味七七获得了来自亚马逊2 000万美元的战略投资。

在倒闭之前，美味七七有着不错的口碑，其斥巨资建立了冷链物流体系，在上海自建万亩蔬果农场基地，较好地保障了用户体验。2014年年底的报道显示，美味七七当时有5 000多个SKU，沪上中央仓储达10 000多平方米。此外，美味七七还自建了全程冷链物流，建有30个中转"站点"，覆盖上海各区域，并已开通一日三送。

美味七七的 CEO 宓平认为，自建冷链物流是直击行业痛点。她说："超市的水果损耗率至少在 20%。也就是说，100 个水果摆上架前就坏了 20 个。"

2015 年，美味七七引入了众多线下社区店作为合作商户，除了销售各类生鲜食品外，还有各类休闲食品和生活用品。2015 年 5 月，美味七七在上海推出了生鲜 "1 小时送达" 的服务，用户购买合作商户的产品，也能获得 "1 小时送达" 的服务。

这进一步加大了自建物流的压力，媒体报道称，美味七七为了提供全部商品的 1 小时送达服务，在上海新建了很多自营配送点。

自建物流是一把双刃剑，曾让京东差点死于资金链断裂，幸运的是京东得到了投资机构的坚定支持。而美味七七显然不具备这样的条件，到 2015 年年底就不断传出资金链断裂的消息。2016 年 4 月，宓平向媒体表示，公司资金链断裂的原因是股东矛盾。她说，"公司运营状况良好，直到近日，两位投资股东之间突发的矛盾导致资金出现问题，美味七七暂停营业。"

资料来源　佚名. 2016 年才过半，创业公司已经倒了一片 [EB/OL]. [2016-07-14]. http://www.360doc.com/content/16/0714/19/19065952_575522460.shtml.

任务分析

很多企业创始人往往都有很强的技术背景，数学学得好，但却算不明白账上有多少钱、够发几个月的工资。资金管理是创业者必须具备的一项素养，初创企业不同阶段资金管理的重点不同。现结合案例，思考以下几个问题：

第一步，初创企业资金的主要功能与用途有哪些？如何进行分类管理？

第二步，初创企业起步期、成长期的资金运作各有哪些特点？管理重点分别是什么？

第三步，回忆一下，你是否听说过周围的某家企业因为资金不足导致企业倒闭的，分析一下如何有效地预防资金链断裂。

第四步，学习下面的知识，拟定一个创业主题，认真思考上面列举的问题，总结企业两个阶段的资金管理要点，并进行相关的预算工作，最后整理出预算成果。

创视说 5-2
中联重科等公司财务造假

相关知识

52. 分阶段运作资金

资金是企业的血液，分布在企业的经营、投资、筹资等环节。资金运作贯穿于企业生产经营的全过程，资金管理是初创企业须关注的重点之一。初创企业不同于一般的成熟企业，运营过程特殊，资金使用和管理方式存在很大的不同，必须分阶段了解其资金运作特点，从而有针对性地采取措施。下面从起步阶段和成长阶段进行介绍：

（1）起步阶段

在这个阶段，初创企业经营的关键点就是打开市场，找到客户，寻找生存空间。根据每个公司的发展特点，该期间可能持续半年到3年左右。这时的企业没有现金净流入，资金的进出完全由自己控制；由于业务还处于探索阶段，企业无法把预计经营业务迅速变成销售额和利润，当下企业面对的最大挑战就是有没有足够的资金支撑下去。

这个阶段资金管理的特点是：不能通过销售收入给企业注入现金流，企业纯粹是花钱。这个阶段的资金管理可分为两个方面：

一方面是继续做好融资工作。初创企业如发现资金使用不足，应立即启动融资工作。众多创业者的经验是企业第一批启动资金花完一半时就要开始新一轮的融资工作，不可以等到没钱了再想去融资，因为融资的时间周期一般要半年左右，企业必须有足够的现金储备度过新一轮融资周期。企业融资充满了不可预测性，无法保证6个月后资金一定能到位，所以越早启动越好。

另一方面是最大限度地节约现有资金。初创企业起步阶段务必勤俭节约，因为没有正常现金流入账，花一元就少一元。那么如何做到真正意义上的节约使用呢？创业者应该把企业的各项开支分成两大类，一类叫固定成本，另一类叫变动成本。简单地说，固定成本就是每天必须消耗的资金量，企业应尽可能以最低消耗量来消费这笔资金。有些初创企业第一笔融到手后，租高档办公室，给员工发高工资，不计成本地装修。一旦后续资金跟不上，高昂的房租根本付不起。所以初期固定成本的使用要越紧越好，创业者对自己每月支付的固定成本一定要心中有数，审慎支付任何一笔固定成本。变动成本就是有钱就多花、没钱就少花、紧急时可以不花的开支，如材料费、广告费、差旅费等。

这个阶段的资金管理重点是抓好企业的固定成本支付，保证企业有足够的现金储备进入下一个阶段。创业者的经验是这个储备现金最好能用一年以上，储备现金使用到一半时就要着手下一轮的融资。

（2）成长阶段

在这个阶段，企业的产品已经适应市场的需求，被消费者所接受和认同。企业的知名度大大提高，产品的销售规模扩大，生产成本逐渐降低。此时，企业不再靠储备资金经营，企业的经营活动已经能为自身注入现金流，并逐步增多，企业甚至有了利润。

由于现代销售都以赊销为主，货物的销售与现金的流入不同步。应收账款的存在使销售收入不能立即变现，从而加剧了企业对资金的需求，此时企业若没有足够的资金，会立刻陷入经营周转困难的窘境。太多创业者对这类问题缺乏足够的认识，单纯地认为只要产品销路好，企业经营必然好。实质上，企业经营的关键是现金流。即使亏损，只要企业的现金流足以弥补付现成本，仍可运营下去等待复苏时机；而会计上有利润的企业若缺乏现金，又无人肯加以援助，企业将等不到会计利润变为现金就会因经营不善而倒闭。为此，本阶段资金管理工作主抓两件事：一件事是做好应收账款的管理；另一件事是编制现金预算。

53.应收账款管理

（1）制定规范的企业信用管理制度及审批流程

公司销售人员负责进行客户信用调查，并随时"侦察"客户信用的变化，建立和维护公司的市场信息库；根据调查结果，组织客户信用等级和信用额度的制定和评审工作，拟定公司的信用政策。

信用限额是指公司可赊销给某客户的最高限额，即客户的未到期商业承兑票据、应收账款和按合同要求应回款未回款的金额总和的最高额。任何客户的未到期票款都不得超过信用限额，否则坏账损失应由相关责任人负责。一定时期内可视客户的临时变化，在授权范围内调整对各客户的信用限额。

（2）加强应收账款的管理和催收工作

企业应及时、认真地登记客户往来账，按照应收单位、部门或个人及负责的业务员分别进行项目核算，及时核对、协助催收应收款项；每月向相关部门通报"应收账款统计月报"，并且向领导报送。

企业应每月进行账龄账目分析，定期向客户发送、回收"往来账款确认单"，并通报回收情况。

企业对应收款项的管理应遵循"谁经办、谁负责，及时清理"的原则，定期调整应收账款回款情况指标，用于对业务部门的绩效考核。业务员负责对所负责款项的及时催收，保证合同款项按时到账。

业务员对所负责的客户提前进行付款书面提示，即提示其制订付款计划并按时付款。到付款日，业务员要确认客户是否已按时付款。如客户不能按时付款，要督促客户在限期内给出付款计划。根据客户付款逾期的不同情况，分别由公司不同级别人员负责催收，必要时提起诉讼或进行报案。

（3）发生坏账风险后的应收账款管理

发生坏账风险后的应收账款可以称为"问题账款"，是指企业在销售产品（业务运作）的过程中被骗、收回的票据无法如期兑现或部分货款未能如期收回等情况。

出现"问题账款"时，应收账款回收部门应承担相应的赔偿责任；可以对营销中心和业务员进行相应的考核，考核结果将直接影响业务员的绩效工资和销售提成。

在创业者的头脑中，一直都要有回款多少、现金流余额多少的数字。企业须建立良好的收款制度，每周（定期）制作应收款项余额报告。这时如果能稳定收付款节奏，企业会逐渐有现金节余。

54.编制现金预算

许多创业者普遍存在的错误，就是认为只要拥有一笔资金，就要把它投入到公司的运营中，确保资金足以负担所有的开销。这是极其愚蠢、错误的想法，因为钱再多，也有数额限制，经不起无计划、无预算地乱花。对一家初创企业来说最为重要的，就是在花每一分钱的时候，都要依据先前制定的预算。只有这样，才能保证企业按预定的路线生存下去，别无他法。

现金预算一般以月为周期，企业必须首先列举出预测期内企业所有的预计现金收入项和现金支出项，通过计算二者之间的差值确定预测期内企业的"净现金流量"，然后加上"期初现金"（上一会计期的期末现金）。通过计算"期初现金"与本期"净现金流量"之和，即可确定"本期期末现金"。

现金预算包括现金收入、现金支出、现金多余或不足、资金的筹集和运用。表5-3是大华连锁公司的现金预算。

表5-3　　　　　　　　　　　**大华连锁公司的现金预算**　　　　　　　　　　单位：元

项　　目	一季度	二季度	三季度	四季度	全年
期初现金余额	8 000	8 200	6 060	6 290	8 000
加：销货现金收入	18 200	26 000	36 000	37 600	117 800
可供使用的现金	26 200	34 200	42 060	43 890	125 800
减各项支出：					
直接材料	5 000	6 740	8 960	9 510	30 210
直接人工	2 100	3 100	3 960	3 640	12 800
制造费用	1 900	2 300	2 300	2 300	8 800
销售及管理费用	5 000	5 000	5 000	5 000	20 000
所得税	4 000	4 000	4 000	4 000	16 000
购买设备		10 000			10 000
股利		8 000		8 000	16 000
支出合计	18 000	39 140	24 220	32 450	113 810
现金多余或不足	8 200	-4 940	17 840	11 440	11 990
向银行借款		11 000			11 000
还银行借款			11 000		11 000
借款利息（年利10%）			550		550
合计			11 550		11 550
期末现金余额	8200	6 060	6 290	11 440	11 440

55.加强现金收支预算管理

现金收支预算管理的目的在于及时平衡现金收支，保持与生产经营活动相适应的合理的现金流量，提高现金的使用效率。

（1）力争现金流量同步

企业应尽可能做到使现金流入和现金流出的时间一致，这样就可以使所持有的交易性现金余额降到最低水平。

（2）使用现金浮游量

从企业开出支票到收票人收到支票并存入银行，一直到银行将款项划出企业账户，这一过程需要一段时间。现金在这段时间的占用称为现金浮游量。在这段时间里，尽管企业已开出支票，却仍可动用在活期存款账户上的这笔资金，但是一定要控制好使用时间，否则会发生银行存款的透支。

（3）加速收款

应收账款的存在，可以扩大销售规模，增加销售收入。但是发生应收账款会增加企业的资金占用，加速收款是指缩短应收账款的占用时间。利用应收账款与缩短收款时间，找到两者之间的平衡点，这是问题的关键。

（4）推迟应付账款支付

推迟应付账款的支付是指企业在不影响自己信誉的前提下，尽可能推迟应付账款的支付时间，充分利用供货方所提供的信用优惠。

56.初创企业加强资金管理的措施

货币资金是维持初创企业运营的重要资产，决定了企业未来的发展和机遇。加强货币资金管理能提高资金使用效率，降低企业的资金流动性风险。按照目前我国初创企业的具体情况，一般有以下具体措施：

（1）引进专业财务管理人员

初创企业中，多数管理者缺乏对资金和财务管理的理解，没有资金管理的意识和能力。因此应该聘请有经验的专业财务管理人员，根据企业的实际情况和未来规划，对资金收支情况进行科学合理的分析与预测，编制货币资金预算方案并执行。

（2）增强管理者的资金意识

初创企业管理者应认识到资金管理的重要性，采纳专业财务管理工作者的建议，合理确定企业现金持有量，既要满足企业日常经营货币资金的需求，又要充分利用闲置资金，进行有效投资，增加企业收益。

（3）建立不相容职务岗位分离制度

为了保证财务人员工作职责分明，必须建立完善不相容职务岗位分离制度，尤其是会计与出纳，这不仅能够提高财务人员的工作效率，而且能够保证企业货币资金管理的有序运转。

（4）建立完善的授权审批制度

为了使货币资金业务更安全，企业应该建立完善的审批制度，并严格按照审批程序执行。

（5）建立财务监督制度

企业应该建立严格的财务监督制度，最好设立内部审计机构，定期检查货币资金的使用情况，对于检查过程中出现的问题及时整改，以促进货币资金管理工作的正常运行。

57.资金管理的综合应用

资金管理是财务管理的重要组成部分，主要包括固定资金管理、流动资金管理和专项资金管理。企业是以营利为目的的，当前，不乏有一些企业刻意追求高收益、高利润，因此往往会有这样一种错误的思想，认为企业利润显示的数值高就是经营有成效，从而在很大程度上忽略了利润中应该体现出来的资金流动性。企业的资金管理者要能够充分、正确地界定现金与利润之间的差异。利润并不代表企业自身有充裕的流动资金。流动资金也就是我们俗称的现金流，对企业的健康发展有着重要作用。

创视说 5-3
三鼎家政公司
跑路

传统意义上的现金管理主要涉及企业资金的流入、流出。广义上的现金管理所涉及的范围要广得多，通常包括企业账户及交易管理、流动性管理、投资管理、融资管理和风险管理等。现金流是企业一切经济活动的落脚点，经营、筹资和投资能否顺利运转，取决于这些活动的现金流是否流转顺畅，即使是某个微小环节的现金流流转不畅，也可能会导致整个企业现金短缺甚至断流，严重者甚至会导致企业倒闭。

既然资金管理这么重要，我们就来看一些企业资金管理的案例。对集团企业而言，资金管理通常有两种模式：收支两条线和结算中心。对于特大型集团，结算中心会演变为内部银行甚至是财务公司。也有一些企业选择与银行更紧密地合作，如资金定期定额主动上划、费用自助报销。总之，核算原则是否一致，是具体实施细节方面的差异。

【实务专栏5-1】

A公司是一家农业企业，产品具有明显的季节性，有清晰的产季和非产季，主要原材料来自农户，由于政策性保护措施，收购资金结算必须及时。A公司的资金管理采用的是收支两条线模式，收购前的大额资金由本部结合年度收购计划统一筹划。

B公司是能源企业，以大宗贸易为主，新项目前期投入巨大，但一旦开始产出，则资金流稳健。B公司的资金管理采取的是内部银行模式，在组织架构设计中，销售公司、生产工厂、本部职能部门、结算中心各自独立，结算中心相当于内部银行，承担所有资金业务的内部结算职能；内部银行为其他机构开设内部账户，用单独的账套进行账务处理。

C公司是一家连锁超市，每日流水很大，供应商的结算周期则是固定的，所以

账面总有足够资金。C公司资金管理的重点在于新店的前期投入以及各店面间的资金流水对比分析。C公司采取的也是收支两条线模式，集团资金部同时承担了资金和预算管理的职能，以及大量的数据分析工作。

D公司是一家房地产企业，资金管理的重点在于房地产项目的开发投入以及融资管理。D公司采取的是结算中心模式，结算中心的业务重心是房地产项目的资金业务，包括前期融资、项目开发资金预算和结算、房产销售回款。下属其他公司的日常收支是结合预算和资金拨付实现的，并非全部在结算中心处理。

一、资金管理的目的

1.减少闲置资金，提高资金利用效率。比如A公司，可以利用其他板块的闲置资金进行生产工厂的原材料收购。

2.归集资金，发挥资金集中优势。比如B公司，新项目前期投入大，最依赖的就是销售公司回款。

3.加大集团对子公司的控制力度，杜绝小金库，尤其是"不听话"的控股公司。

4.统一筹划，降低资金成本。比如D公司，由集团统一融资，授信额度和利率都更有优势，借助与地方政府的合作关系，还有优惠政策。

二、资金管理项目的实施步骤

1.确定资金管理模式。

2.梳理银行账户信息。简单地说，就是让分公司、子公司销户；如果是统销模式，通常就一个支出户，或者就是一个收入户、一个支出户。

3.确定核算模式。这个最容易被忽略，不管是收支两条线还是结算中心，都意味着本部与分公司、子公司之间有大量的资金往来，如何记账、如何核算、如何规避税务风险，都是需要提前规划的。

4.最后是流程。简单的，可以先确定审批节点；复杂的，还涉及岗位职责的调整以及权限的界定。

事实上，资金管理要发挥作用，不是选择某种模式这么简单，在实际的实施过程中，往往是集团本部的管理能力和效率成为资金管理的瓶颈。比如，对资金的统筹能力、响应速度、从资金计划中发现真相的能力等，都会影响管理效果。在资金问题上，本部和分公司、子公司其实也是一种博弈，在博弈间寻找平衡点。如果本部太弱，分公司、子公司势必就强，如此反倒不如不管。

三、如何提升资金管理水平

（一）现金管理

1.企业应树立对资金进行统一管理的观念。不管是单一企业还是集团企业，在当前形势下，都要对资金进行统一管理，规划使用。

2.企业应树立现金流量的观念。在财务管理的具体工作中，为管理人员提供现金流量的信息。除年终提供的现金流量表之外，在日常工作中可根据不同情况，编制现金流量计划，以及短期现金流量预测报告和长期现金流量报告。

（二）财务软件

1.随着信息技术的发展，企业在进行资金的集中管理和监控时可以大力应用计算机技术。计算机技术和统一的财务管理软件是先进的管理思想、管理模式和管理方法的有效载体，也是实施资金集中管理和有效监督、控制的必然选择。

2.借助 ERP 系统的优势，提升企业资金管理的效率。

（三）强化监督

1.加强内部管理，对合同事前审批、事中执行、事后评价进行严格的监控与分析。

2.增强风险防范意识，建立风险预警机制。企业要对经营业务中的采购、销售、库存等各风险节点的资金使用情况进行认真梳理，实时监控可能发生的风险，有效应对，将风险控制在最低水平。

3.积极开展内部审计，前移监督关口。企业的内部审计是严格监督、考核企业资金管理的重要环节，是强化监督约束机制、使预算取得实效的保障。企业要健全内部审计监督考核制度，保证企业财务信息的真实可靠，变过去的事后监督为事前、事中监督和适时监督；围绕企业的发展目标和年度预算，对公司的资金流向、财务状况变动等实施全过程的跟踪和监控。

（四）拓宽渠道

1.有条件的企业应积极取得政府和金融机构的支持。

2.企业应根据自身的实际情况，积极拓展融资渠道。

（1）在内源融资方面，可以实施员工持股计划、预收账款融资、质押应收账款融资、专利权质押融资以及产权交易等融资方式。

（2）在外源融资方面，除了依赖传统的外部资金支持，如银行贷款、风险基金、发行债券或企业上市等以外，还应努力寻求企业间的金融互助合作，有条件的企业可以考虑风险投资、融资租赁和股权融资等创新型融资方式。

（案例来源 佚名.企业资金如何进行有效管理［EB/OL］.［2019-03-31］.https：//wen-ku.baidu.com/view/b24de93bf021dd36a32d7375a417866fb84ac0bc.html.有删减）

任务实施

请拟定一个创业项目，预计其发展阶段，填写到表5-4中。

表5-4　　　　　　　　　　**企业如何正确使用资金分析表**

任务内容	1.对你的起步期的资金做出管理预算。
店址： 产品名称： 起步期的固定成本： 起步期的变动成本：	

续表

任务内容	2.你的企业应该如何管理应收账款？
信用额度：	
应收账款账龄分析：	
应收账款坏账情况：	

任务内容	3.为你的企业编制现金预算表。
现金流入项目：	
现金流出项目：	
上期现金余额：	
本期现金余额：	

课后思考

创业项目有多少收入？

商场如战场，获胜的基础首先是生存能力，对企业来说，现金流如血液般重要，利润是持续发展的动力，如心脏。学习如何预知创业项目的生存底线和盈利能力是至关重要的。

在进行创业规划时，要将经营战略集中于两个方面，一是你将投入多少钱，二是你将从中得到多少钱。通过财务预测方法，能够想象你接下来的几年中创业会产生什么结果，主要从几张财务报表中得到答案，一是收益表，二是资产负债表，三是现金流量表。我们开发了一些重要的计算工具，可以帮助你预测和管理财务问题。通过现金流量表，你将可以测算你需要多少创业启动资金。所有预测数据都将与你的销售业绩相关，如果没有产品或服务销售给客户，你将没有经济来源。因此，对市场销售业绩进行预测是首先要考虑的问题。图5-2是一幅关于现金流的漫画。

图 5-2　现金流

任务三　企业如何评价经营业绩？

工作任务

　　资金筹措到位，企业陆续投入经营一段时间后，经营业绩会发生一定的变化，如何评价这些经营业绩？如何正确地认识资金的使用效率？管理者应具备一定的评判知识。企业经营业绩评价就是为了实现企业的生产目的，运用特定的指标和标准，采用科学的方法，对企业生产经营活动做出的一种价值判断。业绩评价是为企业的经营管理服务的，对企业的经营起着导向性的作用，直接关系到企业核心竞争力的形成与保持，影响着企业的生存与发展。本任务根据初创企业的经营特点，介绍企业经营业绩评价的三大环节，并探讨以下三个问题：

　　1.初创企业经营业绩评价的标准。

　　2.经营业绩评价指标的内涵。

　　3.经营业绩评价的过程。

　　请结合以下案例，完成上面的任务。

【案例5-3】读小米财报，论公司盈亏

小米是一家在开曼群岛注册、以不同投票权控制的有限公司。2018年5月3日，小米集团第一次向香港联交所递交了上市申请。据说，这也是香港联交所接受的第一家以双重股权结构申请公开上市的公司。

一、小米算不算一家高科技公司？

小米将自己定义为一家以手机、智能硬件和IoT平台为核心的互联网公司。其2017年销售收入1 146.25亿元，销售成本994.71亿元，销售毛利151.54亿元，销售毛利率13.22%，略高于上一年10.59%的水平，较2015年的4.04%有较大幅度的提升。小米集团销售毛利率分析如图5-3所示。

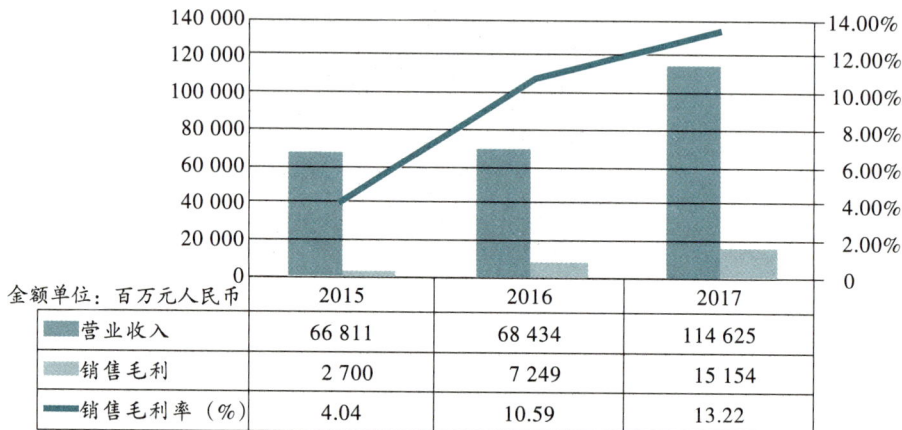

金额单位：百万元人民币

	2015	2016	2017
营业收入	66 811	68 434	114 625
销售毛利	2 700	7 249	15 154
销售毛利率（%）	4.04	10.59	13.22

图5-3　小米集团销售毛利率分析

从分析结果来看，在2015—2017年的3年间，小米的产品品质有较大程度的改善，市场竞争力有所增强。但产品不具备差异化的高科技含量，所以，它目前还不是一家产品领先的高科技公司。

在2015—2017年的3年间，小米累计投入研发经费67.67亿元，占过去3年销售毛利的26.96%。这表明它是一家主观上非常重视产品创新和研发投入的公司。其研发经费的投入连年递增，分别为15.12亿元、21.04亿元和31.51亿元。这与其产品品质的持续改善和销售毛利率的持续提升形成呼应，如图5-4所示。

当然，相比之下，小米似乎更把营销放在首位。过去3年，小米累计投入营销费用101.67亿元，占销售毛利的40.50%。

从分析结果来看，小米的研发费用及销售费用占比在过去3年都表现出持续下降的趋势，虽然单纯从图表的角度来说这意味着公司对研发和营销的重视程度在下降，但其中也体现出了公司成长所产生的规模效应。

因为占比下降的原因并非投入的减少，而是研发和营销投入的增长幅度低于销售毛利的增长幅度。

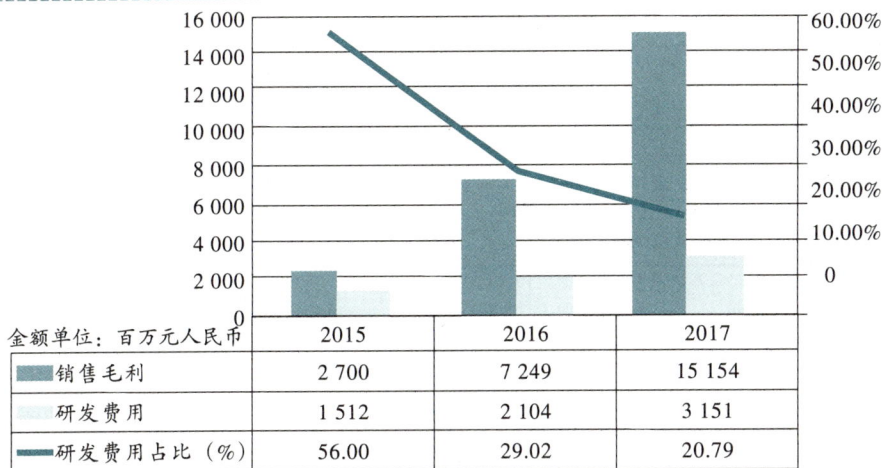

金额单位：百万元人民币	2015	2016	2017
销售毛利	2 700	7 249	15 154
研发费用	1 512	2 104	3 151
研发费用占比（%）	56.00	29.02	20.79

图5-4　小米集团研发费用分析

二、小米的主业是什么？

小米集团2017年的销售收入总额为1 146.25亿元，其中，智能手机收入为805.64亿元，占总额的70%；互联网服务收入为98.96亿元，占总额的9%；IoT与生活消费产品的收入为234.48亿元，占总额的20%；其他产品的销售收入占1%。所以，可以说小米是一家以智能手机为主、兼营IoT与生活消费产品，以及提供相关互联网服务的公司。

从销售地域分布来看，2017年中国内地的销售额达825.44亿元，占销售总额的72%；全球其他地区的销售额为320.81亿元，占销售总额的28%。从分析结果来看，公司海外市场的销售额在2015—2017年取得了巨大进步，从2015年的40.56亿元增长至2017年的320.81亿元，尤其是2017年公司海外地区销售增长了250%。

所以说小米集团是一家以中国本土市场为主、正在国际市场上迅速崛起的智能手机制造商。如果把手机看成互联网的移动终端，那么说小米是一家"以手机、智能硬件和IoT平台为核心的互联网公司"亦恰如其分。

三、小米的主营业务是否盈利？

小米集团2017年度净亏损438.89亿元，较上年盈利4.92亿元有相当大幅度的下降。导致小米财报发生巨额亏损的原因是可转换可赎回优先股公允价值变动损失540.72亿元。如果扣除该项因素的影响，公司2017年度税后净利润应为101.83亿元。

如果进一步研究这101.83亿元会发现，其中包含所得税20.60亿元，还原至税前利润为122.43亿元，实际所得税税率为16.83%（见表5-5）。

在122.43亿元的税前利润中，股权投资的公允价值变动收益为63.71亿元，约占税前总利润的52.04%。如果剔除这部分因素的影响，其税前总利润为58.72亿元。如果以58.72亿元扣减20.60亿元所得税的话，公司税后净利润为38.12亿

年份	2015	2016	2017
销售收入	66 811	68 434	114 625
税前利润（扣除优先股股利）	1 287	3 699	12 243
股权投资公允价值变动收益	2 813	2 727	6 371
所得税	155	684	2 060
经营性净利润	-1 681	288	3 812
销售净利润率（%）	-2.52	0.42	3.33

表5-5 小米集团的利润分析　　金额单位：百万元人民币

元，销售净利润率为3.33%。这也符合小米董事会的承诺：永远坚持硬件综合净利润率不超过5%，从而达成"感动人心、价格厚道"的使命和愿景。

四、小米集团的资产及其效率

虽然公司的净资产为负，但根据资产负债表，现有资产却能够维持公司的正常经营。2017年年末，公司资产总额为898.70亿元。其中：非流动资产合计287.31亿元，占总资产的31.97%。而且，其中包含205.68亿元的权益投资和其他长期投资，约占总资产的22.89%。如果再加上公司持有的交易性金融资产44.88亿元和其他短期投资92.32亿元，短期投资又占总资产的15.26%。两两相加，共占到公司总资产的38.15%。由此也可以说：小米是一家以股权投资见长的制造业企业。

小米公司2017年年末流动资产余额为611.38亿元，其中应收款项为168.01亿元、存货为163.43亿元。这两项合计占总资产的36.88%。就应收款项的周转率而言，过去3年呈现出显著下降的趋势，如图5-5所示。

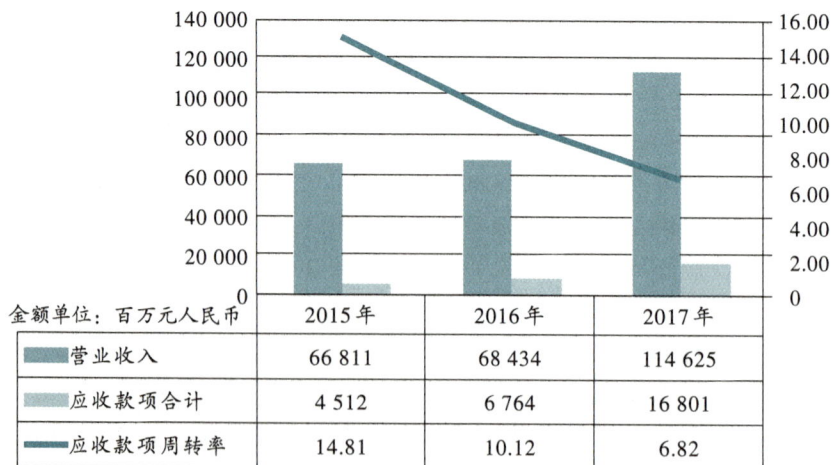

金额单位：百万元人民币	2015 年	2016 年	2017 年
营业收入	66 811	68 434	114 625
应收款项合计	4 512	6 764	16 801
应收款项周转率	14.81	10.12	6.82

图5-5　小米集团应收款项周转率分析

就存货的周转率而言，过去3年虽然不像应收款项的周转率那样下降明显，但也在逐年下降，说明公司的供应链管理系统在总体上随公司规模的扩张而显现出效率下降的趋势，如图5-6所示。

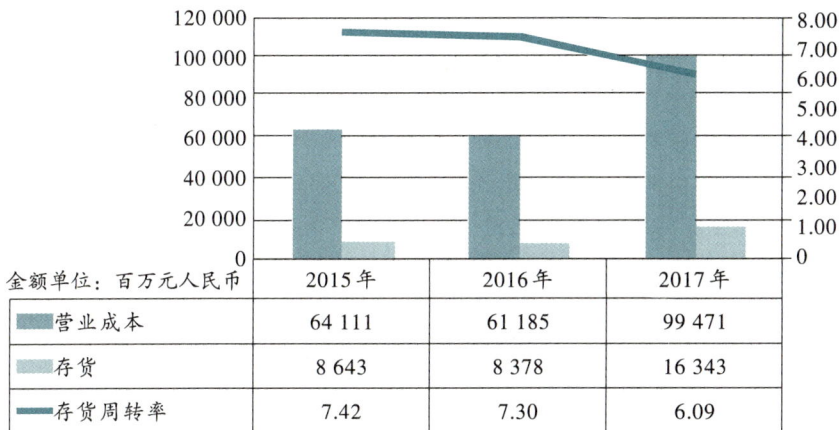

金额单位：百万元人民币	2015年	2016年	2017年
营业成本	64 111	61 185	99 471
存货	8 643	8 378	16 343
存货周转率	7.42	7.30	6.09

图5-6　小米集团存货周转率分析

五、小米的巨额负债

由于小米的股东权益为负，所以，小米的运营主要以巨额负债来支撑。2017年年末公司的负债余额为2 170.80亿元，其中包括优先股在内的非流动负债1 699.48亿元，约占总负债的78.29%。

以应付账款及票据为主的流动负债为471.33亿元，占总负债的21.71%。与之相匹配的流动资产高达611.38亿元，是其流动负债的近1.3倍，表明公司短期不会有偿债上的困难。小米集团的流动比率分析图如图5-7所示。

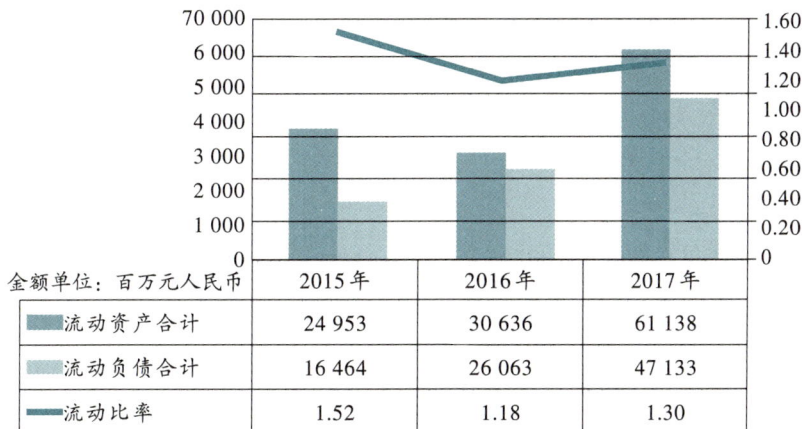

金额单位：百万元人民币	2015年	2016年	2017年
流动资产合计	24 953	30 636	61 138
流动负债合计	16 464	26 063	47 133
流动比率	1.52	1.18	1.30

图5-7　小米集团流动比率分析

在上述负债中，由银行及金融机构提供的长短期借款为108.53亿元，接近总负债的5%，这也是支撑公司在巨额负资产前提下能够走到现在的重要力量。与其说银行提供的贷款支持重要，还不如说银行对小米的信用背书更为重要。当然，由此也可以折射出小米超强的融资能力和高超的资本运作技巧。

六、小米的现金流表现

如果说公司的利润或亏损受会计准则扭曲的影响不能够恰当反映公司经营业绩的话，那么，现金流或许是一个更客观地度量公司经营业绩的尺度。

小米2017年经营活动现金净流入为−9.96亿元，其中一个主要原因是公司供应链管理效率下降；投资活动现金净流出为26.78亿元，表明其并未在规模上有大幅度的扩张举动；融资活动现金净流入为62.15亿元，表明公司目前的经营和发展仍然主要依赖股东和银行等外部"输血"的支持。

纵观过去3年的财报，小米集团融资活动累计融入净现金67.11亿元，经营活动创造的现金净流入仅为9.34亿元，而投资活动花费的现金则高达55.40亿元。因此，目前小米仍然处于"烧钱"模式。

综上所述，小米集团是一家经营理念领先、资本运作非常成功的公司。在公司开启资本市场大门之前，已成功融资100亿元人民币。而且，其中的大部分融资都是放弃表决权的优先股融资，这些融资在财报中似乎早已化为"灰烬"。投资人和债权人对小米一如既往地无条件支持，在一定程度上是保证小米成功走到今天的关键。这又反过来说明小米的经营是一个实业成功绑架资本的经典案例。

小米是一家经营非常成功的公司。公司2017年销售收入增长迅猛，尤其是在海外的销售收入增速高达250%。"和用户交朋友，做用户心中最酷的公司"的愿景，不仅可以打动中国的消费者，看来也可以打动国外消费者。

公司承诺："从2018年开始，每年小米整体硬件业务（包括智能手机、IoT及生活消费产品）的综合净利润率不会超过5%。如有超出的部分，小米都将回馈给用户。"这样的承诺在人类商业历史上恐怕还是第一次，如若不是因为小米强势绑架了资本，它又如何能够如此庄严地做出无条件让利于消费者的承诺？

资料来源　薛云奎. 读小米财报 论公司盈亏［EB/OL］.［2018-05-14］. http：//www. mbachina.com/html/ckgsb/197001/157332.html.

任务分析

科学地评价企业业绩，可以为出资人行使经营者的选择权提供重要依据，可以有效地加强对企业经营者的监管和约束，可以为有效激励企业经营者提供可靠的依据，还可以为政府有关部门、债权人、企业员工等利益相关方提供有效的信息支持。经营业绩评价是创业者必须具备的一项素养，结合案例，选定一家企业，思考以下问题：

1.企业经营业绩评价的标准有哪些？

2.初创企业的经营状态与一般企业有何不同，其业绩评价有何不同？

3.理解经营业绩评价常用指标的内涵，熟悉财务指标与非财务指标的用途。

4.学习下面的知识，仔细思考上面列举出来的事项，开展经营业绩评价工作，进行分项归纳，最后给出上述三个问题的完整答案。

相关知识

58.企业经营业绩评价标准

企业经营业绩评价系统中常用的标准有五个：

（1）公司的战略目标与预算标准

该标准也称计划（目标）标准，是企业根据自身的经营条件或经营状况制定的预算标准。企业内部分析利用预算标准可以考核、评价企业各级、各部门的经营业绩。但是，在制定预算标准时，由于人们对客观事物认识过程的限制或者受人为因素的影响，有时未能对可以利用的一些有利因素进行估计和预测，以致失去了客观依据。因此，在进行经济分析时，必须检查预算标准的质量，在分析过程中对那些脱离实际的预算标准加以调整。

（2）历史标准

该标准是企业根据过去某一时段的实际业绩制定的标准。根据历史标准可以查明被评价者的经营业绩相比过去是有所改善还是正在恶化。如果现在比过去有所改善，则应根据已发生的变化来调整历史标准，以便进行正确比较。历史标准具有较强的可比性，其不足之处是它只能说明被评估企业或部门自身的发展变化，在外部环境变化巨大时，仅用历史标准是不能做出全面评价的。

（3）行业标准或竞争对手标准

这是指某些评价标准采取行业的基本水平或竞争对手的标准水平，是业绩评估中广泛采用的一种标准形式。有些行业为了能够正确地进行比较，按企业规模和经营条件制定出不同类型企业的标准作为评价依据。尽管企业的情况不完全相同，但将这些标准作为比较的基础，对评价企业在同行业中的地位和水平还是有一定参考价值的。

（4）经验标准

该标准是依据人们长期、大量的实践经验而形成的。例如，流动比率的经验标准为2∶1，速动比率的经验标准是1∶1等。西方一些学者认为标准是人们公认的，不论哪一家企业或任何时期都是适用的。其实，经验标准只是针对一般情况而言的，并不是适用于一切领域或任何情况的绝对标准。以流动比率为例，它因行业或时期不同而各异，第二次世界大战后，日本企业的流动比率就比战前大幅度降低，而且各行业降低的幅度也不一样。因此，业绩评价在应用经验标准时，必须结合企业的具体情况。

（5）公司制度和文化标准

在业绩评价中，经常会使用一些非财务指标，这些指标的标准往往表现在公司的规章制度中，还有一些融于企业文化中。

　　以上五种标准各有利弊，预算标准是最具适用性的，但是预算的确定客观公正是前提。企业在进行业绩评价时，可以综合利用各种标准从不同角度对企业的经营成果进行考核，以保证对企业经营业绩做出公正合理、准确可信的评价。另外，标准的选用与评价对象密切相关，也直接影响着评价的功能。一般说来，当评价对象为管理者时，可采用年度预算标准；当评价对象为企业时，最好采用资本预算标准或竞争对手标准。为全面发挥业绩评价系统的功能，企业也可在同一系统中同时使用这三类不同的标准。

　　初创企业与一般企业的最大区别就在于它犹如一个新生儿，前提是先存活下来，然后在成长过程中不断地应对激烈的竞争。其业绩评价的内容与一般企业存在一定的差别。

　　创业期中小企业由于处于产品研究开发阶段，注册资金较少，资产规模也很小，一般是顺应市场的需要而建立，对市场的适应能力较强，应变速度较快，但其产品的市场拓展和企业的经营效益具有较大的不确定性。初创企业的领导者一般由具有开拓、创业精神或自身具有某种技术专长的人才担当，领导者的战略眼光和管理能力在很大程度上决定着企业的未来。初创企业在资金管理上应尽快缩小企业的收支差额，实现收支平衡，使企业有足够的现金流应对必需的现金支出，达到现金流的平衡。

　　上述特点决定了初创企业在进行业绩评价时必须关注经营状况，关注领导者的管理水平，关注企业的发展前景。评价方法应该是定性与定量相结合。在进行定量评价时，应选择专业的财务指标进行分析，重点考察运营能力、盈利能力、短期偿债能力和流动性。定性评价则多为一些非财务指标。选择非财务指标评价，主要关注以下几个方面：首先是管理者的素养，如管理者在创造和谐的员工关系、良好的顾客关系，树立良好的企业形象，建立快速、高效的营销网络等方面的努力对企业的长期健康发展有很大的帮助，这些因素只能通过一些非财务指标来加以衡量。其次是市场竞争力，初创企业如没有过硬的竞争力，在风云变幻的市场中出局是早晚的事情。最后是发展前景，初创企业的一大特点是，刚开始没有令人振奋的业绩，但发展前景都足够明朗，如果能坚定地走下去，未来一片光明，因此关注发展前景很重要。

59.企业经营业绩评价指标

　　（1）财务指标

　　第一，盈利指标。其包括销售毛利率、销售净利率、资产净利率和净资产收益率。

　　①销售毛利率。

　　公式：销售毛利率=［（销售收入–销售成本）÷销售收入］×100%

　　意义：表示每一元销售收入扣除销售成本后，有多少钱可以用于各项期间费用和形成盈利。

分析提示：销售毛利率是企业销售净利率的基础，没有足够高的销售毛利率便不能形成盈利。企业可以按期分析销售毛利率，据以对企业销售收入、销售成本的发生及配比情况做出判断。

②销售净利率。

公式：销售净利率=净利润÷销售收入×100%

意义：该指标反映每一元销售收入带来的净利润是多少，表示销售收入的收益水平。

分析提示：企业在增加销售收入的同时，必须要相应获取更多的净利润才能使销售净利率保持不变或有所提高。销售净利率可以分解为销售毛利率、销售税金率、销售成本率、销售期间费用率等指标进行分析。

③资产净利率（总资产报酬率）。

公式：资产净利率=净利润÷［（期初资产总额+期末资产总额）÷2］×100%

意义：把企业一定期间的净利润与企业的资产相比较，表明企业资产的综合利用效果。指标越高，表明资产的利用效率越高，说明企业在增加收入和节约资金等方面取得了良好的效果；否则相反。

分析提示：资产净利率是一个综合指标。净利的多少与企业资产的多少、资产结构、经营管理水平有着密切的关系。影响资产净利率高低的原因有：产品价格、单位产品成本的高低、产品的产量和销售数量、资金占用量的大小。企业可以结合杜邦财务分析体系来分析经营中存在的问题。

④净资产收益率（权益报酬率）。

公式：净资产收益率=净利润÷［（期初所有者权益合计+期末所有者权益合计）÷2］×100%

意义：净资产收益率是反映公司所有者权益的比率，也叫净值报酬率或权益报酬率，具有很强的综合性，是最重要的财务比率。

分析提示：杜邦分析体系可以将这一指标分解成相联系的多个因素，进一步剖析影响所有者权益报酬的各个方面，如资产周转率、销售利润率、权益乘数。另外，在使用该指标时，还应结合"应收账款""其他应收款""待摊费用"进行分析。

第二，运营指标。其包括存货周转率、应收账款周转率和流动资产周转率。

①存货周转率。

公式：存货周转率=产品销售成本÷［（期初存货+期末存货）÷2］

意义：存货周转率是衡量存货周转速度的主要指标。提高存货周转率，缩短营业周期，可以提高企业的变现能力。

分析提示：存货周转率反映了企业的存货管理水平，存货周转率越高，存货占用资金的水平越低，流动性越强，存货转换为现金或应收账款的速度越快。它不仅影响企业的短期偿债能力，也是整个企业管理的重要内容。

②应收账款周转率。

定义：指定的分析期间内应收账款转为现金的平均次数。

公式：应收账款周转率=销售收入÷［（期初应收账款+期末应收账款）÷2］

意义：应收账款周转率越高，说明其收回越快；反之，说明营运资金过多地呆滞在应收账款上，影响正常资金的周转及偿债能力。

分析提示：采用应收账款周转率评价企业的经营业绩时，要与企业的经营方式相结合。以下几种情况使用该指标不能反映实际情况：A.季节性经营的企业；B.大量使用分期收款结算方式；C.大量使用现金结算的销售；D.年末大量销售或年末销售大幅度下降。

③流动资产周转率。

定义：指企业一定时期的营业收入同流动资产平均余额的比值。

公式：流动资产周转率=营业收入÷［（流动资产年初数+流动资产年末数）÷2］

分析提示：该指标体现了流动资产的周转速度，是从企业全部资产中流动性最强的流动资产角度对资金利用情况的进一步分析。要实现该指标的良性循环，需要营业收入的增长幅度高于流动资产的增长幅度做保证。一般情况下，该指标越高表明企业流动资产的利用效果越好。

第三，偿债指标。其包括流动比率、速动比率和资产负债率。

①流动比率。

公式：流动比率=流动资产合计÷流动负债合计

意义：体现企业偿还短期债务的能力。流动资产越多，短期债务越少，则流动比率越高，企业的短期偿债能力越强。

分析提示：流动比率一般认2∶1为正常值，低于正常值，则企业的短期偿债风险较大。一般情况下，营业周期、流动资产中的应收账款数额和存货的周转速度是影响流动比率的主要因素。

②速动比率。

公式：速动比率=（流动资产合计-存货）÷流动负债合计

保守速动比率=（货币资金+短期投资+应收票据+应收账款净额）÷流动负债

意义：速动比率比流动比率更能体现企业偿还短期债务的能力。因为在流动资产中，尚包括变现速度较慢且可能已贬值的存货，因此将流动资产扣除存货再与流动负债对比，以衡量企业的短期偿债能力。

分析提示：通常情况下，速动比率为1∶1是比较安全的，速动比率低于1通常被认为短期偿债能力偏弱。影响速动比率可信性的重要因素是应收账款的变现能力。账面上的应收账款不一定都能变现，也不一定非常可靠。

③资产负债率。

公式：资产负债率=负债总额÷资产总额×100%

意义：资产负债率是反映企业长期偿债能力的一个重要指标，企业的长期负债主要有长期借款、应付债券、长期应付款、专项应付款等。

分析提示：资产负债率比较保守的经验判断为不高于50%，国际上一般认为60%比较好。资产负债率越低表面企业债务越少，自有资金越雄厚，财务状况越稳定，其偿债能力越强。但从企业经营者的角度看，适当举债可以获得财务杠杆收益，对于企业未来的发展、规模的扩大起着举足轻重的作用。在企业的管理实践中，难以简单地用资产负债率的高低来判断优劣,应结合企业的盈利能力进一步分析。

第四,流动性指标。其包括现金到期债务比和销售现金比率。

①现金到期债务比。

公式:现金到期债务比=经营活动现金净流量÷本期到期债务

本期到期债务=一年内到期的长期负债+应付票据

意义:将经营活动现金净流量与本期到期债务相比较,可以体现企业偿还到期债务的能力。

分析提示:企业能够用来偿还债务的方式除借新债还旧债外,一般应当有经营活动的现金流入才能用于还债。

②销售现金比率。

公式:销售现金比率=经营活动现金净流量÷销售额×100%

意义:反映每一元销售得到的净现金流入量,其值越大越好。

分析提示:计算结果要与过去比、与同业比才能确定高与低。这个比率越高,说明企业的收入质量越好,资金利用效果越好。

上述基本指标、权重及分析标准见表5-6。

表5-6 **基本指标、权重及评分标准**(占总评分的50%)

	参照数	评分
1.偿债能力状况(10分)		
(1)资产负债率(3分)=负债总额÷资产总额×100%		
(2)流动比率(4分)=流动资产合计÷流动负债合计		
(3)速动比率(3分)=速动资产合计÷流动负债合计		
2.盈利状况(30分)		
(1)销售毛利率(9分)=毛利÷销售收入×100%		
(2)销售净利率(7分)=净利润÷销售收入×100%		
(3)资产净利率(7分)=净利润÷〔(期初资产总额+期末资产总额)÷2〕×100%		
(4)净资产收益率(7分)=净利润÷〔(期初所有者权益合计+期末所有者权益合计)÷2〕×100%		
3.资产营运状况(30分)		
(1)应收账款周转率(10分)=销售收入÷〔(期初应收账款+期末应收账款÷2)〕		
(2)存货周转率(10分)=产品销售成本÷〔(期初存货+期末存货)÷2〕		
(3)流动资产周转率(10分)=营业收入÷〔(流动资产年初数+流动资产年末数)÷2〕		
4.流动性状况(30分)		
(1)销售现金比率(15分)=经营活动现金净流量÷销售额×100%		
(2)现金到期债务比(15分)=经营活动现金净流量÷本期到期债务		
合计		

对于上述定量指标，企业可拟定预算标准或参考同行业标准自行打分，具体见下一节。

（2）非财务指标

①市场竞争力。其主要关注市场占有率、客户规模、产品替代性、行业壁垒、议价能力、融资能力。

②管理水平，如管理者素质、决策机制和人事管理。

③发展前景，如行业发展状况、产品生命周期、市场预测。

对于上述定性指标，可分别设置发展状态，拟定相应分数进行选择。根据表格要求，对财务指标与非财务指标分别计算，填入表格中（见表5-7），然后根据汇总和单项数据分析企业的优势和劣势，相应开展讨论，并将企业所涉及的行业或产品的业绩水平与其主要竞争对手进行对比，从而使公司认清自己在哪些行业或自己的哪种产品具有竞争优势，在哪些行业或自己的哪种产品不具有竞争优势。根据这些信息，管理者可以重新对这些行业或产品从战略的高度进行分析并采取相应的措施。

表5-7　　　　　　　　定性指标、权数及评分标准（占总评分的50%）

类别	分值	指标	分值	评价内容	取值	评分
市场竞争力	40	市场占有率	8	销售收入（营业额）在同行业的占比	占比高、影响大得8分；占比较高、影响较大得7分；占比一般得6分；占比低得0分	
		客户规模	12	按照国家统一标准归属类别	大型得12分；中型得7分；小型得0分	
		产品替代性	5	被其他行业或其他产品替代的可能性	2年内被替代的可能性小得5分；1年内不会有明显的替代行业和替代产品得4分；已出现替代行业或大量更适合市场需求的替代品得0分	
		行业壁垒	4	进入行业的资金、技术和政策壁垒	进入行业的资金需求大、技术和政策要求高得4分；资金需求较大、技术要求较高得3分；资金需求小、技术要求低得0分	
		议价能力	5	与上、下游客户进行价格谈判的地位和能力	谈判地位主动，议价能力强得5分；较强得4分；差得0分	
		融资能力	6	在资本市场、货币市场的筹资能力	较易获得货币/资本市场的融资权，并且融资成本较低得6分；能获得货币/资本市场的融资权，但融资成本较高得5分；难以获得货币/资本市场的融资权得0分	

续表

类别	分值	指标	分值	评价内容	取值	评分
管理水平	35	领导者素质	12	可信任度（是否有逃废债的行为）、专业学历、荣誉情况、开拓创新、班子稳定性	素质高得12分；较高得10分；一般得8分；较低得0分。如果领导者有逃废债的行为，该项得分为0分	
		员工素质	10	专业化程度、培训情况、稳定性	素质高得10分；较高得9.5分；一般得9分；低得0分	
		决策机制	7	客户管理宗旨是否得到员工和社会的认同，决策组织、决策程序是否积极、有效	管理宗旨得到员工的拥护和社会的普遍认同，决策组织、决策程序积极、有效得7分；管理宗旨得到员工认可和社会的认同得6分；管理宗旨难以得到员工认可和社会的认同得0分	
		人事管理	6	任免制度、奖惩制度、培训制度	员工积极、勤奋，团结协作，素质不断提高，才干得到较大发挥得6分；员工比较积极、勤奋，比较团结协作，素质有提高，才干能够得到发挥得5.5分；员工工作状态一般，素质有待进一步提高，才干能够得到发挥得5分；员工工作消极，协作配合不够，缺少业务培训得0分	
发展前景	25	行业发展状况	7	所属行业发展阶段	新兴行业得7分；成熟行业得6.5分；衰退行业得0分	
		主要产品寿命周期	9	主要产品所属生命周期	投入期、成长期得9分；成熟期得8.5分；衰退期得0分	
		市场预测	9	主要产品的预计市场供求状况	供不应求得9分；求供平衡得8分；供大于求得0分	
合计			100			

60.非财务业绩评价指标的设定

在企业的管理控制系统中，设定目标、选择行动和制定业绩评价指标是最关键的环节。业绩评价指标能够激励管理者并且为管理者的决策设定方向，在一个理想的管理控制系统中，每一个目标，都应该有至少一项业绩评价指标与之相适应。

（1）为什么要设定非财务业绩评价指标

在实务中，大部分企业通常只关注利润、现金流等财务业绩评价指标。然而，财务指标是事后核算的，只是迟缓的指示器，反应太慢，往往不能帮助企业避免问题的发生和保证企业的健康发展。

例如，企业可能会因缺乏组织学习、流程改善不力或顾客满意度下降等导致失去大量的客户，较差的财务业绩所产生的影响在客户流失以后才会在财务报表中体现出来，要进行事后的管理可能已经失去了最好的时机或者弥补成本很高，无法及时应对。

因此，现在越来越多的企业更重视对收入和成本动因进行管理，而不是等到收入或成本已成既定事实后再进行解释。

出色的非财务业绩通常伴有出色的财务业绩，因此企业有必要设定一些领先的非财务指标来作为业绩评价的标准。因此，一个完整的企业经营业绩评价系统应该是财务评价指标与非财务评价指标的有机结合。

（2）如何设定非财务业绩评价指标

设定非财务业绩评价指标，首先需要高层管理人员制定组织目标，然后和关键流程管理人员一同确定关键成功要素和业绩指标，再制订具体行动方案，将目标和定位转为业绩指标，如图5-8所示。

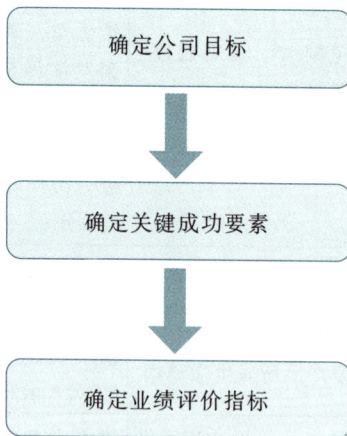

```
┌─────────────────┐
│   确定公司目标   │
└─────────────────┘
         │
         ▼
┌─────────────────┐
│  确定关键成功要素 │
└─────────────────┘
         │
         ▼
┌─────────────────┐
│  确定业绩评价指标 │
└─────────────────┘
```

图5-8　设定非财务业绩评价指标的步骤

图5-9是某五星级酒店公司目标与业绩评价指标（非财务）之间的关系示意图。

公司目标	业绩评价指标
超越客户预期	● 满意度指数 ● 回头客户入住次数
创新	● 每年提供的新产品/服务 ● 员工建议的数量

图5-9　某五星级酒店的公司目标与业绩评价指标

（3）常见的非财务业绩评价指标

从国内外目前的理论和实践来看，完整的企业经营业绩评价系统应该包括以下几种非财务评价指标：市场占有率、产品品质、员工积极性、创新能力和顾客满意度。

不同行业或企业对财务业绩评价指标的选择是不一样的。例如，销售企业可能会对客户进行回访，以调查其满意程度；制造商可能会跟踪调查制造缺陷和产品性能情况。图5-10是销售企业的非财务指标示意图。

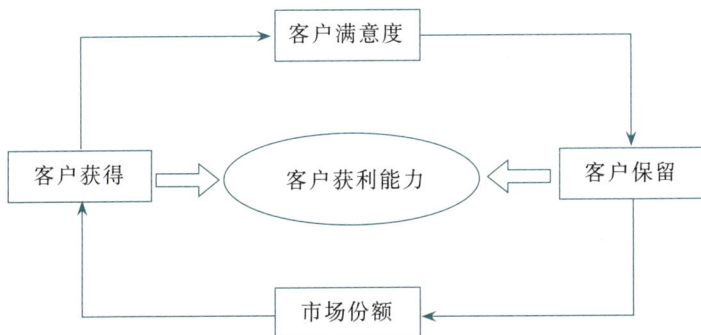

图5-10　销售企业的非财务业绩评价指标

当然，还有很多其他业绩评价指标。比如，生产率、质量指标对汽车制造业是非常关键的，而服务业可能更关注客户的满意程度。

（4）案例：西南航空公司的非财务业绩评价指标

一个关于非财务业绩评价指标方面的典型例子来自西南航空公司。西南航空公司的使命是"致力于为顾客提供最高质量的服务，展示自己的热心、友善、自我价值和公司精神风貌"。为此，西南航空公司在业绩评价体系中引进了非财务业绩评价指标，包括：

①上座率。

②飞机和人事部门的设备利用率。

③准时率。

④可用的座位里程数。

⑤拒绝登机率。

⑥每1万名乘客中的行李丢失报告数目。

⑦航班取消率。

⑧雇员人数。

⑨每1万名顾客中的投诉数目。

利用这些非财务指标，西南航空公司能够促使管理层将自己的注意力集中到那些与公司使命最相关的关键成功要素上。

61.综合业绩评价方法——平衡计分卡

平衡计分卡是通过建立一整套财务与非财务指标体系，将公司战略转化为具体目标和业绩指标，对企业的经营业绩和竞争状况进行综合、全面、系统地评价的一种业绩评价方法。从平衡记分卡的评价指标体系来看，它包括四个方面的内容：财务(Financial)、顾客(Customer)、内部运营(Process)、学习与成长(Learning and Growth)。财务方面，平衡计分卡要求企业根据所处发展时期或阶段的不同，相应地选择财务业绩评价指标，包括利润、投资回报率(ROI)、经济增加值(EVA)等。此处所指的财务指标是一种综合指标，其他三个方面的改善必须反映在财务方面指标上。从这一意义上看，财务方面是其他三个方面的出发点和归宿。顾客方面，企业以顾客为中心开展生产经营活动，必须考虑顾客方面核心的衡量指标，包括顾客满意度、新顾客赢得率、顾客回报时间、顾客利润、老顾客留住率以及目标市场份额等。这些指标可以系统地反映企业在市场中为客户提供了什么样的价值，处于什么样的竞争地位。内部运营方面，内部运营是指企业以顾客需求为起点，从投入各种原材料到创造出对顾客有价值的产品或服务的一系列活动。内部运营是企业改善其经营业绩的重点，顾客满意度、股东价值的实现都要从内部运营方面获得支持，主要包括产品设计、产品开发、售后服务、生产效率、产品质量等指标。学习与成长方面，其中最关键的因素是人才、信息系统和组织程序，强调员工的能力和以人为本的管理思想。为了适应新的挑战，不仅员工必须通过不断的自身学习和组织学习提高业务素质，而且企业管理层也必须加强对员工的技能培训，改善企业内部的信息传导机制，激发员工的积极性，促进员工的学习与成长。学习和成长方面的指标主要有雇员能力、组织适应变化的能力等。

平衡计分卡反映了财务与非财务指标之间的平衡，长期目标与短期目标之间的平衡，外部和内部的平衡，结果和过程的平衡，管理业绩和经营业绩的平衡等多个方面，所以能反映组织综合经营状况，使业绩评价趋于平衡和完善，有利于组织长期发展。

【实务专栏5-2】

背景资料

HKW公司是国内一家从事照明研发和生产制造的集团的全资子公司。HKW公司主要负责集团内销产品的生产制造。中国加入WTO后，国外的领先企业已经大举进攻中国市场，加剧了照明行业的竞争。竞争使HKW公司在关注内部的同时，更加关注外部的影响，绩效评价指标体系也必须顺应这种变化。为使公司的经理层能及时准确地了解和掌握企业的各种绩效评价指标，并能够做到聚焦于企业的战略，从而真正有效地评价公司的绩效，带动公司向纵深发展，公司引入平衡计分卡(BSC)作为绩效评价的基石。

HKW公司平衡计分卡的设计

首先，在引入平衡计分卡之前，HKW公司通过应用SWOT等战略分析工具，对自身的发展进行明确的定位，形成自己的战略远景和战略规划，从而建立起平衡计分卡的核心和基础，如图5-11所示。

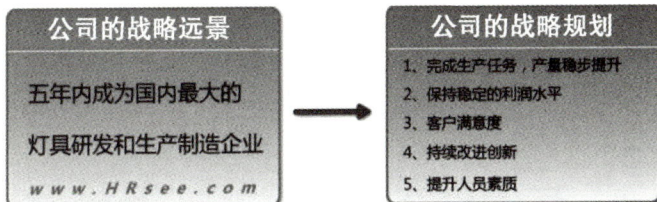

图5-11　HKW公司的战略远景和战略规划

其次，在明确公司的战略远景和战略规划的前提下，把平衡计分卡看作公司高层对公司战略远景和战略规划进行阐明、简化并使之实际运行的一条途径。平衡计分卡使经理们能从四个主要方面来考察：

1.财务方面

财务方面评估指标显示了公司的战略及执行是否有助于利润的增加。对财务维度的有效评估是传统的，但也是必不可少的。如果经营绩效有所改善，却没有导致财务绩效好转，则说明经理们应重新思考公司战略或其执行计划。HKW公司将公司财务目标确定为：完成生产任务，保持稳定的利润增长。"完成生产任务"用年产值和产品订单生产达成率来衡量；"保持稳定的利润增长"用利润率、管理费用和生产成本来衡量。具体如图5-12所示。

图5-12　HKW公司平衡计分卡中财务方面评估指标

除了这几个重要评估指标外，反映企业财务能力的其他指标也可根据战略目标的要求进行选择。通过定期的财务报表，可以提醒经理们在生产、质量、反应时间、劳动生产率等方面及时加以改进，以便各项工作的开展。

2.客户方面

HKW公司是按订单生产型企业，生产照明系列产品。顾客所关心4个方面问题：质量、性能、供货及时性和成本。为了使平衡计分卡能发挥作用，公司明确了用来衡量建立与客户的伙伴关系和供货及时性的具体评估指标，如图5-13所示。

3.内部运营方面

优异绩效来自组织中所发生的程序、决策和行为。因此，公司还需要关注这些能满足公司整体战略实现的关键的内部经营活动。平衡计分卡的内部运营评估指标，应当来自对实现公司整体战略有最大影响的业务程序，包括影响循环周期、质

HKW公司平衡计分卡中客户方面评估指标		
战略目标	评估指标	行动方案
建立与客户的伙伴关系	经销商投诉次数	▶顾客与经销商的伙伴关系
	顾客满意度指数	▶ISO9000系列标准的应用
供货及时性	断货规格数	
	按时交货（由客户评定）	

图5-13　HKW公司平衡计分卡中客户方面评估指标

量、员工技能和生产率的各种因素。HKW公司的经理们断定，技术上的持续改进和创新是公司要培养的核心能力，而提升生产管理质量和对安全与损失的控制也是公司的努力方向。公司为这3个内部业务规定了评估指标，如图5-14所示。

HKW公司平衡计分卡中内部运营方面评估指标		
战略目标	评估指标	行动方案
技术创新	技术创新效益额	▶JIT管理
提升生产管理质量	原材料一次性合格率	▶应用ISO9000质量管理活动
	产品一次性合格率	▶团队责任
	质量成本	
安全/损失控制	人身/设备安全事故次数	
	设备投产率、完好率	

图5-14　HKW公司平衡计分卡中内部运营方面评估指标

4.学习与成长方面

在HKW公司设计的平衡计分卡中，以顾客为基础的测评指标和内部运营测评指标确定了公司认为竞争取胜最重要的参数。在强调长期运作和未来规划发展的前提下，员工素质的提高、公司创新能力和学习能力的加强，也是不容忽视的方面。因此，HKW公司平衡计分卡的第四部分就是从学习与成长方面提出提升人力资源能力和构建信息沟通平台两个战略目标，并制定了对应的评估指标，如图5-15所示。

HKW公司平衡计分卡中学习与成长方面评估指标		
战略目标	评估指标	行动方案
提升人力资源能力	核心人员保留率	
	紧缺人才指标完成率	▶人才梯队建设
	培训完成率	
构建信息沟通平台	建立管理信息系统	▶ISO9000系列标准的应用
	员工建议数	

图5-15　HKW公司平衡计分卡中学习与成长方面评估指标

最后，HKW公司在坚定了进行战略管理的决心之后，把平衡计分卡继续作为战略管理体系去管理公司的长期战略。为此公司设计了一个两年期的工作推进计划，逐步建立战略管理体系，最终成为公司整个管理体系的一个固定组成部分。这样，可以使公司每个人都集中精力于实现长期战略目标，这是单纯的财务管理体系做不到的。

案例分析总结

HKW公司利用平衡计分卡之后，发现它更适合于建立许多公司都力图实现的组织形态。传统的测评体系是从财务职能发展而来的，这些体系偏向于控制。而平衡计分卡不仅仅是控制，它用评估指标把人们导向远景规划。因此对每一个部分的正确评估和分析是最为关键的。

在平衡计分卡的应用过程中，必须让那些最了解公司远景和首要任务的经理们参与其中。同时由于平衡计分卡的评估指标是关键指标，在HKW公司的平衡计分卡中总共只有20个评估指标，其目的就是使经理们对公司绩效的评估集中到公司的战略远景上来。事实上，平衡计分卡的出现并不是为了代替其他的评估方法，而是将各种评估方法相结合，并使其系统化，最终有利于公司战略的贯彻和远景目标的实现。

在平衡计分卡的使用频次上、通常要求经理们每月分组考察各部门上交的报告。当然，有些测评指标，如创新指标是不能每月更新的，但大多数测评指标是可以每月计算一次的。平衡计分卡与公司正在推行的管理重心是一致的，即顾客与供应商之间的伙伴关系、团队责任ISO 9000系列质量标准等。平衡计分卡把财务、顾客、内部运营和学习与成长结合起来，使经理们至少能从中悟出多种相互关系，帮助经理们超越对职能障碍的传统观念，在决策和解决问题时有更好的表现。由此可见，平衡计分卡是推动公司前进的有效管理方法，它在HKW公司的应用，使公司能一直向前看，向前走，而不是向后倒退。

把平衡计分卡作为绩效测评的工具，对企业的战略制定能力和基础管理是有较高要求的。

由于HKW公司本身管理水平有限，平衡计分卡在实施过程中遇到了一些困难：

①公司原有的管理基础相对薄弱，战略管理的思想刚刚被接受，而相应的一些关键职能部门也才刚刚完善，这就需要公司必须做到团结一致，统一公司的文化和价值观念，加快对有关人员的培训，同时明确岗位职责，为实施平衡计分卡提供有效的内部保障。

②公司中高层管理人员年龄偏大，总体学历水平较低，在平衡计分卡推进过程中接受新知识、新概念的能力较弱，增加了实施的难度。因此对当前中高层人员进行管理知识的培训是势在必行的。只有具备人才和知识的保障，平衡计分卡才能被较好地理解和运用。

③由于平衡计分卡推进速度过快，相应的交叉考评制度和指标评价体系没有得到及时修改和完善，导致在绩效评估过程中产生争议，出现了沟而不通的现象，影响了工作效率。因此建立相应的交叉考评制度和指标评价体系是当务之急。有了制

度保障，平衡计分卡才能被更好地应用，绩效评估才能更真实客观地反映工作业绩，从而保证各项工作的开展不偏离公司的战略目标。

（案例来源　佚名. 平衡计分卡在国内企业的应用案例［EB/OL］.［2016-12-13］. http://www.hrsee.com/?id=473.）

任务实施

选定一家企业，把上述涉及的事项分析与整理后，填写到表5-8中。

表5-8　　　　　　　　　　企业如何进行经营业绩评价

任务内容	1.财务指标的计算。
店址：	
产品名称：	
产品性质或功能：	
财务指标计算：	
任务内容	2.非财务指标的计算。
任务内容	3.经营业绩总评价。
优势所在：	
劣势所在：	
改进措施：	

课后思考

要承担多少创业成本?

你如果准备创业，那么在投入资金之前，一定要了解创业成本。你可能有了大体的估计，但是这种粗略的数字对于编写可行性商业计划和真正启动创业而言不够具体，准确测出所需的资金是起步的关键，低估所需成本，可能在公司盈利前就用光了钱；高估成本，你会一直处于凑钱状态，难以将公司建立起来。

无论你的创业成本是 5 000 元还是 50 万元，你需要核算出相对准确的数字，当然存在一些困难，因为有时很难找到可信和可靠的信息。

有些比较常用的方式，一是可以找行业中的人打听，找到和你想要开办的公司相关或者相似的企业。二是找供应商。供应商是一个极好的创业成本信息源。你可以打电话给特殊领域的供应商询问成本。通常来说，因为他们自己也做生意，而你可能成为他们的商业伙伴，所以他们会帮助你。

你也可以咨询有关的大学生创业导师，这些企业家们可以在创业的过程中给你重要的指导。当然，整个过程还是要自己来做，但是这种资深的顾问可以帮你找到正确的方向，提醒你忽略的方面。图 5-16 为一幅关于控制成本的漫画。

图 5-16　如何控制成本

项目练习

一、综合自测

1.下列创业资金中属于流动资金的有（　　）。

A.办公费　　　　　　B.水电费　　　　　　C.房租费

D.交通费　　　　　　E.赊销的货款

随堂测 5

2.流动资金的预算主要包括（　　　）。

A.销售收入 　　　　　　　B.原材料或商品购置 　　　C.工资

D.日常运营费用 　　　　　E.办公设备购置费

3.初创企业融资渠道大体有（　　　）。

A.靠创业者自身解决融资问题

B.自己与合伙人出钱

C.向供应商赊账

D.向金融机构举债

E.接受风险投资

F.向亲朋好友借款

4.银行开展的与企业融资相关的贷款方式主要包括（　　　）。

A.资产抵押贷款 　　　　　B.项目开发贷款 　　　　　C.典当

D.出口创汇贷款 　　　　　E.商业信用融资 　　　　　F.无形资产质押贷款

G.票据贴现融资

5.大学生创业的主要融资方式有（　　　）。

A."免费皇粮" 　　　　　　B.亲情融资 　　　　　　　C.高校创业基金

D.合伙融资 　　　　　　　E.风险投资 　　　　　　　F.校园贷

6.发生坏账风险后的应收账款可以称为（　　　）。

A.预收款 　　　　　　　　B.问题账款 　　　　　　　C.风险资金

D.付款逾期 　　　　　　　E.销售额

7.产品成本预算主要包括（　　　）。

A.变动制造费用 　　　　　B.直接材料预算 　　　　　C.折旧

D.直接人工预算 　　　　　E.保险费 　　　　　　　　F.固定制造费用

8.下列属于财务指标的有（　　　）。

A.盈利指标 　　　　　　　B.毛利率 　　　　　　　　C.净利润率

D.产品生命周期 　　　　　E.投资报酬率 　　　　　　F.应收账款周转率

G.决策机制 　　　　　　　H.存货周转率

9.下列公式正确的有（　　　）。

A.销售毛利率=［（销售收入−销售成本）÷销售收入］×100%

B.净资产收益率=净利润÷［（期初所有者权益合计+期末所有者权益合计）÷2］×100%

C.存货周转率=产品销售成本÷［（期初存货+期末存货）÷2］×100%

D.净资产利润率=净利润÷［（期初资产总额+期末资产总额）÷2］×100%

E.流动比率=流动负债合计÷流动资产合计

10.企业业绩评价体系中常用的标准有（　　　）。

A.历史标准

B.公司的战略目标与预算标准

C.行业标准或竞争对手标准

D.经验标准

E.公司制度和文化标准

二、实训项目

请以小组为单位，就近选择一家财务管理相关企业，进行课外实地调研，了解该企业的产品功能或服务项目，比较同类产品情况，运用经济管理相关理论分析并撰写调研报告。参考案例如下：

创视说 5-4
用友网络公司

老牌软件商的云转型之路——以用友网络为例

2020年4月20日，国家发改委在新闻发布会上提出"以高质量发展为目标，以信息网络为基础，提供数字转型、智能升级、融合创新等服务是新基建的本质内涵"。在此背景下，企业应运用新一代数字与智能技术，让业务和技术真正产生交互，以财务共享服务为抓手构筑"数字新基建"，实现财务数字化转型，拥抱数字经济。

随着互联网巨头 To B 战役打响，云业务成为"兵家必争之地"。中国云服务市场份额正在向头部聚集。但在腾讯、阿里等互联网阵营之外，另一股力量也在向云计算服务转型、发力，那就是一批老牌的企业软件服务厂商，国内以用友、金蝶、浪潮、神州数码等为代表，跨国企业则主要是甲骨文、SAP 等。在 ERP 作为国内企业软件主销产品的年代，用友、金蝶迅速占领了市场份额，但在2010年前后，移动互联网对软件行业带来了巨大的冲击，移动化、SaaS（软件即服务）化、IT 云化成为不可逆转的时代潮流。

老牌软件商如何加速云转型

用友成立于1988年，经历了 ERP 应用从鼎盛到衰落，如今又步入以云业务为战略重点的新阶段，但这个过程并非坦途。

为摆脱传统业务增长瓶颈，用友从更名开始就下定了转型的决心。2015年1月，用友软件发布公告称公司名称由"用友软件股份有限公司"变更为"用友网络科技股份有限公司"。在2015—2017年，用友的精力较为分散，既探索云业务也大力发展互联网金融，以致外界认为其缺乏"拳头型"产品，而用友在云业务收入上也落后于老对手金蝶。

或许认识到差距所在，2018年，用友把"船头"向云业务转型，加快了云业务发展的步伐。在产品方面，发布了面向大型企业的 NC Cloud 和面向成长型企业的 U8 Cloud 两款真正意义上的云产品。云业务收入上也快速增长，据用友2018年财报数据，云服务业务（不含金融云）收入20.94亿元，同比增长108%，在整体营收比重方面，占比为27%。2018年公司全面进入3.0战略发展新时期，形成了以用友云为核心，云服务、软件服务、金融服务融合发展的新战略布局。

用友认为，公有云将是未来唯一的发展趋势，因此用友云平台定位在 IaaS 之

上，把 PaaS、SaaS、BaaS、KaaS、DaaS 业务作为重点。2018 年，用友云平台（PaaS）、应用服务（SaaS）、非金融类业务运营服务（BaaS）及数据服务（DaaS）收入超过 8.5 亿元，同比增长 108%。

由此各类云服务商对自身的定位也清晰可见，用友牵手阿里、腾讯等公司，并选择通过设立投资机构的方式，进行资本布局，2018 年斥资 2 亿元人民币设立了两家基金，用于寻找云服务产业的投资机会。截至 2019 年，用友云市场商城生态入驻伙伴数量突破 3 000 家，上架生态产品及服务突破 4 500 款，补充并扩展了用友自有云服务产品场景边界。

用友如何构建财务共享云平台

用友是工业互联网的领军企业，用友软件平台提供了可靠、流畅、安全的网络体验和优化的资源共享与体验。用友通过互联网构建了一个财务共享云平台，大大提升了共享中心获取财务数据的速度，提高了企业从分析数据、管理数据到经营决策的转化效率。用友在帮助企业构建财务共享中心上提供了丰富多样的财务共享关键技术，如作业支撑基本技术、绩效支持平台、移动报账等，使企业的财务共享服务中心的服务有了质的飞跃，承担了财务方面更多的使命，打开了更广阔的市场。在很多企业还在考虑财务共享服务是否适合自己的企业，是否应该建立的问题时，用友的财务共享服务已经沿着其创新之路越走越快。

用友网络的财务共享云平台基于 YonBIP-iUAP 开放的平台和架构，构建以标准事项库为基础的财务共享服务中心，从而形成企业财务大中台（如图 5-17 所示），赋能中国众多企业的数智财务最新实践。YonBIP 采用开放的平台和架构，以技术平台为底座，以数据中台、智能中台、业务中台为核心，以友户通平台和友户会平台为辅助，支撑企业服务产业生态伙伴共享共创，成为实现数智商业应用的基础设施平台和企业服务产业的共创平台，如图 5-18 所示。

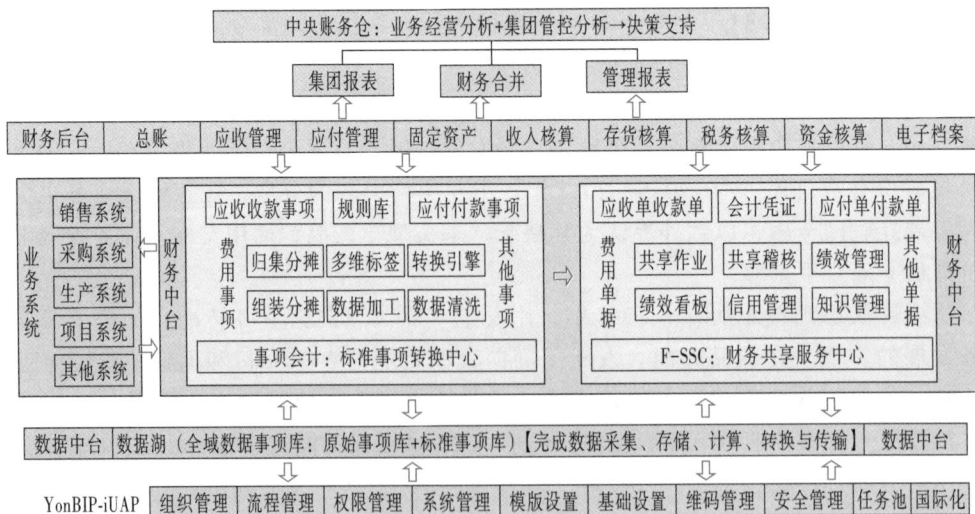

图 5-17　共享服务模式下集团企业财务数智化大中台整体架构

图 5-18　用友网络的财务共享云平台

1.技术平台。技术平台面向用友及平台生态伙伴提供开发、集成等 PaaS 服务。技术平台为企业财务共享服务中心从系统建设实施到运营管理提供全方位的基础技术支持，包括电子发票、电子影像、电子签章、OCR、NLP 等生态伙伴的技术支持。

2.数据中台。数用分离架构是把数据架构和应用架构分离、更强调数据架构设计和数据驱动业务的一种新型架构。

3.智能中台。智能中台基于企业大数据、领域模型、算法和场景一体化，赋能企业进行商业创新，其中，数字工作助手提升用户体验；RPA 机器人自动化业务流程赋能业务；企业大脑帮助管理者商业决策，实现敏经营、轻管理及智慧商业创新。依靠智能中台的保驾护航，企业财务共享服务中心能更好发挥智能审核、智能预警、智能分析和智能决策等作用。

4.业务中台。aPaaS 平台支撑社会化商业建模，支持多租户、企业群、企业间关系、社会化主数据、统一的企业和用户身份管理、自动化商业流程。在 aPaaS 基础上构建了营销、采购、制造、供应链、金融、财务、人力、协同等业务中台，沉淀了各领域通用业务组件服务，支撑 YonBIP 领域 SaaS 云服务、行业云服务以及企业服务生态伙伴的云服务创新。

5.友户通平台。友户通平台作为统一账号中心，通过用户统一身份管理和认证，为客户提供 7×24 小时不间断工单、客服和数据驱动、AI 驱动等智能客户服务。

6.友户会平台。友户会平台作为统一客户社区，通过线上+线下的运营活动，将不同行业、不同区域的客户聚合在一起，定期或不定期交流互动，相互分享财务及共享服务实践经验，吸取教训，少走弯路，借鉴新经验、新方法和新模式。

7.友企连平台。友企连平台作为社会化大数据连接工具，连接了政经、产业、金融、工商等社会化大数据。友企连平台成为财务共享服务中心获取非财务数据、社会化数据，向企业大数据中心演进的重要技术工具。

综上所述，YonBIP 提供的七大开放平台应该是企业财务数智化应用的基础设施的重要组成部分，已成为企业财务共享服务中心建设和运营管理的基础平台支撑，而企业财务共享服务中心作为财务数据汇集的天然仓库，在YonBIP七大平台的加持下，可以进一步向企业大数据中心发展，向企业数智大脑演进，发挥更大的作用。

（案例来源　根据用友网络科技股份有限公司官方网站资料整而成）

考核评价

本项目考核评价参考见表5-9。

表5-9　　　　　　　　　　　　　　项目五考核评价参考表

评价指标	评价标准	完成情况（100分）	评估成绩	所占比例
课堂学习	1.团队合作程度	10		55%
	2.上课互动情况	10		
	3.现场讨论、书面记录	15		
	4.答案的准确率	20		
课外学习	1.网上自测	10		35%
	2.实训项目	20		
	3.师生互动交流	5		
平时表现	1.出勤与纪律	5		10%
	2.按时完成作业情况	5		
综合得分				

● 完成情况：也可用"优、良、一般、差"来评价。

项目六　初创企业的经营发展

　　本项目主要让读者了解创业风险的来源及创业风险管理的重要性。创业者基本都有这样一个共识：创业想要有收益，就难免要承担风险。通过学习，能够了解创业风险的类型，掌握控制风险的办法。初创企业要生存更要发展，要能够持续经营。我国初创企业的平均寿命只有 3~5 年。在激烈的市场竞争中，选择合理的战略是初创企业求生、发展的基本法则。企业战略是为了获得持久优势而对外部机会和威胁以及内部优势和劣势的积极反应。企业战略的表现形式和具体的选择可以说是多种多样的，每一种具体的选择都会有或大或小的区别。通过学习，我们要掌握有多少种基本选择以及每一种选择的基本理由是什么。

需要掌握的知识：主要包括创业风险的类型及识别、创业风险管理的基本方法、初创企业制定战略的方法、初创企业战略的类型选择。

需要具备的技能：能够熟悉主要创业风险的类型，识别、评估创业风险；掌握创业风险的防范方法；具备基本的企业战略意识，能根据企业环境选择适合自身条件的战略类型；能对资源进行运筹规划，并组织战略实施。

需要具备的素质：主要包括过硬的心理素质、对市场环境的分析和判断能力、基本的风险意识与战略意识；有谋略、有智慧，有一定的战略思维，具有对资源的利用能力和对市场机会的洞察与把握能力。

任务一　如何控制创业失败的风险？

工作任务|

　　风险，从词源学上看，可以追溯到拉丁语"Rescum"，意思是"在海上遭遇损失或伤害的可能性"或"应避免的东西"。初创企业风险的来源是多方面的，有可能是创业资源的稀缺性（资金、劳动力、资源、设备）、创业能力的有限性（团队的分歧、业务骨干的流失），或是创业机遇的复杂性（资源整合）、创业环境的不确定性（市场与技术的不确定性，消费者、资源供应者、竞争者等微观环境因素变数多）等。常见的创业失败的原因也有很多，如管理不善，运行过程中问题发现不了、纠正不力；受骗和用人不当，缺乏员工管理经验；市场营销手段滞后，销售不畅；现金控制不当；库存超量，保管不善；营业地段差，人气不旺；遭受各种自然灾害和难以预料的事件等。

　　大学生创业之初就要有风险意识，在创业前期要做好充分的准备。很多创业者往往都不清楚自己是谁，想干什么，适合干什么，有什么资源。创业者创业之前一定要清楚自己所拥有的资源与追求的创业目标之间还存在多大的差距，还有多少难点，商业计划是否全面可行，有没有明确的经营范围与核心竞争力，是否理性地考虑过后路与退出机制？任何投资都是有风险的，这是一条真理。所以在开创自己的事业之前，我们要尽量多想一想可能会出现的坏情况。在想好自己的退出机制以后，集中所有的精力开创属于自己的事业。

　　这里，我们以锤子科技为例，探讨以下三个问题：

　　1.锤子科技所遇到的风险有哪些类型？

　　2.如何识别、评估锤子科技所遇到的风险？

　　3.锤子科技是如何预防或规避这些风险的？

　　请结合以下案例，完成上面的任务：

【案例6-1】锤子科技欠下的6个亿债款还清了吗？

　　在社会中完成"学历"教育的罗永浩，对商业风口有着极强的嗅觉。他开过英语学校，当时中关村大街上满是向往出国的年轻人，"清华北大"的毕业生，最向往的就业方向是金光闪闪的外企，熟练掌握一门外语，是年轻人通向成功的必备武器。

　　罗永浩创办过手机公司——锤子科技。他选择了一个好的时机入场。在苹果开启的那波浩浩荡荡的造机热潮中，无数的金钱和梦想交织缠绕，无数故事以令人激动的开头出现，有的如同闪电，在天幕上留下锐利弧线后消失，有的如同一阵风，吹过去，世人也就忘记了。6亿元的欠债，以及"罗永浩"这个名字，让锤子手机注定不会成为后者。图6-1为罗永浩创办的锤子科技所造的锤子手机。

图6-1　锤子牌手机

罗永浩还投身过电子烟，那是他在还债期间找的"赚快钱"项目之一。只是很不幸，政策风险比盈利来得更早一步。2019年11月1日，小野电子烟刚刚宣布"双十一"开售，20分钟后，文件出台：各类市场主体，不得向未成年人销售电子烟，关闭一切电子烟的互联网销售渠道，网站下架电子烟产品和广告。

"行业冥灯"似乎成为罗永浩躲不掉的魔咒。

直到他在2020年春天站在直播带货的门口，过去几年的诸多波折，让他不得不收起了"锤子"，拿起了麦克风，如图6-2所示。

图6-2　罗永浩直播带货

他不再是颠覆者和改变者，而是把自己融入这个高速运转的赚钱机器，成为其中最称职的一个"零件"。在这里，数字统领一切，所有人投入青春和热情，都是为了创造更快、更高的数字。理想？他们连睡觉的时间都没有，怎么可能有时间讨论理想？

对于罗永浩，这也成为他的所有创业项目中，赚钱最快也是最多的一个。这在很大程度上得益于"前辈们"攒下的基础。

此前，锤子科技曾欠下了6个亿的债款，罗永浩选择用卖电子烟、直播带货等方式挣钱，按计划替公司偿还债务，原计划是在2021年年底还清所有债款，此前团队还表示还款速度快于预期。

2021年11月，罗永浩称"我们的下一个创业项目是一家所谓的'元宇宙公司'"。12月，罗永浩在微博上表示将再一次高科技创业。罗永浩在与网友互动时透露，重返科技行业后将进军VR（虚拟现实）、AR（增强现实）、MR（混合现实）类领域。

2022年1月，天眼查数据显示，罗永浩失信被执行人信息清零，现仅存股权冻结信息。此外，罗永浩目前无被限制高消费的记录。对此，罗永浩所属的直播电商公司"交个朋友"官方微博回应称，"被执行信息清零不等于债务已经全部偿还完毕。罗老师仍在努力工作，按计划替公司还债"。

资料来源　作者收集相关资料整理而成.

任务分析

创视说6-1
和创业者对话

大学生创业者要认真分析自己在创业过程中可能会遇到哪些风险，这些风险中哪些是可以控制的，哪些是不能控制的，哪些是需要极力避免的，哪些是致命的。这些风险一旦出现，你应该如何应对和化解。特别需要注意的是，一定要明白最大的风险是什么，最大的损失可能有多少，自己是否有能力承担并渡过难关。大学生缺乏一定的社会经验，如何在创业过程中少走弯路，可以从创业榜样罗永浩的兴衰成败中，去思考罗永浩在创业过程中遭遇了哪些风险，这些风险有无迹象或征兆，是否可以避免；你如果是罗永浩，你在这些风险出现之前或出现的过程中，准备采取哪些预防或控制措施，从中学习并了解创业风险的一些知识和经验。

第一步，罗永浩所遇到的风险有哪些类型？总结罗永浩曾经辉煌的原因，并分析罗永浩的锤子科技为什么会失败。

第二步，如何识别、评估罗永浩所遇到的风险？从罗永浩的兴衰成败中分析他身上所体现出的企业家精神。

第三步，罗永浩是如何预防或规避企业风险的？你是如何看待罗永浩进军电商直播市场的？如果你是罗永浩，面对目前竞争激烈的电商直播市场，你将采取什么样的策略？

第四步，学习后面的相关知识，把上面列举出来的事项分门别类地归纳，最后给出关于上述问题的完整答案。

相关知识

62.创业风险的类型

风险是与不确定性紧密联系在一起的。对风险的理解，一般有两个角度：一个角度强调了风险表现为结果的不确定性，另一个角度则强调了损失的可能性。前者属于广义上的风险，说明未来利润多寡的不确定性，可能是获利（正利润）、损失（负利润）或者无损失也无获利（零利润）；后者属于狭义上的风险，只能表现为损失，没有获利的可能性。

无论如何定义"风险"一词，其基本的核心含义都是"未来结果的不确定性或损失"。如果采取适当的措施或者通过智慧的认知、理性的判断，继而进行及时而有效的防范，那么，不确定性也有可能带来机会。

在市场经济中，收益总是与风险相伴相随的。风险越大，回报越高、机会越大。因此，如何判断风险、选择风险及规避风险，继而驾驭风险、管理风险，在风险中寻求机会创造收益，意义更加深远而重大。

创业风险是指企业在创业过程中存在的各种风险。由于创业环境的不确定性，创业机会与创业企业的复杂性，创业者、创业团队与创业投资者的能力和实力的有限性而导致创业活动结果的不确定性，就是创业风险。创业风险按不同的标准划分有不同的类型。

（1）按创业风险产生的原因划分

①主观创业风险，是指在创业阶段，由于创业者的身体与心理素质等主观方面的因素导致创业失败的可能性。

②客观创业风险，是指在创业阶段，由于客观因素导致创业失败的可能性，如市场的变动、政策的变化、竞争对手的出现及创业资金缺乏等。

（2）按创业风险产生的内容划分

①技术风险，是指由于技术方面的因素及变化而导致的风险。

②市场风险，是指由于市场情况的不确定性而导致的风险。

③政治风险，是指由于战争、国际关系变化或有关国家政权的更迭、政策的改变而导致的风险。

④管理风险，是指因创业企业管理不善而产生的风险。

⑤生产风险，是指创业企业提供的产品或服务从小批试制到大批生产过程中出现的风险。

⑥经济风险，是指由于宏观经济环境发生变化或调整而导致的风险。

创视说6-2
大学生创业存
在哪些风险

（3）按创业过程划分

①机会的识别与评估风险，是指在机会的识别与评估过程中，由于各种主客观因素，如信息获取量不足、把握不准确或推理偏误等，使创业一开始就面临方向错误的风险。另外，由于创业而放弃了原有的职业所面临的机会成本，也是该阶段的风险之一。

②准备与撰写创业计划的风险，是指在创业计划制订的过程中，各种不确定性因素与制定者自身能力的限制给创业活动带来的风险。

③确定并获取资源的风险，是指由于存在资源缺口，无法获得所需的关键资源，或即使可获得，但获得的成本较高，从而给创业活动带来的一定风险。

④新创企业管理风险，主要包括在管理方式，企业文化的选取与创建，发展战略的制定、组织以及技术与营销等各方面的管理中存在的风险。

（4）按创业与市场和技术的关系划分

①改良型风险，是指利用现有的市场、技术进行创业所存在的风险。这种创业风险最低，但经济回报有限。

②杠杆型风险，是指利用新的市场、现有技术进行创业存在的风险。该风险稍高，常见于挖掘未开辟的市场。

③跨越型风险，是指利用现有市场、新的技术进行创业存在的风险。该风险主要体现在创新技术的应用方面，往往反映了技术的替代，是一种较常见的情况，常见于企业的二次创业，领先者可获得一定的竞争优势，但模仿者很快就会跟上。

④激进型风险，是指利用新的市场、新的技术进行创业存在的风险。该风险最大，如果市场很大，可能会带来巨大的机会。对第一个行动者而言，其优势在于竞争风险较低，但是知识产权保护力度很弱，市场需求不确定，确定产品性能有很大的风险。

此外，按创业中技术因素、市场因素与管理因素的关系，创业风险可分为技术风险、市场风险和管理风险。

在管理风险中，对资金链断裂风险的防范尤其重要。防范资金链断裂的核心就是盯住现金流。现金流就是指公司里的钱要像流水那样进进出出，流水不能断，一定要进来的多、出去的少，只有这样公司才算是健康的。当然，在创业公司的收入进来之前，公司必须准备足够的资金来养活团队，一直支撑到公司产生销售收入、产生现金流的流入为止。要是自备的资金撑不到那一天，那么创业者就必须预估哪一天公司的现金流会中断，创业者必须在那一天到来之前找到投资人，让投资款流进公司，这样才能保证创业公司细水长流、"香火"不断。

创业者在任何时候都要保证公司的账上有不少于六个月的现金储备。原因有两个：一是创业公司只要账上还有钱，有现金在持续流动，就垮不掉；二是完成一轮融资，通常需要六个月的时间，创业公司需要有足够的现金储备，让公司维持到投资人的钱进来的那一天。

一句话，现金流是创业公司的命脉，现金流掌握着创业公司的生死大权。一个创业公司无论有多好的创业点子，有多么出色的团队，要是现金流断了，必死无疑。即使像腾讯这样的大企业，在发展初期也遭遇过多次现金流断裂的风险，因此，创业者必须清楚自己公司现金流里的每一个数字，认真预测公司的现金流。

63.创业风险的识别

既然创业风险是创业过程中不可避免的，那么，直面风险并化解它，成为创业过程中的重要任务。

所谓创业风险识别，是指创业者依据企业活动，对创业企业面临的现实以及潜在风险，运用各种方法加以判断、归类并鉴定其性质的过程。风险识别是管理一切风险的基础。

创视说6-3
拼多多的经营风险

（1）建立风险识别的基本理念

作为创业者，应该树立识别企业风险的基本理念，具备以下素质：有备无患的意识、未雨绸缪的观念、持之以恒的思想、实事求是的精神。

（2）掌握风险识别的基本途径

创业风险的识别，重点应从风险的来源上入手，包括自然因素和人为因素两大方面。自然因素，如创业企业位于地震多发区、台风多发区和炎热地区，这与企业的选址、项目有着密切关系。又如，对许多行业来说，必须注意影响原材料供应的矿产、能源、农产品以及交通问题。人为因素，主要包括企业周边的营运环境以及一个国家或者地区的政经制度、法律政策及民情民俗等。

（3）了解识别风险的方法

在风险识别之后，就必须进行风险评估。这需要一定的专业知识，必须根据风险的不同性质与条件，按照一定的途径，运用一定的方法或者借助一定的工具来实施。一般而言，风险识别的方法包括：信息源调查法、数据源调查法、资产损失分析法、环境扫描法、风险树分析法、情景分析法及风险清单法。有能力的企业也可以自行设计识别的方法，如专家调查法、流程图分析法、财务报表分析法以及SWOT分析法等。

（4）风险识别的实施步骤

风险识别的实施步骤是：①信息收集。首先，要通过调查、问询及现场考察等途径获得相关风险信息；其次，需要敏锐的观察和科学的分析，对各类数据及问题做出处理。②风险识别。根据对信息进行分析的结果，确定风险或潜在风险的范围。③重点评估。根据量化结果，运用定量分析、假设和模拟等方法，进行风险影响评估，预计可能出现的结果，提出处理风险的方法或制订行动方案。

（5）风险识别中要注意的问题

识别风险需要注意以下三方面的问题：①信息收集要全面。收集信息可以通过两个途径：一是内部积累或者专人负责；二是借助外部专业机构的力量。通过后者可以获得足够多的信息资料，有助于较全面、较好地识别面临的潜在风险。②因素罗列要全面。根据企业在运营过程中可能会遇到的风险，逐步找出一级风险因素，然后再进行细化，延伸到二级风险因素，再延伸到三级风险因素。例如，管理风险属于一级风险因素，管理者素质属于二级风险因素。③最终分析要

综合，既要进行定性分析，也要进行定量分析。

64.风险管理的基本方法

风险管理的主要方法有六种，具体包括：减少可避免的风险、控制风险损失、分散风险、通过非保险方式转移风险、自担风险、通过保险方式转移风险。

（1）减少可避免的风险

当创业企业发现从事某一项活动会涉及过高的风险时，可决定暂缓或放弃这项活动，以便减少甚至完全避免风险。例如，不在洪水高发区域建造工厂就可以减少洪灾风险，不在人口稠密的地区建造危险性极高的工厂。

避免风险有两种方式：一种是完全拒绝承担风险；另一种是放弃原先承担的风险。然而，避免风险这种方法的适用性很有限。首先，避免风险会使企业丧失从风险中可以取得的收益；其次，避免风险的方法有时并不可行，如避免一切责任风险的唯一办法是取消责任；最后，避免某一种风险可能会产生另一种风险，如某企业以铁路运输代替航空运输。

（2）控制风险损失

损失管理计划分为防损计划和减损计划，防损计划旨在降低发生频率或消除损失发生的可能性。建造防火建筑物、质量管理、驾驶技术考核、颁布安全条例、提供劳动保护用品、检查通风设备及产品设计改进等均是降低损失频率的措施。减损计划是设法控制和减轻损失程度。例如，轮换使用机器设备、限制车速、安装自动喷水灭火系统和防盗警报系统、对工伤者及早治疗、建立内部会计监督及限制保险柜内的现金数量等。

（3）分散风险

人们日常所说的"不要把鸡蛋都放进同一个篮子"，讲的就是风险分散的原理。分散风险是指通过增加风险单位的个数，减少风险损失的波动。这样，企业一方面可以比较准确地预测风险损失，另一方面可以减少预防风险损失所需预备的资金。风险的分散又可分为风险隔离与风险兼容两种方法。

风险隔离是将现在的资产或商品等分散在不同的地方，万一有一处发生损失，不致影响其他各项业务的正常运行。例如，将存货储存在不同的地点，将原料分由几家供应商供应，投资项目组合分散等。

风险兼容是指通过增加新的风险单位，达到分散风险的目的。例如，准备一套备用机器，随时避免机器损坏的风险，保证生产的顺利进行等。

（4）通过非保险方式转移风险

在风险管理中，较为普遍使用的通过非保险转移风险的方式有合同、租赁和转移责任条款等。例如，一家公司在与某建筑承包商签订新建厂房的合同中可以规定，建筑承包商对完工前厂房的任何损失负赔偿责任。再如，计算机的租赁合同可以规定租赁公司对计算机的维修、保养及损坏负责。又如，一个出版商在出版合同中可加入转移责任条款，规定作者对剽窃行为自负法律责任。

（5）自担风险

自担风险是指企业使用自有资金或借入资金补偿灾害事故损失。自担风险分为被动的和主动的，即无意识、无计划的和有意识、有计划的。当风险管理人员没有觉察到所面临的风险，或者虽觉察到风险的存在，但没有做出对付风险的决策时，这样的自担风险是被动的。当风险管理人员觉察到风险的存在，并相应地采取了对付风险的办法时，这种自担风险是主动的。

（6）通过保险方式转移风险

保险是转移风险的一种办法，它把风险转移给了保险公司。保险也是一种分摊风险和意外损失的方法，一旦发生保险合同中规定的事件，保险公司就会补偿被保险人的损失，这实际上是把少数人遭受的损失分摊给了同一险种的所有投保人。对创业企业来说，投保是其对企业各类纯粹风险进行管理的最为有效的手段。

任务实施

请将案例中涉及的事项分析与整理后，填写到表6-1中。

表6-1　　　　　　　　　如何控制创业失败的风险分析表

任务内容	1.罗永浩锤子科技所遇到的风险有哪些类型？总结罗永浩锤子科技曾经辉煌的原因，并分析锤子科技为什么会失败。
技术风险：	
市场风险：	
政治风险：	
管理风险：	
生产风险：	
资金风险：	
其他：	
任务内容	2.如何识别、评估罗永浩锤子科技所遇到的风险？从锤子科技的兴衰成败中分析罗永浩身上所体现出的企业家精神。
风险识别的基本理念：	
风险识别的途径：	
风险识别的方法：	
风险识别的步骤：	
风险识别的注意事项：	

续表

任务内容	3.罗永浩是如何预防或规避企业风险的？你是如何看待罗永浩进军电商直播市场的？
减少可避免的风险： 控制风险损失： 分散风险： 通过非保险方式转移风险： 自担风险： 通过保险方式转移风险： 结合对相关知识的学习，对锤子科技的失误进行总结并谈谈对自己创业有什么启发：	

课后思考

创业项目能赚多少钱？

创业成功的衡量标准之一就是赚钱的多少，至少，这是目前世界公认的标准。判断一个想法赚钱的可能以及赚钱的多少，最好用"自下而上"的方法：精确计算出产品的单价、单个产品的成本、毛利率、净利率，然后测算你什么时候能卖掉第一个产品，什么时候公司能运营打平；用加减法，不要用乘除法，客户一个一个加上去，销售一分一分加出来。记住：以月为单位来算，按底线来算你第一年、第二年、第三年的销售增长、利润增长等。

当然，你也可以试试看"自上而下"的方法，先到网上搜索一下你产品的市场总规模有多大，然后你设定一个目标，可以以"年"为单位而不必是"月"，用乘除法，甚至高等代数，第一年的目标是占领15%的市场份额，设定一个增长率，如第二年30%，第三年45%，第四年60%……如果把"自下而上"和"自上而下"的计算结果对比一下，二者之间的差距可能相当大。通过对两套数据的比较分析，可以帮助你发现更多问题，使你制订计划时，不会过于盲目，但最终创业成败不会由这些数字决定。图6-3为一幅关于提高利润的漫画。

图6-3 提高利润从哪里做起

任务二　初创企业如何制定经营战略？

工作任务

"战略"一词来源于军事，古称"韬略"，指对战争全局的筹划和谋略。经营战略就是为了实现长期的生存和发展，在综合分析企业内部条件和外部环境的基础上做出的一系列带有全局性和长远性的谋划。通俗地理解，战略就是做正确的事。古人云："人无远虑，必有近忧。"。这充分说明了筹划未来的重要性。小企业也要有大梦想，所谓登高远望，战略思维是一种解放思想、拓宽思路的学问。它可以使我们跳出行业看行业，站在圈外看圈内，跳出企业看企业。就其本质而言，战略思维属于一种"理性的反省"的哲学思维，其作用主要是培育智慧（抓大放小、舍得、战略分析）、发现真理、印证价值（知行合一）。

面对愈演愈烈的市场竞争，企业必须制订出一整套的经营战略方案，以开发核心竞争力，获取竞争优势，使企业得以生存和发展。在这里，我们以两家中小企业的成长故事为例，探讨以下三个问题：

1. 企业选择了哪些战略类型？分别适用什么条件？
2. 企业战略规划实施的步骤有哪些？
3. 战略环境分析、战略选择、战略评估与战略实施之间的关系是什么？

请结合以下案例，完成上面的任务。

【案例6-2】传统中小企业战略转型升级成功案例

案例一　蓝道公司的发展战略

温州市蓝道工业发展有限公司是一家集眼镜包装研发、生产、销售于一体的综合性专业眼镜配套包装企业，现有员工1 500多人，1992年由印刷厂转型而来。公司下设四个中心一个部门，即营销中心、生产中心、管理中心、研发中心、财务部。下辖箱包、铁盒、展示架等6个制造工厂。公司把产品分为八大类（包括硬盒、眼镜袋、眼镜绳等）共1 297个品种，把眼镜产业链上的产品做得淋漓尽致。蓝道产品系列如图6-4所示。

图6-4　蓝道产品系列

20多年的风雨沧桑，公司从无到有、从小到大，凭借的是蓝道人自信、拼搏、进取的务实精神及深厚的文化底蕴。公司已形成了以温州为中心，以河北、广东为基本点的制造格局；同时，进一步细分了眼镜包装市场，形成了以温州制造为核心，以广东、河北分别制造高低端市场产品为补充的差异化局面。公司拥有强大的制造实力，各基地生产总面积达20万平方米。此外，公司还拥有完善的集箱包、铁盒、展示用具、眼镜袋、布、绳、塑胶、印刷品等于一体的眼镜配套产品生产实力，6个制造工厂的产品畅销欧美等国，满足了多家世界知名眼镜企业的现场验厂要求。在外贸方面，公司曾做到一个箱包的订单就达到1亿元人民币。

大家可能会问，公司发展得这么好，厂房还在不断新建，在眼镜产业链上公司除不做眼镜外，眼镜包装系列产品20多年来位居世界第三，是怎么做到的呢？

董事长林加乾说，我们的业务客户都是自己找上门来的，公司不断地参加国际、国内的各种展览会，展现公司的实力，企业前景看好。有人问：公司的发展理念、目标是什么？董事长林加乾说：我们为客户提供优质的产品和日臻完善的服务。从公司的内部管理到外部营销，我们一直借鉴国内外知名企业先进的经营理念与模式，与世界经济接轨，立足于国际市场是企业生存的当务之急。我们正力争缔造一个多元化、外向型的国际化企业！

有印刷企业的老总惊奇地问：林总，眼镜的利润比较丰厚，为什么公司只做眼镜产业链中的包装系列而不做眼镜呢？林加乾说：眼镜的利润的确比较丰厚，但竞争的企业也多，公司专心把现在经营的产品做好，不在一条赛道上去竞争，对公司的发展反而好。即使公司接到眼镜业务，也会转给其他公司去做。中国眼镜产业长期在价值链低端徘徊，眼镜产业有着鲜明的全球采购、全球生产、全球销售的特点，随着中国日益成为"世界制造工厂"，眼镜产业得以迅速成长，形成了深圳、温州、厦门、丹阳四大集群。然而，经过连续多年的快速增长后，发展中的瓶颈问题越来越突出，最显而易见的有"三角债"、低价恶性竞争、以次充优、缺少自有品牌等问题。诸如此类问题，成为整个眼镜产业的成长之痛，很大程度上影响了产业的良性快速发展，至今眼镜厂商依然以OEM为主要的经营方式。OEM又叫定牌生产或贴牌生产，最早流行于欧美等发达国家，它是国际大公司寻找各自比较优势的一种游戏规则，能降低生产成本、提高品牌附加值。近年来，这种生产方式在国内家电行业也比较流行。

中国眼镜产业之所以长期在价值链低端徘徊，从内因来说，其根本在于产业成员对"竞争"与"合作"的认识不足，企业各自为战，将横向、纵向产业同伴都视为竞争对手，而价格是最重要的竞争手段；与此同时，企业间的合作不充分，特别是缺乏深层次的战略合作。面对眼镜厂商长期为国际品牌商"打工"，以及近些年来国外巨头纷纷抢滩国内眼镜市场的状况，中国眼镜产业如何实现升级，企业如何提升竞争力，培养并建立自己的核心优势，都已成为相当紧迫的问题。

鉴于以上这些问题，蓝道公司"绕"过传统的发展途径（低价、无序竞争），在眼镜的产业链上走自己的发展之路。公司的技术研发中心拥有一支近80人的高素质的设计、研发队伍。通过与国际知名眼镜品牌的亲密合作，以及每年一次的米兰展、法国展、印度展、中国香港展、北京展、上海展等国际性展会的设计创意、技术、经验的交流，蓝道已构筑起了国内领先、国际同步的新产品研发体系。目前，蓝道在眼镜包装领域已取得了40余款产品的外观专利权和功能性专利权。公司通过了ISO 9001质量管理体系认证，满足了多家世界知名眼镜企业的现场验厂要求。蓝道公司拥有遍布全球的营销网络，渠道建设日臻完善；拥有自营出口权，建立了欧洲、亚洲、美洲、非洲、澳大利亚五大区域的对外贸易营销机构及国内业务部，并建立了规范的营销管理体系。此外，公司将在美国、意大利、法国等国家设立营销分支机构，与客户面对面交流，减少中间环节，消除贸易壁垒。

我国印刷企业的战略转型是否可以学习、借鉴蓝道公司新产品设计开发两端的模式呢？模式一端是通过市场调研，经过转换，研发、设计出满足客户需求的新产品；另一端是通过营销和品牌来创造产品的价值增值。如今，印刷企业处在中间段的生产等工序，利润空间最小，研发和设计、价值增值这两端正是印刷行业的软肋，而研发能力是产业升级的关键所在，那么蓝道公司的做法是否可以借鉴呢？

案例二　万秋珍的转型之路

如何找到自己的核心竞争力，走出产业链底层向上游发展，实现战略转型升级与永续经营，是当下中国小企业必须要面对的考验。

对中国众多奋斗在传统行业的初创小企业主来说，面对复杂的外部经济环境，转型升级是个迟早要面对的问题。中国小企业主中的"60后"、"70后"、"80后"与"90后"，他们都曾经取得过成功，但又没有止步于此，在最安逸的阶段能看到危机并主动迎难而上。他们的转型升级经历，可以给仍在困境中挣扎的一些中国小企业以启发。

小企业发展的壁垒，在于没有核心技术和产业链意识以及单打独斗带来的高昂成本。对武汉若克美家照明公司的总经理万秋珍来说，从卖货品升级为卖服务是一个艰苦又漫长的过程。"60后"的万秋珍，1994年进入武汉灯具贸易行业，当时灯具市场的门槛很低，租个店面，代理几个灯具品牌，夫妻店比比皆是。万秋珍依靠勤奋，低价进货高价卖出，一年灯具销售额达到6 000多万元，这帮她完成了最初的原始资本积累。图6-5为若克美家照明体验馆。

图6-5　若克美家照明体验馆

"那时候赚钱很容易，但是市场竞争越来越激烈，利润越来越低。如果只看到眼前的利益，那么企业很快就会消失。"万秋珍说。彼时的照明行业受惠于房地产业的火热还比较景气，但万秋珍已经嗅到了缺乏核心竞争力的危机感。遍地的灯具城，日复一日的价格战，让万秋珍决心寻找企业转型升级的路径。万秋珍可谓武汉灯具贸易行业"觉醒"的第一人。她回忆说，从1994年入行至今20多年来摸爬滚打，转型以来的7年对她却是最大的挑战。

万秋珍的转型之路是向产业上游攀升以及整合产业链，培养自己的研发和设计团队，从卖灯具转向卖服务——出售整体的照明解决方案。为此，她几乎投入了此前经营的所有积累，变卖了房产，并向银行贷了款。"做之前考虑到会很难，但没想到那么难。我看了很多心理学的书籍，才鼓励我坚持下来……照明整体解决方案的概念在国内并不普及，很多客户觉得买了灯具，设计方案应该是赠送的，殊不知研发、设计层面的人力成本非常高。"万秋珍回忆说。这套照明整体解决方案一方面聚集了核心研发团队，另一方面则整合了产业链上下游的小企业抱团发展。

7年转型升级之路虽然异常艰辛，但万秋珍认为，走这条路是对的。如今她尽管不是武汉灯具市场最大的商家，但是她凭借照明解决方案得到了越来越多的订单，产品附加值也变得更高，还被推选为武汉灯具商会会长。她打造的一个2 000平方米的一站式室内照明体验馆即将面世，在她看来，"核心技术+产业链=未来"。对于照明这个行业，抓住产业链甚至比抓住资金还重要。

资料来源　佚名. 传统生产、制造、加工型企业转型升级方法与成功案例［EB/OL］.［2016-02-22］. https：//www.chimatong.com/open/201603/22-2617.html.

任务分析

对于创业型企业，若想取得更好的效益，实现长期可持续发展，同样需要充分的战略规划，这里我们以探究的态度逐一去寻找与企业战略规划管理相关的问题的答案。

第一步，初创企业有哪些战略类型？分别适用什么条件？案例中的两家企业选择各自战略的理由是什么？

第二步，企业战略规划实施的步骤有哪些？如何保证战略目标的实现？其中的关键是什么？案例中的两家企业是如何运作的？就各阶段、各步骤做详细说明。

第三步，结合案例说说战略环境分析、战略制定与选择、战略实施、战略评估、战略控制之间的关系是怎样的。

第四步，结合对相关知识的学习，谈谈这对自己的创业有什么启发。根据上述分析，写出你的观点。

创视说6-4
初创企业如何
制定发展战略

相关知识|

65.初创企业常见的战略类型

（1）创业战略的基础：创业起步阶段竞争优势资源

世界著名的未来学家阿尔温·托夫勒说过："没有战略的企业，就像是在险恶的气候中飞行的飞机，都将在新的革命性的技术和经济大变革中失去其生存的条件"。也可以说，我们创业的过程就是寻求自己的生存条件的过程。战略管理是一个过程，其间，组织通过对环境与资源的分析，确定战略方向，制定并执行与组织使命和目标相匹配的战略，最终的目的是使组织的利益相关者实现最大价值。创业战略与成熟企业的战略管理具有相似性，但其面对的环境与资源更具不确定性。同时，新的企业承受战略失败的风险的能力更为薄弱。因此，我们需要认真探讨创业战略的基础，这些帮助初创企业立足的关键因素包括：新产品或新服务、模仿经营、特许经营、客户扶持与政府扶持等。

①新产品或新服务。

新产品或新服务是最有效的创业战略之一。事实上，相对于日益变化的需求而言，新产品或新服务总是稀缺的。如果初创企业利用了新技术，就可能使其变得难以模仿而转变成核心竞争力。通常情况下，新产品的失败率比新服务要低，这主要是因为大多数服务型组织的进入壁垒较低。那些确实利用新服务在产业内立足的企业，很可能同时提供一种相关产品。

新产品战略就是彼得·德鲁克所称的"全力以赴，争取领先"战略。该战略的目的是在现有产业或者新建产业里取得持久的领先地位。这种战略要取得成功，必须集中资源并富有创新精神。"争取领先"，就是确立企业在开始时的领先地位，可能是在市场份额、成本或者供应链方面，也可能是在社会责任与品牌声誉方面，取得竞争对手无法超越的领先地位。"全力以赴"要求覆盖产品的所有功能，如支持服务、质量保证、快速反应等。

②模仿经营。

模仿经营是指生产类似于现有竞争对手的产品或服务，它们代表着填补某个细分市场空缺的尝试。这种战略通常通过对知名品牌进行细微创新和改进而得以实现。创业者如果能意识到现有企业的产品消费者并不满意，并能构思出一种令这些消费者更为满意的策略，就可以采取模仿经营战略。现实中，很多企业经常被比自己做得更好的同行所超越。例如，日本汽车制造企业通过模仿迅速赶超了欧美跨国汽车企业，而韩国汽车企业正在利用日本公司的成功经验崛起。

如果加上创造力和想象力，模仿战略可能会更成功，彼得·德鲁克称其为"创造性模仿"。创造性模仿结合了模仿的部分和创造性的部分。特别是没有很好的可利用资源的初创企业，只要懂得如何利用现有资源弥补其劣势，就很容易进行创造

创视说6-5
青年企业家的
经营心得

性模仿。新企业能够通过模仿快速采用新标准而打败原有企业。创造性的模仿者懂得如何为那些"难伺候"的客户提供服务来增加企业价值。如果初创企业仅仅强调产品质量而忽视客户质量来经营，那么消费者需求和感觉的微小变化，就会被企业所忽视而被模仿者所发现，这家企业就会不堪一击。

③特许经营。

特许经营是指特许方将自己所拥有的商标（包括服务商标）、商号、产品、专利和专有技术、经营模式等以合同的形式授予被特许方（受许方）使用，被特许方按合同规定，在特许方统一的业务模式下从事经营活动，并向特许方支付相应的费用。特许方（Franchisor）就是特许权的卖方，而受许方（Franchisee）就是特许权的买方。对特许方来讲，特许经营是利用他人的资金、时间、经历来销售特许产品或服务的途径。受许方则通过支付特许加盟费获得特许方的专长、知识、培训和经验，这就减少了创业者失败的风险。

特许经营成功的关键在于它是一种基于特许协议的地域扩张方式。地域扩张使得特许经营体系迅速渗透到整个市场。这种扩张方式有利于提高特许经营品牌的知名度和市场接受程度，有利于节约营销成本与物流成本，也有利于提高广告的宣传效果。特许协议给特许经营提供了一种标准化机制，使其产品、服务和成长激励因素以及进入壁垒都实现了统一，特许体系的三方当事人（特许方、受许方和客户）都会从中受益，因此很多初创企业起步时都采用特许经营的形式。

特许经营是初创企业快速成长的重要方式之一，在诸如快餐、汽车零件经销和快速印刷等产业中，特许经营占据了最大份额。其他涉及特许经营的产业有汽车经销、房地产经纪、儿童保健以及会计和税务代理等。

④客户扶持与政府扶持。

初创企业的启动可能基于企业第一位客户所提供的推动力，即来源于客户的扶持。客户订单可以保证初创企业的初始运转，并且有助于企业获得初始投资。初创企业一旦开始经营，就必须寻求扩大客户的基础，不能仅仅依靠客户的扶持。有时候客户会鼓励创业者成为他们的合格供应商，特别是客户遇到了供货麻烦时。成为知名企业的第二供货源是一个很好的创业机遇，客户可能会对那些能满足其需求的创业者给予鼓励，甚至在管理、技术和资金上为其提供帮助。

此外，政府也经常充当企业的扶持者，为创业者提供创业推动力。政府的扶持常常通过财政支持、政府采购和税收优惠等方式实现。

（2）基于资源基础的战略类型

资源基础理论认为，初创企业具有可持续竞争优势的条件是必须拥有有价值、稀缺、难以模仿和不可替代的资源与能力。与初创企业的资源和能力直接相关的创业战略包括：寻租战略、成长战略、质量战略、隔离与先动优势。

①寻租战略。

在资源基础理论的研究框架里，战略目标就是寻租。寻租战略包括以下三种：

第一，资源控制战略，即获取、占有和控制一种稀缺和有价值的资源。资源控制战略往往指市场垄断战略，垄断来自政府的保护、共谋协定或者进入的结构壁垒。政府保护的例子有专利和版权、限制性经营许可、政府准许经营等。在我国，有一小部分产业处于行政垄断状态，如石油、天然气、电力供应、铁路与航空等产业。

第二，创新战略。创新战略来自于冒险或者对复杂和不确定的环境的洞察力，这是一种与企业创建直接相关的寻租战略。由于知识的扩散以及市场上竞争性企业的进入，市场永远处于变化之中。

第三，差异化战略。这是由于初创企业采用其他企业无法模仿的专业性资产而产生的。其来源于资源应用的独特竞争力，而不只是对资源进行简单的控制。

寻租战略中应用最为广泛的是创新战略，即初创企业通过对资源的重新配置赚取超额利润，直到由于技术扩散和知识增加，竞争对手也能进入该领域展开竞争为止。

②成长战略。

成长战略是指初创企业沿着资源未被充分利用的方向和其擅长的领域成长的一种战略。成长的过程不是一条平滑的路径，因为资源的使用经常大量地、不连贯地增加。企业成长的极限基本上是资源的极限。资源决定了企业将要进入的产业类型以及它能获取利润的水平。例如，创业初期人力资源短缺以及财力和技术上的障碍都会限制初创企业快速成长。在所有的资源限制中，最重要的是管理技能的缺乏。对管理技能通常有两种需求：经营现有规模的企业、企业扩张和成长。"管理既是成长过程的加速器，也是成长过程中的制动器"，这种皮带式的过程称为"彭罗斯效应"。

③质量战略。

全面质量管理（TQM）需要通过对高度发达的市场的研究，获得对消费者的把握。一旦掌握了有关消费者的确定信息，下一步就需要全面的动员、高层管理者的参与、体系培训和团队建设，以及向员工充分授权。全面质量管理包括制定标准、PDCA循环和不断改善等流程。

成功的TQM规划需要具备以下几个基础条件：首先，它需要卓越的市场研究。市场研究可以作为持久竞争优势的一个信息来源。其次，它需要一个相匹配的组织体系。再次，成功的TQM需要高水平的人力资源。最后，如果企业拥有质量出众的声誉，它就处于有利的竞争地位。

④隔离与先动优势。

面对市场上的激烈竞争，创业者必须巧妙地设计隔离机制，并发挥初创企业的先动优势。隔离机制有很多种形式，最明显的就是物权（Property Rights）。它以专利、商标和版权的形式出现，通常称为知识产权。但是隔离机制不可能无限期地维持下去，创业者必须时刻准备快速行动并建立起强势地位，这就是所谓的先动优势（First-mover Advantage）。如我国政府鼓励民营企业发展和对某些战略产业放松管制，那么率先洞悉政策变化并付诸行动的企业，就拥有了先动优势，并与其他的民营企业之间形成了有力的隔离机制。先动优势也是一种寻租战略，它是防止初创企业的竞争优势遭到侵蚀的一种隔离机制，包括技术领先、快速获取资源等。

66.初创企业制定战略规划的方法

战略规划是企业的经营规划，也是公司经营的一种内在模式。这种特定的模式为企业的经营提供了一种潜在的规则，有明确的经营模式的企业可以依据这种规划有效地应对市场环境的变化，及时制定出行之有效的应对措施。

企业战略规划的制定大致分为确定战略目标、制定战略规划、对制定好的战略规划进行评估三个阶段。

①第一阶段：确定战略目标。这一阶段解决的问题是如何确定企业战略目标。在确定目标前，首先要对所要创建的企业的现状进行分析，最常见的是SWOT分析。企业可以根据分析结果得出一个结论，对企业未来的3~5年加以规划，确定战略目标。当初创企业确立战略目标之后，就要把这一目标写成正式的文件。

②第二阶段：制定战略规划。在确定了战略目标之后，就要进入制定战略规划的实质性阶段。该阶段共有五个步骤，具体所要完成的内容如下：

步骤一：战略环境的分析和预测。对战略环境的分析可分为微观和宏观两个方面。微观上的分析是指对初创企业的经营特征加以分析，即回答一个问题：我们要做什么？除了对自身的情况进行分析之外，还要分析宏观环境。作为初创企业，一定要对诸如社会、经济、政治、文化、技术等各个领域现在或将来可能发生的情况变化有所了解。只有对这些宏观环境加以考察与分析，才有可能抓住市场机会，并识别出把握市场机会这一过程中将会遇到的障碍，这是对战略环境进行分析和预测的目的所在。

步骤二：确定目标。这里所指的目标和我们前面提到的"确定战略目标"中的"目标"有所不同，那个"目标"包括我们要创新、如何创新以及我们想取得什么样的结果，但是那些描述都是定性的，并不是一个个量化的目标。我们所制定的战略规划，落脚点应该是可评估、可衡量、可操作的规划，量化的目标是做到这一点的基础。比如，对企业来说，它的市场份额、销售量、利润分别要达到多少，要达到这些目标的时间是如何控制的，何时实现这些目标，这些都是对目标的量化。

步骤三：确定战略执行过程中的重点。所谓确定战略执行过程中的重点，就是确定企业使命、划分事业单位和确定关键单位的目标。

步骤四：制订行动计划和划分阶段。在确定了战略重点之后，初创企业应将上述决策落实为可操作的行动计划。计划的实施要有阶段性，凡是一项事业，都是一个系统性的工程，无法一蹴而就。制订行动计划是为了便于操作，划分阶段是推进行动计划有条不紊地进行下去的保障。

步骤五：制定战略实施措施。战略实施措施的制定是战略计划实施的关键，是将抽象的行动落实到生动的实践上的行动手段。例如，要制订资金和其他资源的分配方案，规划制定后要在资金上有所侧重；要选择执行过程的衡量、审查及控制方法。最后一步是将选中的方案形成文件提交给公司高层，进行审核和批准。

③第三阶段：对制定好的战略规划进行评估。这是一项极为复杂的工作。作为初创企业，由于受经费和经历所限，往往无法对战略规划做出全面的评估，但是基本的评估是必不可少的。经过评估的战略规划更具科学性和操作性。最基本的是要对战略规划的背景、商业机会、财务、可操作性等方面进行评估。

首先，这里的背景是指关于企业经营的历史是否提供了足够的背景资料，或是否还需要补充更多的信息；宏观环境是否被充分地评估。另外，初创企业经营者的能力是否被透彻地审查，这主要是指审查规划的那些人有没有能力对经营者的能力给出一个客观充分的评估。

其次，对商业机会的评估包括是否寻找到了最好的机会，所有的机会和不利的风险都要被识别出来。有时候目标看上去很完美，但是由于遗漏了对某些风险的考虑，最后可能导致很多目标无法实现。

再次，与财务相关的评估。例如，建设项目是否必要，能否提供合理的资金保证，财务资料是否清晰而连贯，特别是对于中短期的战略规划更有必要把财务情况写得详细些。

最后，对战略规划可操作性的评估是极为重要的。因为写得再好的战略规划，如果不具备可操作性，也只能是纸上谈兵。对可操作性进行评估时，应考虑执行标准和控制方法是否已经具备，是否符合企业目标的要求；战略规划与现行员工的态度、兴趣与观念（即公司文化、形象）能否和谐共存；当意外情况发生的时候，这个战略规划是否具有防御能力。

67.迈克尔·波特的"五力模型"

五力模型（Five Forces Model）由迈克尔·波特（Michael Porter）于20世纪80年代初提出，该模型在全球对公司战略的制定产生了深远影响。五力模型认为，行业中存在着决定竞争规模和程度的五种力量，这五种力量综合起来影响着产业的吸引力。五种力量分别为供应商的议价能力、购买者的议价能力、新进入者的威胁、替代品的威胁、同业竞争者的竞争程度。任何产业，无论是国内的还是国际的，无论是生产产品的还是提供服务的，竞争规律都将体现在这五种竞争的作用力上。波特五力模型是企业制定竞争战略时经常利用的战略分析工具。

在波特五力模型之前，企业战略分析的基本方法是SWOT分析法，即分析判断企业本身的优势（Strength）和劣势（Weakness）、外部环境的机会（Opportunity）和威胁（Threat），进而根据企业的内部资源和外部环境来确定发展战略。SWOT分析法相当简便实用，但同时又显得过于笼统，如果没有具体指标，容易产生主观臆断。所以，波特在SWOT分析法的基础上，提出了分析产业结构的五力模型，以求战略分析的细化和深化。

波特指出，一般而言，一种产业的结构可以用图6-6来表示。

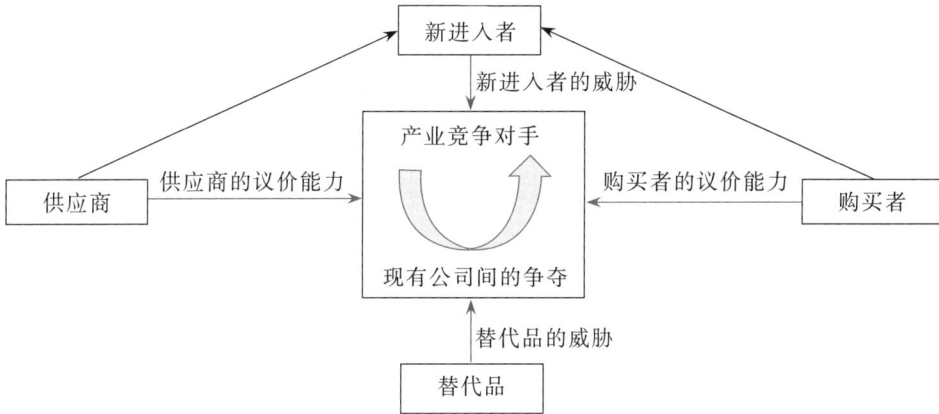

图6-6　波特五力模型示意图

（1）供应商的议价能力（Bargaining Power of Suppliers）

供方主要通过提高投入要素的价格与降低单位价值质量的能力，来影响行业中现有企业的盈利能力与产品竞争力。供方力量的强弱主要取决于他们所提供给买主的是什么投入要素，当供方所提供的投入要素的价值占据买主产品总成本的较大比例、对买主的产品生产过程非常重要或者严重影响买主产品的质量时，供方对买主的潜在讨价还价力量就大大增强。

一般来说，满足如下条件的供方具有比较强大的讨价还价力量：①供方所在行业被一些具有比较稳固的市场地位而不受市场激烈竞争所困扰的企业所控制，产品的买主很多，每一单个买主都不可能成为供方的重要客户。②供方各企业的产品各具有一定的特色，买主难以转换或转换成本太高，或者很难找到可与供方企业产品相竞争的替代品。③供方能够方便地实行前向联合或一体化，而买主难以进行后向联合或一体化。

（2）购买者的议价能力（Bargaining Power of Buyers）

购买者主要通过压价与要求提供较高的产品或服务质量的能力，来影响行业中现有企业的盈利能力。购买者的议价能力提高主要有以下一些原因：①购买者的总数较少，而每个购买者的购买量较大，占了卖方销售量的很大比例；②卖方行业由大量相对来说规模较小的企业所组成；③购买者所购买的基本上是一种标准化产品，同时向多个卖主购买产品在经济上也完全可行；④购买者有能力实现后向一体化，而卖主不可能前向一体化。

（3）新进入者的威胁（The Threat of New Entrants）

新进入者在给行业带来新生产能力、新资源的同时，也希望在已被现有企业瓜分完毕的市场中赢得一席之地，这就有可能会与现有企业产生原材料与市场份额的竞争，最终导致行业中现有企业的盈利水平降低，严重的话还有可能危及这些企业的生存。新进入者的威胁的严重程度取决于两方面因素，即进入新领域的障碍大小与预期现有企业对新进入者的反应。

进入障碍主要包括规模经济、产品差异、资本需要、转换成本、销售渠道开拓、政府行为与政策（如国家综合平衡统一建设的石化企业）、不受规模支配的成本劣势（如商业秘密、产供销关系、学习与经验曲线效应等）、自然资源（如冶金业对矿产的拥有）、地理环境（如造船厂只能建在海滨城市）等方面。其中，有些障碍是很难借助复制或仿造的方式来突破的。预期现有企业对新进入者的反应，主要是指现有企业采取报复行动的可能性大小。这取决于有关厂商的财力情况、报复记录、固定资产规模、行业增长速度等。总之，新企业进入一个行业的可能性大小，取决于新进入者主观估计进入所能带来的潜在利益、所需花费的代价与所要承担的风险这三者的相对大小情况。

（4）替代品的威胁（The Threat of Substitute Products）

两个处于相同行业或不同行业中的企业，可能会由于所生产的产品是互为替代品，从而在它们之间产生相互竞争行为，这种源自替代品的竞争会以各种形式影响行业中现有企业的竞争战略。首先，现有企业产品售价以及获利潜力的提高，将由于存在着能被用户方便接受的替代品而受到限制；其次，替代品生产者的进入，使得现有企业必须提高产品质量或者通过降低成本来降低售价，或者使其产品具有特色，否则其销量与利润增长的目标就有可能受挫；最后，替代品生产者的竞争强度，受产品买主转换成本高低的影响。总之，替代品价格越低、质量越好、用户转换成本越低，其产生的竞争压力就越大；而这种来自替代品生产者的竞争压力的强度，具体可以通过考察替代品销售增长率、替代品厂家的生产能力与盈利扩张情况来加以描述。

（5）同业竞争者的竞争程度（The Intensity of Competitive Rivalry）

大部分行业中的企业，相互之间的利益都是紧密联系在一起的。作为企业整体战略一部分的各企业竞争战略，其目标都在于使自己的企业获得相对于竞争对手的优势，所以，在实施中就必然会产生冲突与对抗现象，这些冲突与对抗就构成了现有企业之间的竞争。现有企业之间的竞争常常表现在价格、广告、产品介绍、售后服务等方面，其竞争强度与许多因素有关。

一般来说，出现下述情况将意味着行业中现有企业之间竞争的加剧：①行业进入障碍较低，势均力敌的竞争对手较多，竞争参与者的范围广泛；②市场趋于成熟，产品需求增长缓慢；③竞争者企图采用降价等手段促销；④竞争者提供几乎相同的产品或服务，用户转换成本很低；⑤一个战略行动如果取得成功，其收入相当可观；⑥行业外部实力强大的公司在"接收"了行业中实力薄弱的企业后，发起进攻性行动，结果使得刚被"接收"的企业成为市场上的主要竞争者；⑦退出障碍较高，即退出竞争要比继续参与竞争代价更高。在这里，退出障碍主要受经济、战略、感情以及社会政治关系等方面的影响，具体包括：资产的专用性、退出的固定费用、战略上的相互牵制、情感上的难以接受、政府和社会的各种限制等。

行业中的每一家企业或多或少都必须应对以上各种力量构成的威胁，而且必须面对行业中每一个竞争者的举动，除非认为正面交锋有必要而且有益处。例如，要求得到很大的市场份额，否则客户可以通过设置进入壁垒，包括差异化和转换成本来保护自己。当一家企业确定了其优势和劣势后（参见SWOT分析）必须进行定位，以便因势利导（而不是被预料到的环境因素变化所伤害），然后保护自己并做好准备，以有效地对其他企业的举动做出反应。

根据上面对五种竞争力量的分析，企业可以采取尽可能将自身的经营与竞争力量隔绝开来、努力从自身利益需要出发影响行业竞争规则、先占领有利的市场地位再发起进攻性竞争行动等手段来对付这五种竞争力量，以增强自己的市场地位与竞争实力。

68.企业如何面对战略转型

企业的成长过程中会面对各种变化，为了让自身持续健康发展，需要适时调整战略，这里重点介绍制造企业战略转型的途径。

（1）企业盈利模式的战略转型

典型的转型方式包括：①企业由提供单一产品转向提供成套产品或整体解决方案（如提供整套设备或整条生产线，如陕西鼓风机公司提供成套生产线）；②设计院所由提供设计图纸转向进行工程总承包（如武汉钢铁设计院转制为中冶南方之后，提供钢铁行业的工程总包服务）；③企业由销售产品转变为租赁产品（如GE公司出租飞机发动机）；④从单纯靠卖产品盈利转向靠卖产品和提供产品的售后维护服务盈利（如电梯厂商提供长期的维修维护服务）；⑤从销售自主产品转向建立行业产品的贸易枢纽（如上海标五公司建立紧固件贸易中心）；⑥为客户提供金融服务等。

（2）企业定位的战略转型

典型的转型方式包括：①从提供代工的OEM企业转向提供从设计到制造外包的ODM企业；②从代工转向自主品牌制造；③从主攻产品出口市场转向国内市场；④由竞争激烈的红海转向蓝海（如上海重型机器厂转型制造核电设备，大批企业进入风电、LED等新能源行业等）；⑤由制造企业转向多元化运作或向上下游延伸（如凯迪电力由向电厂提供脱硫设备转向同时运营生物能源电厂，木材加工企业建立自己的林场等）。

（3）企业运营模式的战略转型

典型的转型方式包括：①由纵向一体化转向横向一体化，广泛地进行制造外包，强化供应链运作；②由单一工厂变为多地点、多工厂运作，由单一组织变为集团架构；③由主要依靠自主发展转向并购与行业整合（如宜化股份整合了许多行业企业，营业额迅速由10亿元等级跨越至百亿元等级）；④由涉足多种产业转向归核化，聚焦自己最具优势的核心产业；⑤实现国际化，进行跨国并购等。

（4）数字化转型之路

近几年来，互联网的发展速度是有目共睹的，越来越多的传统企业开始谋求另一条更佳的生存之道和发展之路。那么，传统企业该如何突破，扭转局势？电商企业又该何去何从？企业应该如何转危为安？

工业4.0的到来，给传统企业带来了一个转型的好契机。目前，我国的产能过剩，传统企业产品滞销，而我国的互联网发展程度仅次于美国，传统企业要将信息技术融入工业中，对产品进行连接配套，进而拓宽产品渠道，提高销售水平。

时代在变，思想也要跟着变。目前，市场上的消费主力是"80后""90后"，他们的消费观和价值观与"60后""70后"不同，他们还年轻，喜欢新鲜和好玩的事物，所以企业必须在产品上增加创新性和趣味性。互联网时代卖的不是产品，卖的是你自己（企业），也就是所谓的粉丝经济。企业必须站在粉丝的角度，思考他们要什么，想得到什么。没有粉丝，电商必死；不建生态，O2O难活。

国际知名咨询公司埃森哲发布的《2021埃森哲中国企业数字转型指数研究报告》显示，在历经全球经济发展变化，尤其是疫情带来的影响后，中国企业数字转型成熟度稳步提升，转型成效显著的领军企业营收增速达到其他企业的4倍，中国企业已进入数字化转型的关键时期。中小企业未来发展将面临几个难点：

一是战略缺位，转型缺乏方向。部分企业没找到未来竞争的着眼点与商业模式。在这种情况下，企业往往孤岛式盲目部署数字化，难以从数字化投入中看到价值。部分企业的数字化战略与业务发展是"两条线，两层皮"，企业发展战略对数字化部署的指导性差。此外，一些企业数字化转型难以跨业务领域拓展，难以集业务合力在全集团中共同落实。

二是数字化程度低，转型难以深入。企业原有的系统老旧，管理制度传统，流程复杂，数字化转型底座不牢，在原有基础上小修小补往往出现无法兼容的问题，推倒重建又容易对企业经营造成"伤筋动骨"的损失。不少中国企业还缺少数字化人才。此外，企业的数字化部署大多停留在试点阶段，由于诸多阻碍因素，试点项目与经验难以快速复制与推广，不能形成全企业、全场景的数字化规模效应。

三是转型价值难以释放与衡量，投入无法持续。数字化转型是涉及企业全业务、跨职能的系统性改革工程。企业只有全面部署、系统深入才能最大化发挥数字价值。数字化转型投资见效慢、周期长，而一些企业又往往急于见到成效，用传统的绩效指标衡量转型效果，没有根据企业实际情况与部署计划配套针对性的评估体系，短期内企业会觉得数字化部署"失灵"，数字化转型的价值常常受到管理层的质疑，数字化转型投资持续性弱，形成恶性循环。

因此，企业要实现数字化转型，要将数据转变为前瞻性洞见及差异化资产，需要展开"数据重构"行动，梳理数据资产，建立强有力的数据战略和行之有效的数据治理机制。智能化是决定运营重塑成功与否的关键指标。企业应不断加强工作流程的自动化，实时进行业务检测，以优质的多元化信息，进行数据驱动型决策，加强决策优化与预警预测，并搭建数字平台对企业运营实现闭环管控与动态优化。除了创造经济价值，企业还要兼顾多重愿景，将利益相关者的福祉纳入价值评估体系，在数据治理、社会群体权益、应对气候变化等多重社会责任领域塑造全面的可持续优势。

　　未来几年，大多数商业逻辑都将摧毁重建，大多数传统企业都将从头再来，希望初创企业能够把握住契机，更上一层楼。

任务实施

　　请将案例中涉及的事项分析与整理后，填写到表6-2中。

表6-2　　　　　　　　　　　　企业战略选择分析表

任务内容	1.企业选择了哪些战略类型？分别适用什么条件？
创业战略的基础：	
新产品或新服务适合的条件：	
模仿经营适合的条件：	
特许经营适合的条件：	
客户与政府扶持适合的条件：	
资源基础战略：	
寻租战略适合的条件：	
成长战略适合的条件：	
质量战略适合的条件：	
隔离与先动优势适合的条件：	
其他战略：	
两家企业各采用了哪些战略类型：	

续表

任务内容	2.企业战略规划实施的步骤有哪些？如何保证战略目标的实现？
第一阶段：确定战略目标 第二阶段：制定企业战略规划 步骤一：战略环境的分析和预测 步骤二：确定目标 步骤三：确定战略执行过程中的重点 步骤四：制订行动计划和划分阶段 步骤五：制定战略实施措施 第三阶段：对制定好的战略规划进行评估 两家企业的战略规划是如何实施的：	
任务内容	3.结合案例说说战略环境分析、战略选择、战略评估、战略实施、战略控制之间的关系是怎样的。
结合对相关知识的学习，谈谈案例中的两家企业的发展对自己创业有什么启发：	

课后思考

创业项目会有风险吗？

任何事物都有其两面性，创业也不例外，机会和风险是创业者面对的一对连体兄弟，绝对没有风险的投资是奢望。创业意味着开拓新的领域，前面的路有许多不可把握的未知数，这就是风险。面对风险，有些人选择了退缩，同时也选择了失败;有些人选择了挑战，也就有了胜机。

因此，不少人不敢创业，觉得很难;不少人去创业，获得了成功。其实这都与创业存在的风险密切相关。创业环境的不确定性，创业机会与创业企业的复杂性，创业者、创业团队与创业投资者的能力与实力的有限性，是创业风险的根本来源。由于创业的过程往往是将某一构想或技术转化为具体的产品或服务的过程，在这一过程中，存在着几个基本的、相互联系的缺口，它们是上述不确定性、复杂性和有限性的主要来源。

接下来，你准备了要启动创业项目了，好好想一想，还有什么需要考虑或准备的？是否一切都能按你预想的那样去实现呢？其实无论是创业还是别的工作，都存在失误或失败的可能性，这就是风险。如果在创业之初，不能比较全面地了解你将会面临的不确定因素，那么当变化来临时就可能难以处理妥当，从而导致创业失败。图6-7为一幅关于创业风险的漫画。

图6-7　教训

项目练习

一、综合自测

1.在风险识别的基础上，通过对所收集的资料进行分析，运用定性与定量的方法，估计和预测风险发生的概率和损失程度的过程是（　　）。

A.风险转移　　　B.风险识别　　　C.风险应对　　　D.风险评估

2.创业风险的类型主要有（　　）。

随堂测6

A.技术风险　　　　　　　B.市场风险　　　　　　　C.政治风险

D.管理风险　　　　　　　E.生产风险　　　　　　　F.经济风险

3.一般而言，风险识别的方法包括（　　　）。

A.信息源调查法　　　　　B.数据源调查法　　　　　C.资产损失分析法

D.环境扫描法　　　　　　E.风险树分析法　　　　　F.情景分析法

4.面对创业风险的主要方法有（　　　）。

A.减少可避免的风险　　　　　　　　B.实行损失管理

C.分散风险　　　　　　　　　　　　D.通过非保险方式转移风险

E.自担风险　　　　　　　　　　　　F.通过保险方式转移风险

5.创业起步阶段竞争优势资源战略包括（　　　）。

A.新产品或新服务　　　　　　　　　B.模仿经营

C.特许经营　　　　　　　　　　　　D.客户与政府扶持

6.与初创企业的资源和能力直接相关的创业战略包括（　　　）。

A.寻租战略　　　B.成长战略　　　C.质量战略　　　　D.隔离与先动优势

7.创业战略规划的制定大致分为（　　　）等阶段。

A.确定战略目标　　　　　　　　　　B.制定战略规划

C.战略规划评估　　　　　　　　　　D.环境因素分析

8.企业战略分为（　　　）等层面。

A.总体战略　　　B.竞争战略　　　C.职能战略　　　　D.操作战略

9.企业战略环境分析包括对（　　　）的分析。

A.外部环境　　　B.内部环境　　　C.资源环境　　　　D.职能环境

10.波特的"五力模型"是从（　　　）等方面来进行分析的。

A.替代品的威胁　　　　　B.购买者的议价能力　　　C.新进入者的威胁

D.供应商的议价能力　　　E.同业竞争者的竞争程度

二、实训项目

请以小组团队为单位，就近选择一家成长型企业，进行课外实地调研，了解该企业的创业历程，比较同类企业相关情况，运用企业管理、战略管理相关理论进行分析并撰写调研报告。参考案例如下：

DT时代的火凤凰——信网真公司转型升级之路

浙江信网真科技股份有限公司（以下简称"信网真公司"）是一家基于信息安全、大数据、云计算、物联网、人工智能等技术，为政企客户提供IT&DT融合解决方案和大数据综合服务的国家高新技术企业。信网真公司秉承"真诚、务实、激情、感恩"的核心价值观，以自主研发能力、行业解决方案能力、系统集成能力为核心，凭借专业技术的先进性和项目实施管理的丰富经验，相关产品和解决方案在企业、政府、旅游、交通海洋、商业、环保等领域得到广泛应用。信

创视说6-6
华量软件数据
战略

网真公司旗下有一家子公司杭州华量软件有限公司（以下简称"华量软件"），成立于2015年3月，是一家海外高层次人才归国创业企业，专注于大数据技术及应用创新，是国内领先的新型智慧城市大数据综合服务商。信网真公司旗下还有一家控股公司杭州西湖大数据运营有限公司，成立于2018年12月，经营范围主要包括云计算技术、大数据处理技术、计算机软硬件的技术开发等。信网真公司组织架构如图6-8所示。

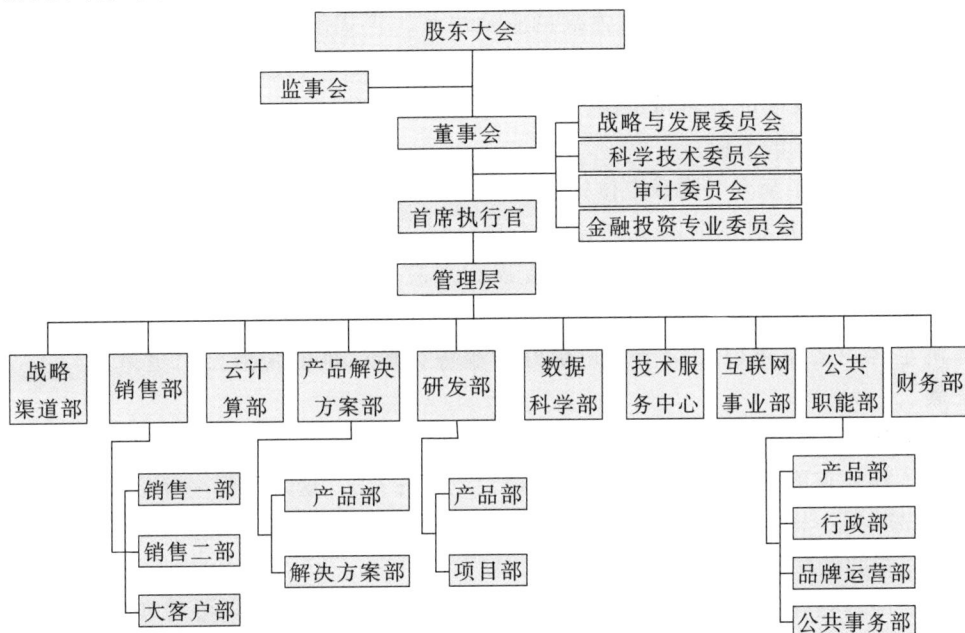

图6-8　公司组织架构

信网真公司成立于2011年6月，经过多次战略性调整，实现了稳步转型升级，主要经历了三个阶段，如图6-9所示。

图6-9　信网真公司主要发展历程

（1）2011年—2013年（开疆扩土，寻找企业立足点）

2011年11月24日下午，信网真公司与Cisco、深信服合作举办首届INT企业网络峰会，迅速打响了浙江省市场。信网真公司在打开市场后迅速把握机会，开疆扩土，成立安全事业部，开启信息安全业务，为公司积累了信息安全业务经验，培养了这方面的专业人才。之后信网真公司开始提供网络整体解决方案的服务，这期间企业一直在寻找自己在市场上的立足点，并拓展自己的业务范围，整体处于积累和夯实经验的阶段。

（2）2014年—2016年（进军新领域，深耕科技创新）

从2014年9月开始，信网真公司成立了研发部，深耕科技创新，进军云计算和大数据领域，且重点探索智慧企业、智慧政务，服务的客户群体也从单一的企业走向了政企客户，并且做出跨江发展的重大决策，正式确定了自己"云计算、大数据、信息安全"三驾马车的经营战略。这个阶段是信网真公司发展的重要阶段，基本确定了日后发展的方向和路径，且深谙经济发展必须依靠科技创新的道理，找准了公司科技创新的方向。

（3）2017年至今（明确定位，专注大数据领域）

从2017年开始，信网真公司就将自己定位为新型智慧城市大数据服务商，专注于大数据领域的发展，且专门发展智慧政务、智慧交通领域，再结合前几年在大数据领域所做的技术开发与科技创新，升级公司的大数据产品，从而更加满足客户的需求以及给予客户更好的服务体验，也能带给公司更好的口碑与发展。

据创始人王真震所说，这是一家有信念的公司，会写歌的王真震在创业过程中原创了好几首歌曲，公司每满一周年都会刻一张CD，这是对每一年经历的沉淀。就像做数据一样，大数据的产品不是一蹴而就的，它需要几年的耕耘、技术的积累、不断的迭代，之后的产品才会越来越好。

信网真这个名字中的"信"，代表信息（Information），是公司所属的行业，也代表信任。"网真"（TelePresence），是一种前沿的技术，能使远隔千山万水的人们获得"面对面"的交流体验，合起来意思是"相信前沿的技术"。信网真公司秉持"真诚、务实、激情、感恩"的核心价值观和"顾客至上，服务第一"的售后服务理念。信网真公司的经营理念是以客户的需求为导向，提供专业的系统集成服务，让客户放心。企业的管理理念是奋斗、贡献、成长。企业的使命是科技创新的深耕者。企业的愿景是智慧点亮城市梦想，数据缔造美好生活。

近年来，信网真公司凭借先进的技术优势和行业经验，已荣获"中国大数据行业最具影响力企业""中国大数据行业领军企业奖""中国大数据最佳行业实践案例""中国大数据BI/决策支持全国第4名""政府大数据高成长企业TOP40""中国大数据优秀解决方案提供商TOP50""中国大数据优秀应用案例TOP50""中国大数据优秀解决方案TOP50"等诸多荣誉。

（案例来源　根据浙江信网真科技股份有限公司官方网站资料整理而成）

考核评价

本项目考核评价参考见表6-3。

表6-3　　　　　　　　　　　项目六考核评价参考表

评价指标	评价标准	完成情况（100分）	评估成绩	所占比例
课堂学习	1.团队合作程度	10		55%
	2.上课互动情况	10		
	3.现场讨论、书面记录	15		
	4.答案的准确率	20		
课外学习	1.网上自测	10		35%
	2.实训项目	20		
	3.师生互动交流	5		
平时表现	1.出勤与纪律	5		10%
	2.按时完成作业情况	5		
综合得分				

● 完成情况：也可用"优、良、一般、差"来评价。

主要参考文献

［1］赵越春. 企业战略管理［M］. 3 版. 北京：中国人民大学出版社，2019.

［2］薛云奎. 穿透财报，发现企业的秘密［M］. 北京：机械工业出版社，2018.

［3］揭筱纹，张黎明. 创业战略与管理［M］. 北京：清华大学出版社，2006.

［4］马方. 如何搭建企业内部创业平台［J］. 销售与市场（管理版），2017（1）：21-23.

［5］李飞，汪寿阳，乔晗. 企业内部创业商业模式与组织管理模式的匹配研究［J］. 科技促进发展，2016，12（6）：720-728.

［6］马继华. 内部创业要三思［J］. 中国电信业，2016（8）：32-33.

［7］苗蕾. 中小企业全面创新管理实施框架与典型模式研究［J］. 企业技术开发，2016，35（22）：74-76.

［8］孙玉敏. 回首华为一次未成功的内部创业［J］. 上海国资，2016（5）：72-73.

［9］叶铁. 没有股权激励，内部创业难成功［J］. 青年记者，2016（12）：112.

［10］许庆瑞，谢章澍，杨志蓉. 全面创新管理（TIM）：以战略为主导的创新管理新范式［J］. 研究与发展管理，2004（6）：1-8.

［11］许庆瑞，顾良丰. 中美企业全面创新管理模式比较——海尔模式与惠普模式［J］. 科学学研究，2004（6）：658-662.

［12］陈劲. 创新管理对经典企业管理理论的挑战［J］. 中国机械工程，2003（3）：82-85.

［13］陈劲，郑刚. 企业技术创新管理：国内外研究现状与展望［J］. 管理学报，2004（1）：119-124.

［14］杨敏. 创新与创业指导［M］. 杭州：浙江大学出版社，2011.

［15］蔡文. 创意的革命——今天你"可拓"了吗？［M］. 北京：科学出版社，2010.

［16］杨敏，陈龙春. 大学生创业基础［M］. 杭州：浙江大学出版社，2007.

［17］张燕锋. 企业经营哲学［M］. 昆明：云南教育出版社，2007.

［18］惠晨. 互联网下集团财务共享中心建设——以用友软件为例［J］. 行政事业资产与财务，2021（5）：105-106.

［19］白茜，白谡赟. 用友ERP软件服务营销策略探析［J］. 内蒙古科技与经济，2019（12）：42-43.

［20］范文茜. 传统软件巨头"下半场"：向云端进击［J］. 商学院，2019（4）：65-67.

［21］黄孟霓. OKR工作法在国企群团组织本土化运用［J］. 企业文明，2021（6）：71.

［22］袁志霞. 基于OKR理念的企业文化塑造与提升［J］. 人才资源开发，2021（9）：85-87.

［23］窦宝兵. OKR工作法在国际工程项目市场开发中的应用研究［J］. 国际工程与劳务，2021（5）：49-52.

［24］杨大鹏，王节祥，蔡宁. 平衡二元性与企业绩效关系再研究［J］. 重庆大学学报（社会科学版），2018，24（4）：86-95.

［25］王彦蓉，葛明磊，张丽华. 矛盾领导如何促进组织二元性——以任正非和华为公司为例［J］. 中国人力资源开发，2018，35（7）：134-145.

［26］杨大鹏. 管理解释对组织二元性的影响：行动一致性的调节作用［J］. 科技进步与对策，2017，34（23）：7-15.

［27］刘金星. 市场导向、创新战略对企业绩效的影响——基于组织二元性的视角［J］. 中外企业家，2017（28）：56-57.

［28］黄涌波. 论二元性组织在在位企业破坏性创新中的运用［J］. 黑龙江工业学院学报（综合版），2017，17（6）：81-84.